我国银行信贷行为的顺周期性与逆周期调控研究

钟永红　著

中国金融出版社

责任编辑：吕　楠
责任校对：孙　蕊
责任印制：丁淮宾

图书在版编目（CIP）数据

我国银行信贷行为的顺周期性与逆周期调控研究（Woguo Yinhang Xindai Xingwei de Shunzhouqixing yu Nizhouqi Tiaokong Yanjiu）/钟永红著．—北京：中国金融出版社，2018.7

ISBN 978 − 7 − 5049 − 9731 − 9

Ⅰ.①我…　Ⅱ.①钟…　Ⅲ.①商业银行—信贷业务—经济周期波动—研究—中国　Ⅳ.①F832.33

中国版本图书馆 CIP 数据核字（2018）第 201745 号

出版
发行　**中国金融出版社**

社址　北京市丰台区益泽路 2 号
市场开发部　　（010）63266347，63805472，63439533（传真）
网 上 书 店　http：//www.chinafph.com
　　　　　　　（010）63286832，63365686（传真）
读者服务部　　（010）66070833，62568380
邮编　100071
经销　新华书店
印刷　北京市松源印刷有限公司
尺寸　169 毫米 ×239 毫米
印张　13.5
字数　224 千
版次　2018 年 7 月第 1 版
印次　2018 年 7 月第 1 次印刷
定价　49.00 元
ISBN 978 − 7 − 5049 − 9731 − 9
如出现印装错误本社负责调换　联系电话(010)63263947

　　本书受华南理工大学"高水平大学建设项目"和国家留学基金委"2017 年青年骨干教师出国研修项目"（201706155077）资助。

摘　要

　　顺周期是金融体系内生的一种相互加强的正向反馈机制，在这种机制的作用下，金融系统不仅放大了经济周期的波动，还加剧了金融体系的不稳定。信贷顺周期是金融体系顺周期的重要表现形式，即银行信贷在经济繁荣期过快扩张；在经济萧条期过度紧缩。2007 年美国次贷危机引发的 2008 年国际金融危机，之前一段时间都发生了信贷的急剧扩张和资产价格的过快上涨，其中很大一部分原因是银行信贷的顺周期推动。2008 年国际金融危机后，欧美银行业开启去杠杆进程，补充资本、退出海外市场或缩减信贷规模。反观我国，2009—2017 年中国商业银行信贷增速高于 GDP 增速 5.43 个百分点，而之前2001—2008 年信贷增速低于 GDP 增速 0.64 个百分点，导致 2008 年以来我国政府、家庭和企业的总体债务与 GDP 之比在过去 10 年里大幅升至 256%。这些年我国过度依赖信贷的经济发展策略引发的巨额债务，已达到危险水平，可能会引发金融危机。当前我国金融工作的底线是防止发生系统性金融风险，而银行业对整体系统性金融风险的边际贡献最大，其中银行业金融风险的主要源头是信贷风险，因此对我国银行信贷行为的顺周期特征及其逆周期调控问题进行研究具有重要的现实意义。

　　关于信贷顺周期成因的研究成果已经很丰富，因而本书侧重于分析我国银行信贷顺周期性的表象及其背后的原因，而这又是进行逆周期调控工具设计的前提。本书首先对商业银行贷款限额控制取消后金融机构贷款增长与 GDP 增速之间的长期均衡关系进行了检验，结论显示我国银行业信贷增长具有明显的顺周期特征。由于地方政府为刺激本地经济增长开展的信贷竞争是我国地方债务扩张的主要动因，为此本书分析了全国 31 个省（自治区、直辖市）2003—2017 年银行信贷对各地区经济增长的影响。由于贷款违约率也会随经济的周期性变化而波动，本书构建了两个模型分别对宏观经济环境和银行个体特征对银行信贷质量的影响进行了研究。

　　2008 年国际金融危机中金融系统的顺周期性在资本监管、贷款损失拨备计提等多个层面表现出来，因而危机后资本监管和贷款损失拨备改革成为国际金融监管改革的重点。2004 年《商业银行资本充足率管理办法》（以下简称《管理办法》）的实施标志着我国银行业进入硬资本约束时代，本书从贷款扩张、贷款对象、贷款方式三方面的变化全面分析了《管理办法》的实施对上市银行信贷行为的约束效果。结论显示，资本充足率对资产中贷款规模的影响不显著，但贷款结构的调整变化明显。原因是上市银行资本市场融资的软约束，在一定程度上削弱了资本监管对信贷增长的硬约束。只有当银行资本充足率管理的分子策略运用受限后，分母策略的重要性才会显现。受《巴塞尔协议Ⅲ》的影响，我国 2013 年实施的《商业银行资本管理办法（试行）》（以下简称《新管理办法》）对银行资本质量和数量提出了更高要求，本书通过对资本硬约束期（2005—2012 年）商业银行核心资本充足率变动影响因素的分析来探求银行资本补充机制的对策。《新管理办法》实施期间，恰逢我国银行经营面临诸多不利因素。在此背景下，《新管理办法》是否如预期抑制了银行的风险承担，银行资本、风险和绩效三者在短期调整中表现出哪些特征，本书对这些问题也做出了回答。

贷款损失拨备既是贷款资产质量好坏的第一反映指标，也是抵御银行信用风险的第一道防线。为检验银行贷款损失拨备计提是否受到经济周期和利润压力的影响，本书分别对银行拨贷比和拨备覆盖率各自与经济周期、贷款增长和银行盈利间的动态关系进行了检验。结论显示，无论是银行拨贷比还是拨备覆盖率的计提均具有顺周期性。说明在以实现损失来计提贷款损失准备金的制度下，即使运用拨贷比和拨备覆盖率双指标控制，也难以有效解决贷款拨备计提的顺周期问题。

2008 年国际金融危机引起了人们对资本监管顺周期效应的关注。《巴塞尔协议Ⅱ》下资本充足率计算对风险的敏感增加了贷款行为的顺周期性，加剧了金融经济的顺周期波动，从而也推动了《巴塞尔协议Ⅲ》对资本充足率计算和考核要求的改革。逆周期资本缓冲是国际金融危机后推出的重要宏观审慎监管工具。本书分别检验了 2008—2012 年和 2013—2016 年资本缓冲与 GDP 增长率的关系，发现《新管理办法》实施后资本缓冲与经济周期显著正相关，说明我国 2013 年实施《新管理办法》有效发挥了逆周期调节作用。

银行信贷行为的顺周期虽然内生于宏观经济的周期性波动，但《巴塞尔协议Ⅱ》的设计缺陷又从外部强化了信贷扩张的顺周期性。因而在所有逆周期调控机制和政策工具中，逆周期资本监管最受关注。《巴塞尔协议Ⅲ》为应对信贷变化的顺周期性进行了多个方面的改革，如提高最低资本要求、建立资本留存缓冲、增加 0～2.5% 的逆周期资本缓冲和杠杆率等。构建逆周期监管机制缓解金融体系的顺周期性不仅是 2008 年国际金融危机后金融监管改革的国际共识，也是我国金融改革的基本方向，一直受到国家和金融监管部门的高度重视，从"十二五"规划纲要中提出"构建逆周期的金融宏观审慎管理制度框架，建立健全系统性金融风险防范预警体系、评估体系和处置机制"到"十三五"规划纲要中提出"构建货币政策与审慎管理相协调的金融管理体制"，再到 2017 年全国金融工作会议提出"加强宏观审慎管理制度建设"，这些无不充分体现了逆周期调控作为金融宏观审慎管理制度的重要内容在我国金融改革中的重要地位。2016 年人民银行正式推出宏观审慎政策框架，宏观审慎政策框架当前的核心是预防系统性金融风险，并且进行逆周期调控。所谓逆周期调控，就是在经济下行周期，适度放松监管标准；当经济过热时，提高监管标准，平滑经济周期波动。中国银监会在 2008 年后陆续引入了国际金融监管机构提出的逆周期金融监管政策工具，如资本留存缓冲、杠杆率、流动性覆盖率等，希望一方面通过留存超额资本机制建立资本防御性安排，在信贷过快增长之后的经济下行时期增强银行业的损失吸收能力，保护银行体系的稳健性；另一方面通过动态拨备制度的实施提高银行抵御信用风险的缓冲能力。2018 年 3 月，银监会下调商业银行贷款损失准备金监管要求就体现了信贷逆周期调控的特点。

目前我国经济结构性去杠杆、银行信贷紧缩，商业银行面临资产质量恶化、资本约束趋紧、融资日益困难三重考验，宏观经济又面临诸多不确定性，微观逆周期监管工具如何在经济下行期防止信贷过度紧缩，降低信贷过度波动对实体经济的冲击成为当前金融工作的重点。要实现信贷逆周期调控的目标，人民银行和金融监管部门在客观预判宏观经济形势的基础上要把握好逆周期调控的力度和节奏，通过逆周期的资本缓冲、平滑信贷投放、引导货币信贷适度增长，同时创新货币政策工具，实现总量调节和防范金融风险的有机结合，提高金融监管的弹性和有效性。

Contents 目　录

第一章 绪论

1.1 研究背景和意义

1.1.1 研究背景

在信息不对称性和金融市场不完善条件下，金融体系的顺周期（Procyclical）变化具有内生性。金融体系的顺周期性主要表现为银行信贷行为的顺周期性，即经济繁荣时期银行加速扩张信贷规模，经济衰退时期银行受坏账增加等因素的影响又容易过度紧缩信贷规模。这种顺周期性在加大实体经济波动的同时也加剧了银行体系自身的不稳定性。而《巴塞尔协议》的设计缺陷又加剧了信贷扩张的顺周期性，例如，《巴塞尔协议Ⅱ》一方面增强了资本数量与资产风险之间的敏感性，有利于对银行风险的管控；另一方面，资本风险敏感度的提高也会加剧银行贷款的顺周期性。在 2007 年开始的美国次贷危机到 2008 年国际金融危机的传导过程中，经济周期、银行资本监管与银行信贷行为的相互关系得到了生动展现，再次说明了解决银行信贷和资本监管顺周期问题的必要性和紧迫性，也引起了各国对系统性金融风险的重视和对现行金融监管框架的反思，以逆周期调节和防范系统性金融风险为主要目标的宏观审慎监管，成为 2008 年国际金融危机发生后国际金融监管改革的核心。逆周期监管工具包括资本类工具、风险类工具以及机制类工具。资本类工具包括最低资本要求的完善、动态资本的改进，风险类工具则主要包括完善贷款准备金和拨备的计提制度，机制类工具讨论得最多的是在 2008 年国际金融危机中备受争议的内部评级法及 VaR 的改善。宏观审慎监管从两个维度来应对系统性风险：一是时间维度（Time Dimension），重点是推进逆周期监管，缓解金融体系的顺周期性；二是跨业维度（Cross-sectional Dimension），重点是推进对系统重要性机构、产品和市场的监管，弱化金融体系内部的关联性，降低金融体系的风险集中程度。

2010 年 12 月，巴塞尔银行监督管理委员会（以下简称巴塞尔委员会）发布了《巴塞尔协议Ⅲ：更稳健的银行和银行系统的全球监管框架》（以下简称《巴塞尔协议Ⅲ》），阐述了全球银行资本充足率监管标准和流动性监管标准，其中纳入了逆周期资本缓冲（Counter-cyclical Capital Buffer，CCyB）的计提要求，《巴塞尔协议Ⅲ》规定自 2016 年 1 月 1 日起实施 CCyB。逆周期资本缓冲工具意在平滑经济周期对信贷增长的影响，在经济繁荣期提高对银行的资本要求，防止信贷过度扩张；在经济萧条期释放资本要求，帮助银行吸收损失，避免信贷条件过度恶化，使银行在下行周期仍可继续提供贷款。CCyB 以银行风险加权资产的百分比来表示，并须以普通股权一级资本（即吸收亏损最优质的监管资本）来满足。随后，巴塞尔委员会发布《各国监管当局实施逆周期资本缓冲指引》（以下简称《资本缓冲指引》），推荐将信贷/GDP 缺口方法作为一般参考模型，结合其他危机预警指标，对信贷周期走向及逆周期资本计提进行综合判断和决策。从国际实施现状来看，已有 25 个国家或地区制定了逆周期资本监管规则并落地实施，仅有中国和加拿大两国尚未完成规则制定。逆周期资本缓冲作用的发挥，依赖于监管当局根据经济形势对缓冲规模做出相应调整。因此，监测指标的选择对逆周期资本缓冲的应用十分重要。目前各国建立的逆周期资本缓冲规则大多采纳了巴塞尔委员会推荐的信贷/GDP 指标作为核心参考变量，但仍具有鲜明的国别特点，增加了适合本国国情的宏观经济指标、房地产价格信息等不同的附加参考指标作为判断依据，这些做法为我国逆周期资本缓冲机制的设计提供了可借鉴的模式。

与此同时，按已发生损失模型（Incurred Loss Model）计提贷款损失准备的顺周期性问题在 2008 年国际金融危机发生后也得到了监管机构的重视。2009 年 G20 伦敦峰会联合声明就要求会计准则制定者与相关监管机构共同改善贷款损失准备会计准则。2010 年《巴塞尔协议Ⅲ》公布后，一些国家在动态拨备制度改革方面便积极开展了实践。西班牙 2000 年引入的动态拨备制度相继在乌拉圭、哥伦比亚、秘鲁和玻利维亚等国实施，智利和墨西哥也转为按预期损失计提动态拨备。

我国在 2008 年国际金融危机后全社会杠杆率总体呈上升态势，其中非金融企业部门杠杆率增长较快，总体债务水平也是最高的。以银行贷款为例，截至 2017 年底我国银行业金融机构总资产达到 252 万亿元，与 2007 年末的 53 万亿元相比，十年间我国银行业资产规模增长了 3.75 倍。在此期间银行业金融机构信贷也进入了一个高速度扩张期，2017 年底银行业金融机构各项贷款余额为 129 万亿元，与 2007 年末的 27.8 万亿元相比，增长了 3.64 倍；而同期 2003 年至 2007 年我国经济年均增长率为 11.6%，2008 年至 2011 年年均增长率为 9.6%，2012 年至 2017 年年均增长率为 7.25%，贷款高速扩张的同时并没有实现经济的高速增长。目前国内经济增长处于缓慢下移阶段，2012 年以来银行信贷质量持续恶化成为困扰银行业健康发展的重要问题，如果信贷风险集中暴露，一旦银行业信贷资产损失 10% 就将达 12.9 万亿元，如此规模的损失将占到我国 2017 年 GDP 的 15.60%。高负债带来了更大的金融脆弱性，可能导致越来越具有破坏性的金融周期。这种情况的剧烈调整，是我们重点防止的（周小川，2017）[①]。当前，党和政府在金融领域的根本要求是 "守住不发生系统性金融风险的底线"，而银行系统的信用风险又是系统性金融风险的重要隐患，在此背景下，研究我国银行信贷行为的顺周期特征及其对策具有重要的现实意义。

1.1.2 研究意义

金融与实体经济的良性互动，不仅是国家金融稳定和金融安全的基础，也是实现整个国民经济乃至全球经济可持续发展的根本。虽然我国银行体系在 2008 年国际金融危机中经受住了考验，但这并不代表我国商业银行风险抵御能力强、银行监管完美无缺，主要是金融对外开放程度和金融衍生产品创新程度没有美国那么深。危机发生后，我国金融监管机构深入参与国际银行业监管制度改革，推进落实各项国际规则，并在多个领域采用较国际规则更为审慎的监管标准，宏观审慎评估体系（MPA）面世，动态准备金和动态贷款损失准备制度付诸实践，逆周期资本缓冲政策也在酝酿推出中，治理顺周期问题的监管体系不断完善。

从 2004 年《商业银行资本充足率管理办法》到 2013 年《商业银行资本管理办法（试行）》的实施，硬资本监管是否对银行信贷的扩张起到了约束作用？贷款损失拨备制度的实施效果如何？计提逆周期资本缓冲要求的机制能否真正适用于我国的金融实践？该如何根据中国实际建立逆周期资本缓冲的释放

---

① 周小川 2017 年 10 月 19 日在介绍如何守住不发生系统性金融风险底线时表示，中国要重点防止 "明斯基瞬间（时刻）" 出现所引发的剧烈调整。"明斯基时刻" 是美国经济学家海曼·明斯基所描述的资产价值崩溃时刻。其逻辑是：在经济好的时候，投资者倾向于承担更多风险，随着经济向好的时间不断推移，投资者承受的风险越来越大，直到超过收支不平衡点而崩溃。

机制，最大限度地发挥逆周期资本缓冲的动态调节作用？我们相信对这些问题的探讨与研究，不仅能为监管当局制定有效的逆周期监管政策提供参考，也将对宏观审慎监管理论框架的完善形成有力的补充和延伸。

2008 年国际金融危机发生后，为抵御金融危机发生后外需下跌对国内经济的冲击，我国实施了以信贷扩张为主要特征的加杠杆，使社会融资占 GDP 的比重从 2008 年的 118.86% 增长至 211.15%，在实体部门体现为过度负债，2016 年末非金融企业部门杠杆率达到 165%，高于国际警戒线 90%，非金融企业杠杆率偏高，不仅增加了企业的财务成本，也会提升企业债务违约风险。总之，高杠杆是宏观金融脆弱性的总根源，凡是发生顺周期行为或者资产泡沫的系统性金融风险，往往和高杠杆有关（孙国峰，2017）。从 2008 年底开始的过去十年，我国银行业经历了加杠杆的金融周期，而 2001—2008 年我国广义信贷/GDP 的比值是下降的。当前，我们正站在 2009 年以来第一个金融周期的顶部，"去杠杆、防风险、稳增长"成为当前经济金融工作的三大重任。众所周知，去杠杆将导致信贷收紧、资产价格下降、资金成本上升，而这些均会对实体经济增长产生压力。因此，对当前我国银行信贷的顺周期行为特征和逆周期监管改革措施进行研究，对如何在"去杠杆、防风险、稳增长"三个重要问题之间保持平衡具有重要的理论意义和现实价值。

1.2　文献综述

1.2.1　银行信贷行为的顺周期性

信贷活动与经济周期关系的研究由来已久。Hayek（1929）认为经济周期的根源在于信贷变动引起的投资变动。银行信贷的扩张刺激了投资，一旦银行停止信贷扩张，经济就会由于缺乏资本而爆发危机。这一观点宣告了信贷周期理论的正式形成。此后，Friedman 和 Schawartz（1963）揭示了货币信贷市场的稳定与经济的稳定增长是高度相关的，货币供给变动往往是经济波动的原因所在。Lucas（1977）在理性预期的基础上把经济的周期波动与追求利益最大化的个体行为统一起来，以求建立宏微观分析内在一致的逻辑基础。Minsky（1992）的金融脆弱性假说（Financial Instability Hypothesis）进一步明确了金融因素在资本主义经济繁荣与低迷的长期波动中的作用，也揭示了金融体系的顺周期性现象。他指出，由于资本主义制度本身的缺陷，金融体系具有内在的脆弱性；驱动经济繁荣的金融因素往往在经济扩张阶段为未来的衰退埋下隐患；私人信用创造机构（特别是商业银行）的内在特征将使其经历周期性的危机和破产浪潮，这种困境被传递到经济的各个组成部分，实体经济将会为此付出沉重的代价，当这种伴随着金融体系的顺周期性的金融失衡需要释放的时候，就会产生宏观经济的动荡和危机。

Landau（2009）认为，商业银行贷款的顺周期性有广义和狭义之分。狭义的贷款顺周期性是指商业银行贷款的变化与经济周期的变化是一致的，较高的顺周期性代表贷款受经济周期影响较大，波动幅度较大。广义的贷款顺周期性包括以下三个方面：第一，商业银行贷款随着经济的波动而波动；第二，商业银行贷款有自己的波动规律；第三，可能出现偏离均衡值的情况。若符合这三个方面，则可以被认为存在贷款顺周期性。BIS（2008）认为商业银行贷款的顺周期行为有放大经济周期波动的作用，从而导致不可持续的经济增长或是更严重的经济衰退。综上所述，银行信贷的顺周期性可以理解为商业银行贷款的行为受经济周期的影响，呈现与经济周期同方向的波动趋势，并有可能放大最初的经济波动。

一些学者认为我国银行信贷增速表现出有悖于其他市场经济国家的逆周期特征（黄宪、熊启跃，2013）。大部分学者认为银行信贷的周期性波动和经济周期的周期性波动基本一致，也就是银行信贷行为具有顺周期性（于震、张超磊、朱祚樟，2014；娄飞鹏，2013；赵爱玲、韩文静、于瑶，2013；周助新、胡王婉等，2009）。潘敏、张依茹（2013）则认为我国商业银行的信贷总量增速和中长期贷款占比变化呈现出显著的逆周期特征，短期贷款占比则与之相反，且在经济下行周期中，国有持股比例较高的银行会加大中长期贷款投放力度，外资股占比较高的银行则会削减短期贷款投放规模。

信贷顺周期性的成因可归纳为内生性原因和外生性原因，其中内生性原因包括借款人和贷款人之间的信息不对称，机构对危机教训的记忆衰退（Guttentag and Herring，1984），所有者与经营者之间的委托关系和银行业内的"羊群效应"（Rajan，1994；Acharya，2001；Berger and Udell 等，2004）；外生性原因包括宏观经济因素、货币政策、银行经营管理、资本监管、银行损失准备金提取制度等（王琼，2013；陈华、刘宁，2011）。

借贷双方信息不对称会导致银行信贷行为顺周期性。为了应对借贷双方信息不对称问题，银行会对信贷进行审查。在影响信贷审查与决策的因素中，信用评级、风险计量模型、遵循的国际会计准则、资本充足率要求及抵押品价值会使信贷活动呈顺周期性（卜凡松、周晶，2009）。钱皓（2009）探讨了我国银行内部评级顺周期效应的表现，指出我国银行采用内部评级法存在顺周期效应，有必要实施压力测试来削弱这一影响。为了解决借贷双方信息不对称问题，银行一般要求企业和个人提供房地产、股票、债券等资产抵押。资产价格对银行信贷的作用机制主要体现为，资产价格波动从改变企业资产负债状况的角度（抵押担保品价值），影响企业外部融资成本，从而影响企业融资能力、信用等级。王进、朱新蓉（2011）证实了中国银行业信贷与资产价格呈正相关关系，银行信贷与资产价格如果偏离其长期均衡关系会得到修正，银行信贷和资产价格的变化都会对后期的银行信贷和资产价格产生正面影响。借贷双方信息不对称会导致银行信贷顺周期性，那么一国的企业越依赖商业银行融资，这种由借贷双方信息不对称引起的银行信贷顺周期性就越强（Heid，2007）。

银行的股权结构也会对信贷行为会产生影响。股份制银行相对于国有银行对信贷行为更为谨慎，随着我国银行体系的改革，国有银行谨慎信贷的激励加强了（Jia，2009）。中央政府控股的银行、民营化程度低的银行和大股东持股比例较高的银行信贷扩张行为受宏观调控的影响更大（储著贞、梁权熙、蒋海，2012）。在中国，宏观调控的主要任务是保持经济总量平衡，抑制通货膨胀，促进重大经济结构优化，实现经济稳定增长。由于受宏观调控的影响更大，第一大股东持股比例和国有股占比的提高均会强化银行信贷总量增速的顺周期性，而外资持股比例的增加则会弱化该特征（潘敏、张依茹，2013）。Iannotta 等（2013）认为政府持股或者政府控股银行的信贷行为政治周期特征显著。

中央银行的货币政策也会对银行信贷行为产生影响。Bernanke 和 Blinder（1988）指出当银行面对紧缩或扩张的货币环境时，将通过对自身信贷行为的调整影响整个实体经济的运行。Kashyap 等（1993）指出紧缩性货币政策将深刻改变银行客户的外部融资结构，从而迫使银行对其信贷供给政策进行大面积调整，并最终导致信贷供给减少。Chami 和 Cosimano（2010）认为紧缩的货币政策不仅收窄了银行盈利空间，同时也将使银行面对更为严苛的外部资本监管约束，导致银行收缩整体信贷规模。魏巍等（2016）研究发现货币政策仍是影响我国银行信贷行为的重要因素，在监管政策中，合格稳健的资本持有水平有利于银行信贷增速的提升，其在与货币政策的协调作用中会弱化紧缩货币环境对银行信贷扩张的负面影响，且不同资本充足性监管压力下的银行信贷行为也存在差异。

　　随着资本监管约束的强化，其日渐成为商业银行信贷行为最主要的影响因素。《巴塞尔协议》出台后，不少学者对协议实施的影响开展了研究，大部分实证研究认为，资本约束会对银行贷款供给产生影响，当资本充足率低于合理水平时，贷款规模增长和占比均会下降，由此导致的信贷紧缩在一定程度上加重了经济衰退（Bernanke and Lown，1991；Peek and Rosengren，1995）。BIS（2010）评估发现在《巴塞尔协议》实施的 8 年实施过渡期内资本充足率每提升 1 个百分点平均使信贷规模紧缩 1.89%，使贷款利差增加 16.7 个基点。Cosimano 和 Hakura（2011）对 13 个国家进行比较研究后，认为大银行的权益资产比每提升 1 个百分点，长期内贷款增长幅度将降低 1 个百分点，贷款利率将提升 12 个基点；但不同国家也存在较大差异，主要取决于该国资本筹集成本以及贷款需求弹性。Slovik 和 Cournède（2011）认为资本充足水平每提升 1 个百分点，将使贷款利率平均上升 15 个基点。刘斌（2005）从机构和总量两个层面分析了资本水平对银行信贷的影响，对于资本相对不足的商业银行，资本约束对贷款的影响程度较大。从总量数据看，资本约束对贷款总量也会产生一定的影响。赵锡军、王胜邦（2007）利用横截面模型和面板数据模型对1995—2003 年资本约束对中国商业银行信贷扩张的影响进行了实证分析，结果表明监管当局的最低资本要求未对贷款增长产生约束效应。吴玮（2011）使用 1998—2009 年我国 175 家商业银行的资产配置数据，研究了资本监管制度对银行资产配置行为的影响。发现现行的资本监管制度对银行资产配置行为具有重要影响，资本监管制度实施之后，银行依据自身资本水平调整资产结构，资本充足银行持有更多的风险资产，贷款比例较高；而资本不足银行则减持风险资产，贷款比例下降。杨新兰（2015）等分析了不同资本水平银行的信贷行为，认为资本充足银行倾向于持有更多风险资产，而资本不足银行将发放更多低资本消耗型贷款。黄锐、蒋海（2013）利用 DSGE 模型研究了《巴塞尔协议Ⅲ》的影响，认为银行面对更高资本充足率要求时倾向于提高贷款利差。刘晓峰等（2017）发现资本监管对贷款规模有较显著的影响，在资本约束下银行倾向于降低总体贷款增速，但在贷款内部存在结构性差异，资本节约型个人贷款与中小企业贷款仍保持较快增长，同时资本约束将推高贷款价格并改善担保条件。

　　贷款损失拨备是银行抵御信用风险的第一道防线，其计提充分与否直接影响银行资本吸收损失的能力，进而影响银行的放贷行为。Cavallo 和 Majnoni（2001）指出银行资本的周期性波动主要来自两个方面：一是由以风险为基础的银行资本监管；二是银行贷款损失拨备的计提行为。银行资本的不足很大程度是计提贷款损失拨备不足。经济高涨时期，贷款违约率下降，银行会减少计提的拨备，提高放贷水平，表现出更高的利润水平；经济萧条时期，贷款违约率上升，银行需要计提更高的拨备，使自身财务状况恶化，放贷能力降低。总之，贷款损失拨备的这种周期性变化，会放大经济周期的波动。如果银行没有充足的拨备，那么无论是预期损失还是非预期损失都是用资本去覆盖。所以，拨备计提不足将影响资本进而增加经济周期的波动性。Borio 等（2001）对1980—1999 年 10 个 OECD 国家的数据研究后发现，银行信贷拨备的顺周期特性甚至比贷款数量和资产价格更明显，银行的拨备数量与经济周期之间存在很强的负相关性，即只有经济增长明显放缓时，银行才开始增加计提的拨备以覆盖将来的损失。Repullo 和 Suarez（2008）也指出，《巴塞尔协议Ⅱ》对风险资本的监管规定改善了各种贷款的风险权重，在经济萧条期，贷款违约率和损失率较宏观经济繁荣期要高，因而《巴塞尔协议Ⅱ》规定的信贷损失准备计提政策是商业银行顺周期的一个重要原因，它会通过银行资本金作用于银行的信贷活动，从而加剧银行业的顺周期性和经济的周期性波动。我国商业银行的贷款损失拨备计提行为本身存在顺周期性，在经济景气时期银行计提更少的拨备，而在经济衰退时期又被迫计提更多的准备金（陈慧敏、钟永红，2011），这种顺周期性会进一步加剧银行放贷行为的顺周期性（徐明东、陈学彬，2010）。Schularick 和 Taylor（2012）以及 Bakker 等（2014）验证了信贷增长与金融危机间的因果联系，指出了选取信贷/GDP 指标的合理性。但 Aleskerov 等（2012）认为信贷/GDP 指标仅适宜在缓冲计提时作为参考，在实际运用中应选择性使用。Alessandri 等（2015）通过对意大利信贷/GDP 指标的实际测算，对比了单边和双边 HP 滤波计算方法的差异，认为采用双边 HP 滤波方法所得到的缺口数据具有更显著的预测能力。

信贷顺周期性让银行业从经济周期的缓解机制转变为经济周期的放大机制。Selim Elekdag 和 Yiqun Wu（2011）的跨国研究发现，银行信贷扩张对经济周期具有显著且持续的影响，各国信贷扩张的过程和结果之间存在差异。在我国，银行信贷顺周期传导到经济产出，具有金融助推器的作用（刘漪，2013），但信贷扩张发生后产出缺口扩大的趋势仅持续 4 个季度左右，而通胀压力则会持续 7 个季度以上，因此信贷总量的适度逆周期调整有助于减少宏观经济的波动和福利损失（李连发、辛晓岱，2012）。

1.2.2   资本监管的顺周期效应

随着 1988 年的《巴塞尔协议 I》及后续《巴塞尔协议 II》的出台，在其资本约束和监管框架下，银行信贷行为表现出更强的顺周期性，加剧了产出的周期性波动。《巴塞尔协议 II》允许金融机构使用内部评级法对复杂产品定价并评估其风险。资本充足率计算中的风险权重来自内部模型。在其他条件相同的情况下，当经济高速增长时，风险权重通常较低，资本充足率因而较高；而在经济衰退时，风险权重通常较高，资本充足率则较低。因此，金融机构倾向于在好年景时提高杠杆率，而在年景不好时则降低杠杆率，从而促进了繁荣期的泡沫积累，以及衰退期的信贷紧缩与资产抛售，导致周期性波动上升。这体现了较强的顺周期性。

Borio（2001）指出，对风险敏感的资本监管可能会加剧业已存在的信贷和经济之间的顺周期性。Zicchino（2006）通过对新旧两种资本协议下宏观经济冲击对银行资本结构和信贷供给影响的对比，认为《巴塞尔协议 II》比《巴塞尔协议 I》具有更加明显的顺周期性。Gordy 和 Howells（2006）则从市场约束的角度出发探讨了《巴塞尔协议 II》的潜在顺周期性，结论是资本要求的顺周期性很大程度上依赖于新增贷款情况。Repullo 和 Suarez（2007）指出，《巴塞尔协议 II》规定了各种贷款的风险权重，并要求银行对贷款违约率（PD）和既定违约情况下的贷款损失率（LGD）进行测算，而这两者均具有顺周期的特点。杨雨、周欣、宋维（2010）在研究国内商业银行 2003—2007 年的数据后认为，中国银行业确实存在着资本顺周期性，且与银行资产规模相关。

Stolz 和 Wedow（2011）对德国的地方银行进行了研究，发现资本缓冲表现出逆周期性，使银行在经济萧条时期减少信贷，恶化萧条。蒋海、罗贵君、朱滔（2012）采用 1998—2011 年的非平衡面板数据，对我国商业银行资本缓冲的周期性进行了研究，结果表明中国上市银行的资本缓冲具有显著的逆周期性。但国内有学者得出了相反的结论，认为我国银行资本缓冲与宏观经济波动之间呈正相关关系，这种关系强化了银行信贷增速的逆周期特征（黄宪、熊启跃，2013；张宗新、徐冰玉，2011）。2010 年出台的《巴塞尔协议 III》上调了资本充足率，提出了逆周期资本缓冲要求。

1.2.3 缓解银行信贷顺周期性的资本机制

学术界对逆周期资本监管工具进行了大量的研究。Kashyap 和 Stein（2004）最早提出了缓释《巴塞尔协议Ⅱ》导致的资本监管顺周期性的措施，认为可以从两个方面着手，即分别在监管资本计算公式的输入端和输出端建立缓释机制，以平滑监管资本的周期性波动。Michael B. Gordy（2006）、Rafael Repullo 等（2009）都认为，在输出端建立缓释机制更为可取，并分别构建了基于指数函数和正态分布累积函数的缓释乘数。国内学者彭建刚、钟海、李关政（2010）改进了 Michael B. Gordy、Rafael Repullo 等人的缓释乘数，深入探讨了平滑参数的选择对资本充足率顺周期缓释效果的影响。周小川（2009）则认为，相关部门应该开发一套景气指数，根据景气指数测算逆周期乘数，将逆周期乘数运用到资本充足率监管中。G20 峰会、IMF（2009）和 FSF（2009）等都一致认为，应引入防范系统性风险具有逆周期特征的资本要求，促使银行在经济繁荣时期积累资本，建立资本缓冲，以便其在经济下滑、不良贷款增加时使用。

为修正《巴塞尔协议Ⅱ》所放大的银行信贷顺周期效应、强化资本缓冲在银行审慎经营管理中的作用，《巴塞尔协议Ⅲ》将"逆周期资本缓冲"作为一种监管规则实施强制性要求，要求商业银行在经济上行（下行）周期时主动增加（减少）资本缓冲，逆周期资本缓冲水平为风险加权资产的 0~2.5%。逆周期资本监管，是指银行资本监管要随着经济周期不同阶段的转化而变。从数量上来说，在经济繁荣时期，银行累积较多的资本以应对经济衰退时期的需要；在经济衰退时期，可适当放宽对银行资本的监管标准的要求，促使商业银行增加信贷发放，促进经济的复苏。从质量上来说，在经济繁荣时期，核心资本在银行资本结构中应占较高比例；在经济衰退时期，可以允许银行在资本补充上更多地依赖附属资本。金融稳定委员会（FSB）2009 年的报告认为建立逆周期资本缓冲，可有效抵消顺周期性的作用。在银行不良贷款率低于长期平均值的年份，可以适度增加对银行资本金的要求，由此建立资本缓冲，当衰退来临的时候，银行就会有充足的资本金应对损失。刘志洋（2013）认为逆周期金融监管有助于降低银行资产的整体风险，使银行风险资产向低风险资产转移。邹传伟（2013）通过实证分析发现《巴塞尔协议Ⅲ》逆周期资本缓冲能够消除《巴塞尔协议Ⅱ》对信贷供给约 50% 的顺周期影响。但有研究表明，在不同国家和不同时期，资本监管对信贷增长不一定总有约束力，而且即使有约束力，约束力也不大。Barriospide 和 Edge（2010）对美国大型银行控股公司的信贷进行了研究，发现资本以及资本充足率对信贷的影响很小。Francis 和 Osborne（2009）对英国银行业的研究也表明，更高的资本要求会影响银行的最优信贷增长，尤其是对本身资本充足率较低的银行，而对本身资本充足率已高于监管要求的银行，资本监管所起的作用更不显著。我国银行的资本充足率较高，一般高于监管当局的最低资本要求，资本监管未对我国银行信贷增长产生约束效应（赵锡军、王胜邦，2007）。张小波（2014）和崔婕、沈沛龙（2015）的研究都发现巴塞尔委员会提出的"信贷余额/GDP"指标在中国仍是用于判断信贷波动、信贷诱发系统性风险状况的一个较好的指标，表明巴塞尔委员会提出的逆周期资本缓冲机制在中国具备适用性。

1.2.4 动态拨备提取制度

拨备的建立为银行资本损失建立了一道屏障，保护了银行资本。所谓的前瞻性拨备、动态拨备等，主要是考虑经济周期的变化。经济景气周期上升阶段，可以多计提拨备，以便于在景气周期下降阶段消耗这些拨备，这也是逆周期调节的体现之一。具体例子包括贷款损失准备金的动态提取规定等。Jiménez 和 Saurina（2006）基于信贷周期中贷款投放顶峰和贷款坏账顶峰之间存在着 4 年滞后期的实证研究，认为应实行前瞻性的贷款损失拨备制。Bouvatier 等（2012）构造了一个局部均衡模型，分析银行信贷如何受损失准备计提规则的影响，发现前瞻性的损失计提规则能平滑银行信贷的顺周期性，而后顾性的损失计提规则会强化信贷的周期性波动。Saurina（2009）及李文泓（2009）都支持基于贷款潜在损失的贷款损失准备金计提的做法。关于贷款损失动态拨备对银行信贷顺周期性问题的缓解作用，徐明东、陈学彬（2010）对西班牙动态拨备系统的经验分析表明，动态拨备规则虽不能消除商业银行的顺周期行为，但其较好地解决了贷款损失拨备的充足性及其"旱涝保收"问题，提高了银行系统抵御风险的缓冲能力。

Fiona Mann 和 Ian Michael（2002）、孙连友（2004）、Eliana Balla 和 Andrew McKenna（2009）、徐明东和肖宏（2010）均通过虚拟简化的银行资产负债表和利润表，对比后顾型拨备与动态拨备计提方法，以说明动态拨备的作用原理及其优越性。研究表明动态拨备规则具有平滑利润和资本的功能，理论上有助于减弱银行的顺周期行为。虽然国际上实施动态拨备的国家不少，但以西班牙的历史最悠久、模式最典型，所以学术研究多以西班牙为例。徐明东和肖宏（2010）、罗猛和罗强（2010）指出，严格地说西班牙的动态拨备系统不是真正的动态拨备制度，因为它是基于银行过去的贷款损失经验而不是预期损失，利用贷款违约率的跨周期历史信息来设定动态准备金的充足性水平。徐明东、陈学彬（2010）提出西班牙国内能够实施动态拨备的两大政策条件，一是西班牙没有引入国际会计准则（IAS39），二是西班牙银行集货币政策、银行监管和银行业会计准则制定权力于一身。张会清和王剑（2010）、银监会课题组（2010）对比了 2006 年欧洲各国的拨备覆盖率，发现在 2008 年国际金融危机中，该系统较好地解决了拨备的充足性和"旱涝保收"问题，提高了银行抵御风险的缓冲能力，使其更易度过金融危机。另外他们通过观察西班牙国内银行信贷增长率、贷款损失准备/总贷款比率，发现其仍具有显著的顺周期特征。国际会计标准委员会（IASB）2009 年的研究报告认为西班牙的动态拨备系统虽不能消除银行的顺周期行为，但能降低顺周期行为的程度。黄锐等（2014）利用含金融中介的动态随机一般均衡模型研究了前瞻型拨备规则及后顾型拨备规则和经济波动之间的相互作用。发现前瞻型拨备在周期内较为平滑，持有更多的预期拨备可降低经济的顺周期性；传导渠道的分析表明，拨备类型、贷款拨备率会直接或间接地影响到不良贷款率和贷款利率，进而对金融体系和实体经济的顺周期性造成影响；在考虑逆周期资本监管的情形下，前瞻型拨备可进一步降低顺周期性，其幅度有赖于参数的选择。

1.3 研究内容与创新点

1.3.1 研究内容

本书中，我们主要完成了以下内容的研究：

1. 对银行信贷顺周期行为产生的内外部原因研究的中外文献进行了梳理，重点整理了资本监管的顺周期效应以及缓解银行信贷顺周期性监管机制改革的研究成果。

2. 改革开放后的很长一段时期内，人民银行对商业银行的信贷规模实行计划管理，商业银行信贷的贷款决策缺乏自主性、顺周期行为的市场化特征不明显，我们对我国取消信贷规模控制后全国层面的银行信贷与经济增长的顺周期特征进行了实证分析，同时考虑地区经济增长对信贷资源的依赖以及金融发展的区域差异，对全国31个省（自治区、直辖市）分地区对信贷资源的经济增长边际效应进行了检验。

3. 信贷规模的快速扩张往往会导致后续信贷质量的集中恶化。本书针对我国2008年末信贷规模高速扩张后，商业银行信贷质量从2012年开始下滑这一现象，对2008—2016年影响银行信贷质量的宏观经济周期和银行微观特征两方面因素进行回归分析，从研究结论中发现影响我国银行信贷质量的宏微观重要因素。

4. 我国资本监管以2004年实施的《商业银行资本充足率管理办法》和2013年实施的《商业银行资本管理办法（试行）》两个文件最为重要，所以本书分别对这两个办法实施期间银行经营行为（主要是资本管理和信贷行为两方面）的调整特征进行分析，力图检验两个资本监管办法实施的监管效果。

5. 2008年国际金融危机的发生，根据已发生损失计提贷款损失准备金方法会加剧金融体系顺周期风险的问题引起了监管层的关注。本书在回顾我国银行贷款损失准备金计提方法发展脉络的基础上，选用国内19家主要商业银行2008—2016年的面板数据，应用广义矩估计（Generalized Method of Moments，GMM）方法，对银行拨贷比、拨备覆盖率分别与经济周期、贷款增长和银行盈利的关系进行了检验。

6. 2008年国际金融危机的爆发推动了逆周期贷款损失拨备制度的改革。本书对西班牙贷款损失动态拨备制度的实施背景、模型设置和改进完善过程、实施效果进行了全面介绍，归纳出西班牙动态拨备制度成功的要素，并且联系中国实际，针对中国实施动态拨备制度提出政策建议。最后对动态拨备制度在哥伦比亚等国家的实施情况进行了介绍。

7. 随着《巴塞尔协议》建立的资本监管标准在全球银行业的应用，资本约束对银行信贷和经济周期的影响日益扩大，特别是《巴塞尔协议Ⅱ》增强了银行资本与信贷资产风险的关联度，银行资本通过信贷渠道加剧经济周期波动的问题在2008年国际金融危机后引起了广泛关注。本书先比较了《巴塞尔协议Ⅰ》和《巴塞尔协议Ⅱ》下资本充足率顺周期的形成机制以及《巴塞尔协议Ⅲ》下逆周期的纠正机制，然后以39家银行2008—2016年的面板数据对我国资本充足率缓冲与经济周期的动态关系进行了实证检验。

8. 如何通过资本充足率监管缓释银行信贷行为的顺周期性效应是国际金融危机发生后国际金融监管改革的核心议题之一。《巴塞尔协议Ⅲ》引入了逆周期资本要求，这是资本监管理论和监管制度的重大创新。本书对《巴塞尔协议Ⅲ》中逆周期资本计提方法及其在发达国家和新兴市场国家的实施情况进行了介绍。

1.3.2 研究创新点

1. 对我国银行信贷顺周期行为特征和逆周期金融监管改革的分析，样本期主要集中于 2008 年末开始的这一轮信贷扩张金融周期。

2008 年国际金融危机发生后，我国货币信用开启急剧膨胀的新一轮金融周期，纵观历次金融危机，均在此之前经历过货币信用的过度膨胀和债务率的快速上升，因而对这一时期我国商业银行顺周期加杠杆和逆周期监管措施逐步落实的效果进行分析，对于防控系统性金融风险具有重要意义。

2. 对银行信贷规模扩张下信贷质量的影响因素，分别从宏微观两个层面进行了综合分析。

中央经济刺激计划下的信贷增长大跃进离不开地方政府对信贷资源的竞争，而银行信贷质量与金融安全紧密相关，本书纳入能及时准确地刻画宏观经济周期性变化和银行股权、财务状况的微观因素变量，全面客观评价影响银行信贷质量的因素。宏观因素中，制造业 PMI 生产指数对银行信贷资产质量的影响最大。微观因素中，成本收入比与不良贷款率显著负相关，说明银行加大对风险管理的投入可以显著降低银行的不良贷款率。贷款/生息资产的占比与不良贷款率显著正相关，说明银行生息资产中贷款占比越高，银行收入对信贷利差利润的依赖越大，因而更有动机放松信贷发放标准实现"以量补价"，无形中就提高了信贷风险。银行股权集中度（第一大股东持股超过 30%）与银行不良贷款率显著负相关，说明股权的集中可以更有效地监督管理层，提高银行的贷款质量。国有控股银行的不良贷款率较高。政府的隐性干预和政策性放贷任务都是国有银行信贷质量较差的原因。

3. 本书对《商业银行资本充足率管理办法》和《商业银行资本管理办法（试行）》实施期间我国商业银行信贷行为的变化和资本管理行为进行了分析。

《商业银行资本充足率管理办法》实施期间，硬资本监管约束对商业银行信贷行为的影响，分大型银行、全国股份制银行和城市商业银行从贷款扩张、贷款对象、贷款方式三个方面进行比较，发现资本监管硬约束对个人贷款占比和抵押贷款方式的影响效果要优于贷款规模。资本监管硬约束下银行短期内开始注重资产结构的调整，高风险信贷资产的比重开始下降。这一时期，银行的经营利润对核心资本充足率的补充效果有限，上市银行主要依赖外源融资补充核心资本，而这也在一定程度上降低了资本监管硬约束的长期效果。面对监管资本压力时银行的应对策略主要是增加资本而非降低资产风险，资本充足银行有更强的风险承担激励。2013 年开始实施的《商业银行资本管理办法（试行）》允许超额贷款损失准备记入二级资本，导致资本充足率和核心资本充足率表现出不同的调整特征。

4. 本书运用动态面板数据模型对中国商业银行贷款损失拨备计提行为的顺周期特征进行了实证检验。

本书选用国内 19 家主要商业银行 2008—2016 年的面板数据，应用广义矩估计（GMM）方法，对银行拨贷比、拨备覆盖率分别与经济周期、贷款增长和银行盈利的关系进行了检验。实证结果显示无论是银行拨贷比还是拨备覆盖率的计提均具有顺周期性，也即根据已发生损失计提贷款拨备的方法难以实现逆周期效果。

5. 对我国商业银行资本充足率的顺周期特征进行了实证检验。

本书基于 2008—2016 年 38 家商业银行的面板数据，分两个时段（2008—2012 年，2013—2016 年）来考察资本缓冲与 GDP 增长率的关系。结果显示，《商业银行资本管理办法（试行）》实施后我国商业银行具备逆周期调节资本缓冲的行为特征，在经济上升时期，为防范衰退期到来时产生的资本不足，主动增加资本缓冲，说明我国 2013 年开始实施的《商业银行资本管理办法（试行）》有效发挥了逆周期调节作用，而在《商业银行资本管理办法（试行）》实施前，资本缓冲与经济周期的正相关效应却不显著。

6. 对动态拨备制度和逆周期资本缓冲实施的国际情况进行了介绍。

动态拨备制度和逆周期资本缓冲是 2008 年国际金融危机后，国际监管机构公认有效的信贷逆周期调控工具。本书除对西班牙动态拨备制度的内容和改革进行详细分析外，还介绍了哥伦比亚、秘鲁和玻利维亚三国动态拨备制度的实施情况。目前已有 25 个国家（地区）制定了逆周期资本监管规则并落地实施，但我国尚未完成规则的制定。本书分发达国家（地区）和新兴市场国家（地区）介绍了代表性国家（地区）逆周期资本缓冲计提的实施规则。

1.4　研究展望

银行的顺周期是不可能彻底消除的，这是由银行顺周期的内生性所决定的，也是保持市场多样性的需要。如果在经济上行或下行时，大部分甚至所有金融机构都采取相同的逆周期操作，必然导致其市场行为的趋同性，而行为趋同的市场将是一个无效的市场。逆周期工具功能的设计应主要基于消除导致银行顺周期的外部因素，如资本监管、公允价值会计、薪酬激励机制等。任何逆周期监管工具都存在弊端，或在实践中面临一些问题，工具之间也是相互联系的。因此，利用逆周期工具进行监管是一项系统性工作，不仅要做好逆周期监管工具的设计，也要注意各个工具存在的缺陷和相互联系，根据实际情况，有选择地进行工具组合来缓释银行的顺周期效应。

2010 年《巴塞尔协议Ⅲ》出台以来，模型的复杂性和缺乏透明度广受诟病：一是模型规则过于复杂，《巴塞尔协议Ⅲ》文件全文超过六百页，加上附则和各类细则超过一千页，模型规则的复杂容易导致理解的偏差和实施的差异，监管的一致性和有效性难以保证；二是标准法过于简单，缺乏风险敏感度；三是资本计量结果不具备可比性，不仅标准法和高级法的计量结果不可比，不同银行同种计量方法的结果也不可比。2017 年 12 月 7 日，巴塞尔委员会发表声明称《巴塞尔协议Ⅲ》已完成修订，将从 2022 年 1 月 1 日起逐步实施。相较于 2010 年版的《巴塞尔协议Ⅲ》，2017 年的最新修订版本致力于提升风险计量框架的可信度，加强各家银行使用内部模型法测算出的加权风险资产具备可比性，同时也设定了风险加权资产的最低测算值（Output Floor）[①]，以减少银行通过使用内部模型降低资本计提的行为，有助于增强银行的资本缓冲，降低银行在经济低迷时期对纳税人救助的依赖。《巴塞尔协议Ⅲ》的最新修订版本还对全球系统重要性银行提出了更高的杠杆率监管要求。迫使全球各国银行资本要求的改变将是一项长期的阶段性工作，《巴塞尔协议Ⅲ》修订的完成标志着全球金融监管机构致力于使银行业建立更稳定根基的努力取得了阶段性胜利。

---

① 资本产出下限（Output Floor）是用于限制基于银行自身风险模型与根据监管机构更保守模型计算的资本要求之间的差距，从 2022 年开始将为 50%，到 2027 年 1 月前上升至 72.5%。

第二章　我国商业银行信贷行为的顺周期特征分析

2.1　我国信贷资金管理体制的变迁

商业银行微观层面的信贷行为在很大程度上受到宏观经济层面信贷资金管理体制的影响。信贷资金管理体制指国家规定各类银行及其各级机构对信贷资金管理权限的划分，它直接涉及各银行贷款权限的大小，对调动银行贷款业务的积极性有重要作用。在实行市场经济的国家，中央银行主要通过货币政策的制定和实施，围绕控制货币供应量来引导、调节资金的流量、流向和资金价格。在宏观管理上，一般注重建立货币调节传导机制，不单独建立信贷资金组织管理的制度，而由商业银行自行决定信贷资金组织与运用的数量、方向，并根据市场资金供求状况决定自身资金运用的价格。中国人民银行在宏观管理上不但要控制货币供应量，而且要通过编制、实施全社会信用规划来管理各种金融机构的信贷资金来源，控制、监督信贷资金运用，以实现资金的合理配置和有效使用。我国中央银行信贷资金管理体制的改革，是随着我国经济体制改革和金融体制改革进行的（段引玲，2008）。我国的信贷资金管理体制大致经历了由计划经济向市场经济转变的四个阶段。

2.1.1　统存统贷

中华人民共和国成立后，为适应高度集中统一的计划经济体制，人民银行在信贷资金管理上实行"统存统贷"，即各级银行吸收的各项存款全部上交人民银行总行，各级银行发放的各项贷款由人民银行总行统一核定计划指标，逐级分配下达。存、贷款全部实行指标管理，存款计划指标要努力完成，贷款计划指标未经批准不得突破。在这种体制下，信贷资金管理的特征是存款统一上交人民银行总行，贷款由人民银行总行统一下达。

2.1.2　差额包干

为适应经济体制、金融体制改革的需要，从 1980 年开始在全国银行试行"统一计划、分级管理、存贷挂钩、差额包干"的管理办法。这个办法要求人民银行总行统一编制信贷计划，各省（自治区、直辖市）计算存款和贷款，由人民银行总行核定存、贷款差额。存款大于贷款的，称为"存差计划"，必须完成；贷款大于存款的，称为"借差计划"，不能突破。在执行中，多吸收存款和多收回贷款的，可以按照规定和信贷原则多发放贷款；存款计划完不成，贷款不能按期收回的，就得少发放贷款。实行这个办法的目的是在人民银行总行统一管理信贷资金的前提下，扩大地方人民银行的主动权，使各地能够较为灵活地运用资金，调动各级银行重视存款的积极性，但这个办法仍没有摆脱资金供给制的基本模式，信贷资金"供给制""吃大锅饭"的矛盾依然存在。

2.1.3　实贷实存

1983 年中央决定对银行体制实行重大改革，人民银行专门行使中央银行职能，不再兼办具体存贷款业务。为了克服"差额包干"管理办法的弊病，有利于中央银行体制的建立并加强金融宏观调控，使信贷资金由直接管理为主逐步向间接管理为主转变，从 1985 年 1 月起，推行"统一计划、划分资金、实贷实存、相互融通"的管理办法，简称"实贷实存"。其基本内容包含以下几点：

1. 统一编制、核定信贷计划。中国人民银行、各专业银行和其他金融机构的信贷活动全部纳入全社会信用规划，由中国人民银行总行统一编制，经综合平衡后分别下达给专业银行总行和其他金融机构，作为组织营运信贷资金的一个总"笼子"和总目标。

2. 划分资金。中国人民银行与专业银行划分资金，专业银行的自有资金和其他信贷资金由中国人民银行总行核定给专业银行总行，作为该行的营运资金，实行自主经营，独立核算。专业银行、其他金融机构实现信贷计划或贷款规模所需要的资金，主要依靠自己面向社会筹措。中国人民银行和专业银行各自建立独立的联行核算系统，跨行的汇划款项要及时进行清算，堵住了相互之间的资金占用。

3. 实贷实存。中国人民银行与专业银行和其他金融机构的资金往来改为借贷关系。专业银行、其他金融机构要在人民银行设立贷款账户和存款账户，向中国人民银行的借款要转到存款账户内才能使用。实行先贷后存，先存后用，不得透支。

4. 建立法定准备金制度。专业银行和其他金融机构吸收的企业存款、储蓄存款、农村存款和其他存款等一般性存款，要按照中国人民银行总行规定的比例向当地中国人民银行分支机构缴存存款准备金。中国人民银行总行根据放松或收紧银根的需要，可以调高或调低缴存存款的比例。

5. 开展资金相互融通。充分利用信贷资金使用的时间差、地区差和行际差，开展金融机构之间的相互拆借，搞活资金融通，提高信贷资金的使用效益。

2.1.4　比例管理

党的十四届三中全会后，人民银行对信贷资金管理体制又进行了改革。从1994 年开始逐步实行"总量控制、比例管理、分类指导、市场融通"的新信贷资金管理办法。一是人民银行对货币信贷总量的控制由主要依靠信贷规模管理逐步转向运用社会信用规划、再贷款、再贴现、公开市场操作、准备金率、基准利率、比例管理、贷款限额等手段的管理。二是对金融机构的信贷资金实施安全性、流动性管理。指标体系主要包括资本充足率、存贷款比例、中长期贷款比例、资产流动性比例、备付金比例等。三是在统一的货币政策下，对不同的金融机构，在不同的时期实行不同的管理办法。四是金融机构可以通过市场筹集和融通资金。到 1997 年，贷款限额管理仅限于国有商业银行和政策性银行。随着金融机构的不断增多，金融创新和资金融通渠道的多样化，1998年 1 月 1 日，中国人民银行取消对国有商业银行贷款规模限额的控制①，实行适应市场经济的以"计划指导、自求平衡、比例管理、间接调控"为主的新的贷款管理制度。

计划指导，是指从 1998 年 1 月 1 日起，人民银行对商业银行贷款增加量，不再按年份季度下达指令性计划。人民银行根据国家确定的经济发展、物价控

---

①　贷款限额控制，是指中央银行通过下达指令性计划指标直接控制商业银行贷款增加量上限和安排商业银行贷款结构的一种方法。我国对商业银行的贷款限额控制的基本做法是，中国人民银行根据国民经济发展计划和财政、信贷、物资、外汇综合平衡的要求，编制综合信贷计划，按年份季度确定贷款增加的总规模，分门别类确定各项贷款增加量，以指令性计划下达各家商业银行执行。未经人民银行批准，各行不得突破规定的计划规模发放贷款，并不得相互挪用。对国家专业银行实行贷款限额控制，长时期以来，曾经对控制货币总量和调整经济结构发挥了重要作用。

制目标和综合考虑影响货币流通速度的各种因素，确定全年各层次货币供应量的目标，编制基础货币规划和社会信用规划，在此基础上确定商业银行的年度贷款增加量指导性计划，作为中央银行宏观调控的监测目标，供各家商业银行执行自编资金计划时参考。各商业银行依法筹集的资金，在缴存准备金、留足备付金、按计划进度归还中国人民银行再贷款和购买政策性金融债券后，自主使用，按信贷原则和国家有关政策发放贷款。

自求平衡，是指商业银行以法人为单位对资金来源与资金运用自求平衡。人民银行不再对商业银行下达指令性计划后，各商业银行总行要根据中国人民银行公布的货币供应量目标、信贷政策、资产负债比例管理规定和可用资金等要求，认真编制全行年度分季的资金来源和运用计划，向中国人民银行备案后，逐级下达分支行执行。商业银行根据资金的承受能力确定贷款等资金运用，不得超过资金来源安排贷款，不得把资金缺口留在缴存准备金购买政策性金融债券、归还中央银行贷款上。商业银行对全行资金的统一调度，可采取定存定贷或存贷挂钩等办法控制分支行的资金运用。商业银行及其分支行，要建立存、贷款期限管理制度，预测资金头寸，及时做好资金头寸的调度工作。

比例管理，是指从 1998 年开始，商业银行以法人为单位编制包括资金营运计划、资产质量管理计划、成本利润计划、劳动工资计划、分支机构调整计划等为主要内容的业务经营和发展综合计划，克服"重规模、轻管理"的倾向，把工作重点真正转移到加强内部管理、改进金融服务、防范和化解金融风险、提高资金使用效益上来，逐步达到人民银行规定的资本充足率、贷款质量比例、单个贷款比例、备付金比例、拆借资金比例、国际商业借款比例、存贷款比例、中长期贷款比例、资产流动性比例九大类比例指标。

间接调控，是指中国人民银行宏观金融调控，不再以信贷规模为中介目标和操作目标，而改为调控货币供应量和商业银行的资金头寸；不再依靠贷款限额控制这一行政手段，而改为综合运用存款准备金、再贷款、再贴现、公开市场业务和利率等货币政策工具，及时调控基础货币，保持贷款适度增长，避免货币供应过多或不足，维护币值稳定，促进国民经济持续、快速、健康发展。

由于我国金融体系中资本市场融资规模相对较小，银行贷款长期以来都是企业最重要的外部融资渠道。因而银行贷款一般是我国经济周期中固定资产投资和经济整体景气度的最佳先行指标，而货币信贷政策到目前为止也是最重要的宏观调控政策工具。事实上，央行每年都会直接设定银行贷款增长目标以确立其宏观政策基调。2007 年底，为了有效控制中国经济的高通胀水平，实行适度从紧的货币政策，央行再度启用年度新增信贷额度控制，并且按季度调控。自此，信贷规模控制又走进了我国央行货币政策的"工具箱"。

2.2　我国银行信贷与经济增长的周期关系

商业银行的信贷活动受宏观经济周期的影响，通常表现出明显的顺周期性特点，这一特点形成的原因主要是：在经济繁荣时期，商业银行对借款人经营前景的过度乐观常导致信贷标准降低、信贷政策放宽，商业银行经营绩效的快速提升又强烈刺激其放贷冲动，但实践表明，商业银行的许多错误的放贷决策都是在经济周期的上升阶段做出的，经济的高速增长为风险的逐步累积埋下了隐患；而在经济衰退时期，由于借款人财务状况的恶化促使商业银行在提供贷款时更加谨慎，信贷策略趋于保守，同时基于绩效的下滑预期、风险方面的顾虑以及金融监管的趋严，商业银行会惜贷，贷款增速也会快速回落，而这一变化会加剧经济运行的波动，导致经济在低谷徘徊时间延长。据此，我们可以将信贷周期划分为四个阶段：信贷资产累积→信贷风险爆发→短期后果→中长期后果。在第一个阶段，当投资环境利好时，银行经营的逐利性会导致信贷投放量激增，但潜在的信贷质量也会出现下降。到第二个阶段，由于经济衰退或信贷紧缩等事件触发的债务危机，信贷资产违约率飙升，直接后果是信贷市场紧缩甚至关闭。短期后果是银行盈利水平下降，经营风险上升，金融风险发生的概率上升。为了防止债务危机的恶化和扩散，中央银行会投放流动性，延长债务周期、稀释市场风险，中长期后果是债务规模不断累积。

大量事实表明，金融体系的这一周期性波动会对宏观经济运行产生显著影响，其中 21 世纪的经济危机主要是债务型经济危机，如 2007 年的美国次贷危机、2011 年的欧洲主权债务危机，其中银行信贷投放的顺周期行为都功不可没。债务型经济危机的特点是它不会随时间的推移自动变轻，而只会越来越严重。以美国为例，2007 年信贷市场未偿还债务为 5.09 万亿美元，但到 2017 年底这一指标增长为 6.86 万亿美元，已经超过了 2007 年的水平。

现有金融活动越来越具有庞氏融资的特征：金融活动的负债形成在先，资产形成在后；负债形成时期的高产出效率，通常表现为高融资成本，如果短时期内产出效率急速下降，则在当期无法找到相应收益率的资产与此前形成的负债相匹配。维系债务链条的途径通常包括以下几个方面：一是保持经济增速，通过增长来化解矛盾；二是采取多种措施控制特定领域的债务规模；三是通过货币政策及其他技术性手段控制融资成本，推动债务展期。

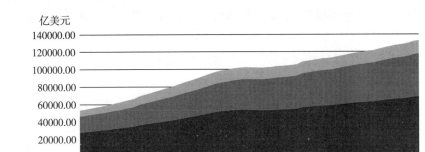

图 2-1　美国信贷市场未偿还债务变化

　　2008 年国际金融危机后，由于国外需求萎缩，出口急剧下滑，为遏制国内经济增速过快下降，我国的银行信贷规模急速膨胀，在不到十年时间内扩张了近 4 倍，即使如此，同期 GDP 年度环比增速却依旧从 2008 年的 18.24% 下跌至 2016 年的 7.91%，由此我们可以认为在此期间中国金融对实体经济的产出效率开始下降。而这一现象从某种程度上来讲，就是金融与实体经济的背离，也即常说的"脱实向虚"，直接表现为货币金融投放大量增加，但资金利用效率却大大降低。表现为金融体系将金融资源大量配置到产出效率较低的基础设施，以及房地产领域。资金并没有流向制造业等实体部门，而是又回流至金融体系内，直接或间接地将资源在金融系统内分配，导致资金空转虚耗。金融支持实体经济的效率下降，不仅增加了信用风险和流动性风险，还增加了整个金融体系的系统性风险。

　　鉴于我国从 1998 年起就建立了适应市场经济的信贷资金管理制度，所以我们对 1999—2017 年这 19 年间金融机构各项贷款年末余额和年增长率与同期国内生产总值及其年增长率做简单比较，发现 2008 年国际金融危机后我国金融机构的信贷无论是规模还是增速均远超同期国内生产总值。从表 2-1 所列数据看出，2017 年末金融机构各项贷款余额相当于 1999 年的 12.82 倍，而 2017 年国内生产总值却只相当于 1999 年的 9.13 倍。由于增长速度的差异，金融机构贷款余额相当于同期的国内生产总值的比率也由 1999 年的 104.52% 扩张至 2017 年的 145.24%。值得注意的是，2007 年开始我国金融机构贷款余额中中长期贷款的比重开始超过 50%，至 2017 年底中长期贷款余额已占总贷款余额的 61.70%。银行业金融机构中长期贷款的比重过高，意味着潜在的流动性风险和国家宏观调控政策风险均会上升。

表 2 - 1　　　　　　1998—2017 年 GDP 和金融机构贷款的变化　　　　单位：亿元、%

年份	现价 GDP	GDP 增速	金融机构各项贷款余额	各项贷款增速	金融机构短期贷款余额	金融机构中长期贷款余额	中长期贷款占比
1998	85195.50	7.80	86524.10	15.50	60613.20	20717.80	23.94
1999	90564.40	7.70	93734.30	12.50	63887.60	23968.30	25.57
2000	100280.10	8.50	99371.07	13.40	65748.07	27931.19	28.11
2001	110863.10	8.30	112314.70	11.60	67327.23	39238.08	34.94
2002	121717.40	9.10	131293.93	15.80	74247.90	48642.04	37.05
2003	137422.00	10.00	158996.23	21.10	83661.15	63401.40	39.88
2004	161840.20	10.10	177363.49	14.50	86836.83	76707.37	43.25
2005	187318.90	11.40	194690.39	12.98	87449.16	87460.42	44.92
2006	219438.50	12.70	225285.28	15.07	98509.53	106512.40	47.28
2007	270232.30	14.20	261690.88	16.10	114477.91	131539.08	50.27
2008	319515.50	9.70	303394.64	18.76	125181.65	154999.79	51.09
2009	349081.40	9.40	399684.82	31.74	146611.31	222418.76	55.65
2010	413030.30	10.60	479195.55	19.89	166233.38	288930.43	60.29
2011	489300.60	9.50	547946.69	15.80	203132.62	323806.52	59.09
2012	540367.40	7.90	629909.64	14.96	248272.76	352907.42	56.03
2013	595244.40	7.80	718961.46	14.14	290237.82	398862.41	55.48
2014	643974.00	7.30	816770.01	13.60	314795.71	459482.07	56.26
2015	689052.10	6.90	939540.16	14.30	342377.29	525389.61	55.92
2016	743585.50	6.70	1066040.06	13.46	356419.14	623756.20	58.51
2017	827121.70	6.90	1201320.99	12.69	390447.53	741175.15	61.70

图 2 - 2 所示的是我国 1998—2017 年 GDP 增长率与信贷增长率的走势图，该图表明我国 GDP 增长率与信贷增长率走势高度一致，特别是在 GDP 增长率上升时期，信贷增长率的上升领先于 GDP 增长率；在 GDP 增长率下降时期，信贷增长率下降又快于 GDP 增长率。由此可见，我国银行信贷具有显著的顺周期性。

2008 年国际金融危机以来，为应对 2008 年、2011 年、2014 年三次经济下滑，我国先后在 2009 年、2012 年、2015 年实施了三次货币刺激，但从表 2 - 1

看出，货币刺激的效果一次比一次弱，最终也无法挽回经济增速的下滑。我国2016年开始实行的"去产能""去库存""去杠杆"供给侧改革催化银行不良资产暴露，我国商业银行不良贷款余额及不良贷款率呈现"双升"的局面。中国人民银行发布的《中国区域金融运行报告（2017）》显示：2016年末，全国商业银行不良贷款余额为15123亿元，较2015年增加2379亿元，不良贷款率为1.74%，比2015年上升0.07个百分点，其中，农村商业银行最高，为2.49%。分地区看，东部地区银行资产质量基本稳定，中部地区不良贷款率同比下降0.2个百分点，西部地区、东北地区不良贷款率同比分别提高0.07个、0.08个百分点。分行业看，全国商业银行不良贷款余额主要集中在批发和零售业、制造业及农、林、牧、渔业。东部地区、中部地区、西部地区和东北地区关注类贷款比率同比分别上升0.21个、0.14个、0.12个和0.32个百分点，逾期90天以上贷款也有不同程度增加。

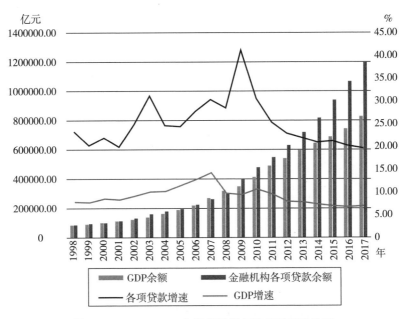

图2-2 1998—2017年经济增长与信贷增速的关系

2.3 相关研究回顾

国外经济学家对信贷与经济活动关系的研究由来已久，在对经济周期做出外生性解释的过程中，货币和信贷在李嘉图（Ricardo）、桑顿（Thornton）、奥弗斯通（Overstone）和穆勒（Muller）等人的研究中都起到了独立而重要的作用。经济周期的基本特征之一，就是交替的信贷收缩和信贷膨胀，即信贷周期。20 世纪 80 年代以来，学术界对于信贷周期的理论探讨主要关注银行信贷活动，认为信贷活动具有内在的顺周期性，加剧了经济波动。早期最为著名的研究出自 Bernanke（1989），他指出金融体系与经济周期之间呈现同向变动：在经济繁荣时，银行信贷增长加快；而在经济衰退时，银行信贷也相应紧缩。欧洲中央银行（European Central Bank，ECB）2009 年发现在 GDP 高速增长期，银行往往会放松信贷标准、增加贷款规模、延长贷款期限。希腊银行（Bank of Greece）2010 年的研究表明，在 2009 年第四季度的经济下滑期，银行的信贷标准趋向严格，中小企业贷款的拒绝率明显提高。Bouvatier、López-Villavicencio 和 Mignon（2014）率先研究了商业银行信贷增长顺周期性的非线性特征，结果表明：在不同的国家，银行信贷增长的顺周期性具有不同的非线性特征。国内学者陈磊（2004）对 1981—2002 年我国信贷周期与经济波动的关系进行了实证研究，得到如下结论：我国的信贷周期与经济周期长期来看是基本一致的，但在 1994 年后由基本同步转变为通常会滞后约三个季度。另外，经济增长很大程度上依赖于信贷扩张，同时经济波动对信贷规模变化的微弱影响也在 1994 年之后明显增强。滑静、肖庆宪（2007）利用二元广义自回归条件异方差模型（GARCH），采用 1978—2005 年中国 GDP 增长率和年末信贷余额增长率的年度数据，对中国商业银行贷款的顺周期性进行实证研究，结果表明中国商业银行的信贷行为具有十分明显的顺周期性特征，两者的当期波动不但受其自身前期波动的影响，还受各自前期波动的交叉影响。晏艳阳、张贞贞（2011）的实证研究表明，自 1999 年商业银行开启市场化改革之后，银行根据企业运营状况发放贷款，但是由于上市公司违约率与经济周期相关，银行行为也具有顺周期性。冯科、刘静平、何理（2012）利用 VEC 模型及互谱分析，探讨了中国商业银行信贷的顺周期行为现状，结果显示在中国商业银行信贷存在顺周期行为，经济繁荣时扩张信贷，经济衰退时惜贷。王威、赵安平（2013）研究了我国银行贷款的周期波动和随机趋势，发现 1990 年后信贷周期大致可分为八个阶段，且信贷周期与经济周期的波动具有一致性，银行信贷存在顺周期性。刘志洋（2013）论证了商业银行在经济周期中的放大角色，并对商业银行信贷与宏观经济因素间的交互关系进行了论证，认为中国商业银行信贷具有非常显著的顺周期性，银行自身供给因素在顺周期性中占据主要位置。于震等（2014）发现 2000—2013 年中国信贷周期和经济周期呈现出显著的正向相关，即在这段时期中国存在显著的信贷顺周期现象，并且信贷周期领先经济周期约三个季度。

2.4 银行信贷顺周期行为的实证检验

2.4.1 指标选择和数据处理

自 1998 年 1 月 1 日起，人民银行取消了对国有商业银行贷款限额的控制，开始推行资产负债比例管理，银行信贷行为的自主性和市场化进一步加强。但是我国过去近 20 年的时间内信贷规模增长速度均远高于同期经济增长水平。鉴于此，我们选取 2001 年第一季度至 2017 年第四季度的国内生产总值（GDP）和金融机构新增人民贷款（LOAN）两项指标，用季度 GDP 来衡量宏观经济的周期性波动，以人民银行统计的金融机构新增人民币贷款累计余额衡量信贷规模的变化。数据来源于 Wind 数据库。

我们利用 EViews7.2 软件中的 Census X12 方法先对 GDP 和 LOAN 序列的绝对值进行季节调整，得出调整后的季度余额，为了降低异方差带来的不良后果，将调整后的余额取自然对数。

2.4.2 实证过程与分析

我们首先对经过季节调整后的季度 GDP 和 LOAN 序列的平稳性进行检验，结果如表 2-2 所示。从表 2-2 可以看出，国内生产总值和新增信贷规模对数序列的水平值均为非平稳序列，但一阶差分后 D（lnGDP）的 ADF 统计量为 -3.8498，小于显著性水平 5% 的临界值 -3.4805，而 D（lnLOAN）的 ADF 统计量为 -7.8483，小于显著性水平 1% 的临界值 -4.1032，两个序列分别在 5% 和 1% 的显著性水平下拒绝单位根假设，因此我们认为两个序列的一阶差分均是平稳序列。

表 2-2 　　　　　　　　　ADF 检验结果

	t 值	1% 临界值	5% 临界值	10% 临界值
lnGDP	-0.5700	-4.1032	-3.4794	-3.1674
D（lnGDP）	-3.8498 **	-4.1055	-3.4805	-3.1680
lnLOAN	-2.7178	-4.1009	-3.4783	-3.1668
D（lnLOAN）	-7.8483 ***	-4.1032	-3.4794	-3.1674

注：***、**、* 分别表示在 1%、5%、10% 的水平下显著。

我们进一步进行协整检验，以判断二者之间是否存在协整关系，基于赤池信息量准则（AIC）选择滞后阶数为2，检验结果如表2－3所示。

表2－3　　　　　　　　　　协整关系的检验结果

Unrestricted Cointegration Rank Test（Trace）

Hypothesized No. of CE（s）	Eigenvalue	Trace Statistic	0. 05 Critical Value	Prob. **
None *	0. 214171	22. 08732	15. 49471	0. 0044
At most 1 *	0. 094066	6. 421268	3. 841466	0. 0113

Unrestricted Cointegration Rank Test（Maximum Eigenvalue）

Hypothesized No. of CE（s）	Eigenvalue	Max-Eigen Statistic	0. 05 Critical Value	Prob. **
None *	0. 214171	15. 66605	14. 26460	0. 0298
At most 1 *	0. 094066	6. 421268	3. 841466	0. 0113

可以看出，GDP 和 LOAN 在1%的显著性水平上至少存在两个协整关系，这说明 GDP 和 LOAN 之间存在长期稳定关系，GDP 与 LOAN 的 Pearson 相关系数为0.8623。可见，两者之间有显著的正相关关系，说明我国商业银行信贷投放的顺周期特征明显。

以格兰杰因果分析两组变量之间的因果关系，结果发现 GDP 和 LOAN 具有双向因果关系，即 GDP 扩张扩大了 LOAN 的需求，而 LOAN 扩张也会推动 GDP 增长。

表2－4　　　　　　　　　　Granger 因果关系检验结果

检验的原假设	滞后长度	F 检验统计量	F 统计量的概率值
lnLOAN does not Granger Cause lnGDP	2	5. 6626	0. 0055
lnGDP does not Granger Cause lnLOAN	2	7. 3818	0. 0013

下面，我们可以直接建立信贷投放与经济增长的 VEC 模型，结果如下：

$$GDP = 1.4795 \times GDP（-1）- 0.5036 \times GDP（-2）+ 0.0055 \times LOAN（-1）$$
$$+ 0.0127 \times LOAN（-2）+ 0.0975$$

$$LOAN = -3.8710 \times GDP（-1）+ 4.0318 \times GDP（-2）+ 0.8024 \times LOAN$$
$$（-1）+ 0.0041 \times LOAN（-2）+ 0.3708$$

从模型结果可知，前一个季度的 GDP 对当季 GDP 的正向影响很大，主要是经济增长的惯性使然，而前两个季度的 GDP 对当季 GDP 就有负面影响了，主要是因为中央银行会根据经济增长的冷热进行稳定性调节，防止经济过热引发通货膨胀，又害怕经济过冷影响充分就业。而前一个季度的 GDP 对当季的信贷规模呈负向影响，原因是人民银行习惯于根据经济增长情况的冷热逆向调节信贷投放速度。当上一个季度经济下滑超出预期时，人民银行会放松货币政策实施逆向调节，其中放松货币政策重在放松信贷规模控制。当上一个季度经济增长超出预期，预期通胀压力加大时，人民银行会压缩信贷规模，因此上一个季度的 GDP 增速对下一个季度信贷增速的负面效果就显现出来了。

下面，我们通过脉冲响应函数分析来研究 GDP 与新增信贷规模之间的动态关系，结果如图 2 - 3 所示。

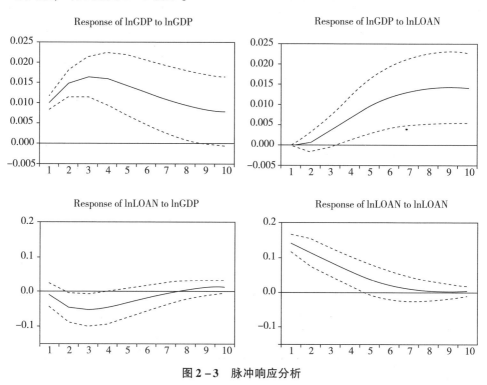

图 2 - 3　脉冲响应分析

由图 2 - 3 可知，GDP 和 LOAN 对其自身一个标准差信息均在第一期都做出了响应。以 GDP 为例，第一期，GDP 的响应大约在 0.018，之后这种冲击对 GDP 的影响缓慢减小。GDP 自身的这种扰动冲击对 GDP 影响的持续时间比较长，前十期 GDP 的影响都一直在 0.010 上下波动。接下来，我们分析 GDP 的这种扰动对信贷增速的影响。从图 2 - 3 可知，LOAN 对来自 GDP 的扰动并没有立即做出响应，LOAN 在第一期的响应等于零，从第二期开始，LOAN 对

GDP 扰动所做出的响应逐渐增大，在第六期后达到最大（大约为 0.016）且为正向的，此后 LOAN 对 GDP 扰动的响应稳定地趋于 0.015。GDP 对来自 LOAN 的扰动并没有立即做出响应，稍有滞后在一期内响应逐渐显现为负值（约为 -0.05）。之后，LOAN 对 GDP 的负面响应逐渐缩小，以第六期为转折点，扰动响应转为正面，之后随着时间推移，响应的值变大。

我们接下来进行方差分解分析。方差分解结果如表 2－5 所示。

表 2－5　　　　　　　　　GDP 和 LOAN 的方差分解

时期	lnGDP 分解			lnLOAN 分解		
	标准误差	lnGDP	lnLOAN	标准误差	lnGDP	lnLOAN
1	0.0100	100.0000	0.0000	0.1431	0.3706	99.6294
2	0.0179	99.8086	0.1914	0.1889	6.0985	93.9015
3	0.0246	97.7619	2.2381	0.2158	10.8513	89.1487
4	0.0302	93.3304	6.6696	0.2294	13.8723	86.1277
5	0.0349	87.0924	12.9076	0.2349	15.3135	84.6865
6	0.0390	80.1225	19.8776	0.2365	15.7426	84.2574
7	0.0427	73.4019	26.5982	0.2367	15.7653	84.2347
8	0.0459	67.5161	32.4839	0.2368	15.7907	84.2093
9	0.0488	62.6627	37.3373	0.2371	15.9645	84.0355
10	0.0514	58.7968	41.2032	0.2375	16.2550	83.7450

从表 2－5 可知，GDP 源于自身的方差分解在前十期逐期递减，最后稳定在 58% 左右。根据第三列数值可以发现，不考虑 GDP 自身的贡献率，LOAN 对 GDP 的贡献是逐渐增加的，在第十期达到 41.2%。而 LOAN 的源于本身的方差分解，前十期影响逐渐减少，到第十期稳定在 83% 左右。GDP 对 LOAN 的贡献逐渐增加，在第十期稳定在 16% 左右。由此可知，前十期 GDP 对 LOAN 的影响没有 LOAN 对 GDP 的影响显著，原因是我国商业银行的信贷投放除受宏观经济需求的影响外，还受到中央银行信贷规模控制、差别准备金动态调整、银行自身资本充足率、业务战略等其他因素的综合作用。

2.4.3　表外业务对表内信贷的影响

虽然近十多年来我国全社会融资规模中银行信贷规模的绝对值一直在上升，但其在社会融资规模总量中的占比却处于下降趋势（见表 2－6）。在这一背景下，研究信贷增长与经济周期的关系不得不考虑商业银行表外业务，即影子银行业务规模的影响。

表 2 - 6　　　　　2002 年以来全社会融资规模中各组成部分占比　　　　单位:%

年份	人民币贷款	外币贷款	委托贷款	信托贷款	未贴现的银行承兑汇票	企业债券	非金融企业境内股票融资
2002	91.9	3.6	0.9	—	-3.5	1.8	3.1
2003	81.1	6.7	1.8	—	5.9	1.5	1.6
2004	79.2	4.8	10.9	—	-1.0	1.6	2.4
2005	78.5	4.7	6.5	—	0.1	6.7	1.1
2006	73.8	3.4	6.3	1.9	3.5	5.4	3.6
2007	60.9	6.5	5.7	2.9	11.2	3.8	7.3
2008	70.3	2.8	6.1	4.5	1.5	7.9	4.8
2009	69.0	6.7	4.9	3.1	3.3	8.9	2.4
2010	56.7	3.5	6.2	2.8	16.7	7.9	4.1
2011	58.2	4.5	10.1	1.6	8.0	10.6	3.4
2012	52.0	5.8	8.1	8.1	6.7	14.3	1.6
2013	51.3	3.4	14.7	10.6	4.5	10.5	1.3
2014	59.6	2.2	15.3	3.2	-1.1	14.5	2.5
2015	50.0	1.8	8.2	3.9	3.1	11.2	3.5
2016	67.6	1.8	8.2	3.9	3.1	11.2	3.5

资料来源:中国人民银行。

　　根据银监会颁布的《商业银行表外业务风险管理指引》中的定义,表外业务是指商业银行从事的,按照现行的会计准则不计入资产负债表内,不形成现实资产负债,但能够引起当期损益变动的业务。表内业务息差收窄、资本要求提高和贷款规模控制使商业银行将部分无法在表内满足的信贷供给转入表外。因而我们在度量银行的授信规模时除了统计原有的表内贷款外,还应该包括表外的类信贷业务等。我国商业银行传统的表外业务主要是保函、银行承兑汇票、信用证等担保业务和贷款承诺、信用卡透支额度等承诺业务。但是这些年来,以规避信贷调控和监管为主要目的的表外创新业务有快速兴起、不断出新之势。从早期的银信合作、同业代付,到近年来的信托受益权、银证合作、银基合作、银保合作等,围绕资产出表的通道类业务层出不穷(黄志凌,2016)。这类业务不但扩展了银行的业务范围,开辟了新的利润来源,而且还为客户提供了多元化的金融服务,增强了客户黏性。随着我国商业银行表外业务增长迅猛，银行表内贷款规模已经不能全面概括和反映实体经济的实际融资供给。

继 2016 年 11 月银监会发布《商业银行表外业务风险管理指引（修订征求意见稿）》后，中国人民银行 2017 年第一季度对金融机构的宏观审慎评估（MPA）正式把表外理财纳入广义信贷范围，以引导金融机构加强对表外业务风险的管理。2017 年底在银行监管加强，在去杠杆的压力下，商业银行大量减少同业理财等表外业务，表外融资渠道持续收紧，部分需求转回表内信贷，银行表内贷款规模短期内增长迅速。

2.5　信贷竞争与地区经济增长

2.5.1　引言

我国金融体系具有典型的银行主导型特征，银行在我国的经济金融活动中发挥着重要作用，银行信贷的配置在很大程度上代表了我国金融资源的配置。信贷由于其稀缺性和在全国范围内的可调度性，地方政府往往高度重视对信贷资源的控制。地方政府在经济建设过程面临的最大的瓶颈就是资金的约束，因而财政分权体制下地方政府官员为晋升导致地方政府间为经济增长而竞争，由于经济增长方式的原因强化成为投资的竞争，而地方政府又竞相利用金融体系制度控制争夺信贷资源，这种扭曲机制下的投资造成对信贷资源的浪费。2015 年开始的地方政府债务置换也助推了银行信贷的逆周期扩张，并且地方融资平台等地方债务的主要债权人是中小地方性金融机构。

现在我国经济发展出现了一些区域间分化的现象，我们将全国 31 个省（自治区、直辖市）分为东部、中部、西部和东北四个地区，其中东部地区 10 个省（直辖市），包括北京、天津、河北、上海、江苏、浙江、福建、山东、广东和海南；中部地区 6 个省，包括山西、安徽、江西、河南、湖北和湖南；西部地区 12 个省（自治区、直辖市），包括内蒙古、广西、重庆、四川、贵州、云南、西藏、陕西、甘肃、青海、宁夏和新疆；东北地区 3 个省，包括辽宁、吉林和黑龙江。

我国区域经济发展特征显著，信贷资源分配存在明显的区域差异性。表 2 - 7 显示了 2016 年末我国经济总量与金融资源在以上四个区域的分布情况。

表 2 - 7 　　　　　　　　2016 年经济总量与金融资源地区分布 　　　　单位:%

	东部地区	中部地区	西部地区	东北地区	全国
地区生产总值	52.3	20.6	20.3	6.8	100
固定资产投资	42.2	26.5	26.1	5.2	100
利用外资	54.0	25.8	13.2	7.0	100
工业增加值	53.2	22.0	19.0	5.8	100
本外币各项贷款余额	55.9	16.4	20.7	7.0	100
本外币各项存款余额	58.3	16.4	19.0	6.3	100
银行业金融机构法人机构个数	34.5	25.3	31.4	8.8	100

资料来源:《中国区域金融运行报告 (2017)》,中国人民银行网站。

从表 2 - 7 可以看出,除经济发达的东部地区存差 (存款余额大于贷款余额) 外,经济落后的西部地区和东北地区都是贷差 (贷款余额大于存款余额),说明这些地区经济增长对信贷资源的依赖程度很高。信贷资源 (以贷款余额来衡量) 相比经济产出 (以地区生产总值来衡量) 的占比,经济发达的东部沿海地区是银行业金融机构总部的聚集地,因而东部地区的信贷资源占比较经济产出占比要高。而经济落后的西部地区和中部地区信贷资源占比就比经济产出要低,其中中部地区的差距较大,然而东北地区的信贷资源占比高于经济产出占比,主要原因是东北地区国有经济的比重相对中部地区和西部地区要高,因而在信贷资源的分配上有一些体制优势。

下面我们以全国 31 个省 (自治区、直辖市) 2003—2017 年底地区经济增长与信贷效率的省级面板数据为主要研究对象,分析银行信贷对各地区经济增长影响的差异,数据来源于 Wind 数据库。我们以贷款/GDP 代表信贷产出效率 (LOAN),来考察贷款的经济效益水平,如果比值高,说明贷款产出效率差,如果比值低,说明贷款产出效率好。在此仅考虑信贷规模而不考虑信贷结构。我们发现自 2003 年以来,国内地方信贷经济效益的平均水平在下降,每一元 GDP 投放的信贷金额在上升,而同期经济增长率却在下降。截至 2017 年末,我国银行业本外币贷款相当于当年 GDP 的 1.37 倍。纵向比较看,2003 年这项比值为 1.17,可见随着时间的推移,信贷资源对地方经济增长的边际效应在逐渐降低 (见图 2 - 4)。

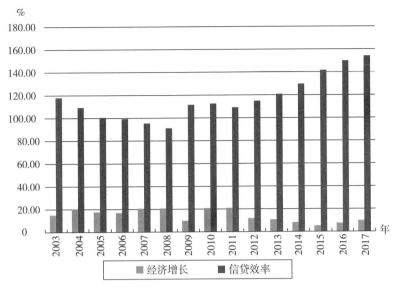

图 2 - 4　地方经济增长与信贷效率的变化

2.5.2　实证过程与分析

1. 平稳性检验

我们先对面板序列经济增长 GDP（地区生产总值取自然对数）与信贷产出效率 LOAN 进行单位根平稳性检验。EViews6.0 的 ADF 检验结果见表 2 - 8，水平值的单位根检验结果中分别只有一个和两个结果平稳，但根据少数服从多数的原则，我们认为有单位根，继续进行差分检验，从表 2 - 8 的结果可知变量 GDP 和 LOAN 的一阶差分均是平稳的，记为 I（1）。

表 2 - 8　　　　　　　　　　　面板数据的平稳性检验结果

变量	LLC	Breitung t-stat	IPS	ADF-Fisher	PP-Fisher
GDP	1. 4199	- 1. 6769 **	9. 3961	6. 7630	28. 8925
D（GDP）	- 12. 1504 ***	- 8. 1676 ***	- 5. 6101 ***	130. 771 ***	168. 221 ***
LOAN	- 7. 3072 ***	6. 4720	- 1. 1067	73. 7248	253. 539 **
D（LOAN）	- 13. 9819 ***	- 7. 4080 ***	- 7. 2548 ***	157. 491 ***	253. 411 ***

注：＊＊＊、＊＊、＊分别表示在1%、5%和10%的显著性水平下拒绝原假设。

2. 模型选择

被解释变量是经济增长 GDP，解释变量是信贷产出效率 LOAN。Hausman 检验得到的 P 值为 0.000，因而固定效应模型更为合适。

$$GDP_{i,t} = C_{i,t} + \delta LOAN_{i,t} + \mu_{i,t}$$

其中，$i = 1$，2，3，…，31，表示 31 个省（自治区、直辖市），$t = 2003$，2004，…，2017，表示不同年份，μ 是随机误差项。

常数项 C 的估计值为 7.6095，且其 t 统计量非常显著，代表国内各地区经济增长除信贷影响以外的平均值（我们将其视为内生经济增长水平）。贷款产出效率的系数在 1% 水平下显著为正，表明贷款产出效率与经济增长呈正相关关系，总体来说贷款投放扩张有利于提升经济增长。模型估计的 $R^2 = 0.803$，说明模型的拟合程度非常高，表明银行信贷在很大程度上能够解释地方经济增长。

表 2-9　　　　　　　　　　个体固定效应的估计结果

变量	Coefficient	Std. Error	t-Statistic	Prob.
常数项	7.6095	0.1202	63.2995	0.0000
LOAN	1.2656	0.1004	12.6002	0.0000
固定效应（截面）				
北京	-1.1238			
天津	-0.3750			
河北	-0.0149			
上海	-0.4125			
江苏	1.6198			
浙江	0.5511			
福建	0.5738			
山东	1.8604			
广东	1.5776			
海南	-1.7288			
山西	-0.0948			
安徽	0.4999			
江西	0.3320			
河南	1.3661			
湖北	0.8076			
湖南	1.0377			
内蒙古	0.5564			
广西	0.2999			
重庆	-0.2935			
四川	0.6616			

续表

变量	Coefficient	Std. Error	t-Statistic	Prob.
贵州	− 0. 7446			
云南	− 0. 4468			
西藏	− 2. 8761			
陕西	0. 1338			
甘肃	− 1. 0704			
青海	− 2. 4466			
宁夏	− 2. 2227			
新疆	− 0. 4653			
黑龙江	− 0. 0365			
吉林	0. 1327			
辽宁	0. 6286			

解释变量 LOAN 的系数表示信贷对经济增长影响的边际效应，我们注意到不同省（自治区、直辖市）解释变量系数估计值和符号都有差异，说明信贷的产出效率存在地区差异性。我们分东部、中部、西部、东北四个地区分析各地信贷对经济增长的边际效应，结果如表 2－10 所示。

表 2－10　　我国 31 个省份信贷规模对经济波动影响的估计结果

东部地区	系数	中部地区	系数	西部地区	系数	东北地区	系数
北京	− 1. 1238	山西	− 0. 0948	内蒙古	0. 5564	黑龙江	− 0. 0365
天津	− 0. 3750	安徽	0. 4999	广西	0. 2999	吉林	0. 1327
河北	− 0. 0149	江西	0. 3320	重庆	− 0. 2935	辽宁	0. 6286
上海	− 0. 4125	河南	1. 3661	四川	0. 6616	均值	0. 2416
江苏	1. 6198	湖北	0. 8076	贵州	− 0. 7446		
浙江	0. 5511	湖南	− 1. 7288	云南	− 0. 4468		
福建	0. 5738	均值	0. 1970	西藏	− 2. 8761		
山东	1. 8604			陕西	0. 1338		
广东	1. 5776			甘肃	− 1. 0704		
海南	− 1. 7288			青海	− 2. 4466		
均值	0. 4064			宁夏	− 2. 2227		
				新疆	− 2. 8761		
				均值	− 0. 9438		

从表 2 - 10 我们注意到北京和上海两地 2003—2017 年的信贷产出效率均值分别为 2. 37 和 1. 96（见图 2 - 5），远大于同期国内的平均值 1. 17，原因是京沪两地是我国银行业金融机构总部的聚集地，因而统计的信贷余额相比实际流入当地实体经济的规模偏高，实证结果得到两地信贷对经济产出的边际效应为负也就不足为奇了。基于此，我们在计算东部地区信贷对经济增长影响的均值时剔除了北京和上海两地的数据，各地区均值结果显示：东部地区信贷对经济产出的边际效应最高，西部地区信贷对经济产出的边际效应最差，为负值，说明西部地区贷款投入与经济产出的转化机制近乎失效。

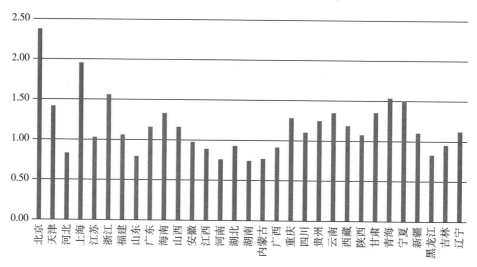

图 2 - 5　2003—2017 年各地信贷产出效率均值

第三章　信贷质量影响因素的综合分析

3.1　引言

2008 年末开始的短短 5 年时间内，我国高速扩张的信贷规模使信贷余额占 GDP 的比例从 75% 上升至 200%，而美国次贷危机和日本 20 世纪 90 年代初经济泡沫破灭前该比值大约为 40%（Carlos，2013）。2009 年第一季度与 2014 年第三季度（当时其 GDP 正在达到峰值）期间创造了规模相当于 139% 的 GDP 的信贷，远远高于全球其他主要的信贷泡沫。[①] 2013 年 8 月，高盛集团的报告认为"世界上其他地方的信贷泡沫破裂情况很多先兆都已经出现在中国"。报告同时强调"如果信贷泡沫破裂，中国可能会有 18.6 万亿元人民币的坏账"。此外根据中国银监会网站公布的信息显示"2012 年和 2013 年第一季度我国银行业不良贷款率和不良贷款余额环比增速全面反弹，分别从 0.94% 和 2.4% 上升到 0.96% 和 6.8%"（见表 3 - 8）。

一方面，实体经济的低迷状态传导到银行信贷体系，导致不良贷款情况恶化；另一方面，商业银行基于风险控制的惜贷行为进一步导致实体经济融资难，经营持续低迷。两者叠加，使商业银行不良贷款余额和不良贷款率出现"双升"的情形。截至 2015 年末我国商业银行不良贷款余额和不良贷款率"双升"，其中商业银行不良贷款余额比 2014 年末的 8426 亿元增长 51.3%，不良贷款率比 2014 年的 1.25% 提升 0.42 个百分点。中国银监会 2018 年 2 月公布的主要监管指标数据显示，截至 2017 年底，我国商业银行不良贷款余额为 1.71 万亿元，不良贷款率为 1.74%。2018 年初中国银监会各地监管局陆续发布了当地银行业的运行情况，从中可以看出银行业资产质量的变化与所在区域经济情况、风险暴露进度有很大关系。其中，东北地区经济情况依然未见明显好转，银行业不良风险仍在出清过程中，资产质量压力较大。东北地区不良

---

① 参见《中国信贷过剩到了什么水平　看看这些图表》，http://finance.ifeng.com/a/20170502/15334712_0.shtml。

贷款余额增幅明显，不良贷款率高企，均在3%以上，最高达4.31%，净利润下降。2017年末，黑龙江全省银行业不良贷款率为3.34%，比年初下降0.10个百分点；商业银行不良贷款率为2.24%，比年初上升0.27个百分点；银行业金融机构累计实现净利润206.4亿元，同比下降27.8%。吉林省2017年末不良贷款余额为3053亿元，比年初增加667亿元；不良贷款率为4.31%，比年初上升0.46个百分点；累计实现净利润144亿元，同比下降32.26%。相比之下，沿海多地不良"双降"，净利润上升。长三角地区风险暴露得较早，且2016年以来区域经济复苏明显，银行业不良生成大幅下降，资产质量显著改善。以华东两个经济大省——江苏和浙江为例，2017年末江苏银行业不良贷款余额为1299.06亿元，较年初下降339.24亿元；不良贷款率为1.25%，较年初下降0.63个百分点。浙江不良贷款持续"双降"，截至2017年末，全省银行业金融机构本外币不良贷款余额1478亿元，比年初减少299亿元；不良贷款率为1.64%，比年初下降0.53个百分点。不良贷款保持稳步下降态势。经济大省广东截至2017年末，广东银行业金融机构不良贷款余额为1794.44亿元，比年初增加134.42亿元；不良贷款率为1.45%，同比下降0.07个百分点。由此可见，信贷高速扩张后银行信贷质量恶化的问题在持续显现，因此分析宏观经济、个体特征如何影响银行信贷质量变化具有重要意义。

信贷质量是评价银行绩效的重要指标之一，也是衡量一个国家金融体系健康稳定程度的重要参考依据。银行信贷质量恶化，一方面表明银行缺乏良好的信贷风险管理机制，预示着银行将面临更高的信用风险和流动性风险；另一方面表明借款人的财务状况在恶化，反映了宏观经济可能出现下滑。研究我国银行信贷质量影响因素，采取有效措施防控银行的信贷风险，保持我国商业银行的健康发展态势，具有重要的现实意义。本书通过实证分析，识别影响我国商业银行信贷质量的主要因素，得出结论并提出建议。

3.2 文献回顾

宏观经济冲击和金融脆弱性会导致银行贷款损失的增加（Jarmo Pesola，2011），其中宏观经济会对整个银行业产生影响，而银行个体特征也会在微观层面对银行自身产生影响。

3.2.1 宏观经济对银行业信贷质量的影响

Bernanke（1988）在对1929年经济下滑的研究中注意到，是信贷因素将经济进一步带入危机。银行信贷具有顺周期性特征，国内生产总值与银行不良贷款率有显著的负相关关系（张雪兰，2012）。而拉动经济增长的"三驾马车"——消费、投资、净出口同样对降低银行不良贷款余额有着正向的促进作用（谢冰，2009）。此外，Louzis 和 Vouldis（2012）的研究表明失业率、利率和公共债务等宏观经济变量也是银行体系不良贷款形成的原因。

宏观经济政策，尤其是货币政策也会对银行不良贷款造成影响。当期银根紧缩会导致下一期银行整体不良贷款率显著上升，反之，则会引致下一期银行整体不良贷款率显著下降（黄立新，2011）。由于信息不对称、我国企业的融资结构等原因，我国一年期贷款基准利率对银行不良贷款率有正向冲击（卢盼盼，2012）。

3.2.2　个体特征对银行信贷质量的影响

银行的资产规模、资本、成本收入比、贷款增长、信贷审批制度、风险管理制度等个体特征会对银行信贷质量产生影响。银行资产规模越大，受到政府"大而不倒"的隐性保护越多，道德风险会刺激银行从事更高风险的业务，进而对信贷质量产生影响（Stern and Feldman，2004）。银行财务特征也会对其不良贷款率产生重要影响（Jarmo Pesola，2011）。银行资本处于较低水平时，管理层存在为追逐高盈利而提高贷款组合风险度的道德风险激励，从而导致未来不良贷款率上升（Keeton and Morris，1987；Daniel Foos 等，2010）。资本充足率对银行信贷质量存在积极影响，资本充足率的约束有效降低了银行的风险偏好，从而提高信贷质量（Delis and Kouretas，2014；于一、何维达，2011）。

关于银行成本收入比对信贷质量的影响，有两个截然相反的假设："劣质管理（Bad Management）"假设和"克扣（Skimping）"假设（Berger and De Young，1997）。"劣质管理"假设认为如果成本收入比高，则表明管理效率低、缺乏信用分析、评估抵押品和监测借款人还款水平的能力，将会导致不良贷款增加。"克扣"假设则认为若过分强调成本效率，将会导致银行保障信贷质量方面的投入，因而不良贷款会增加（Berger and De Young，1997）。

从业务多元化角度来说，银行生息资产的种类越多，越有利于其分散经营风险，降低银行对传统信贷利差利润的依赖，从而有效减少放松信贷标准参与"以量补价"式的诱惑，提高信贷质量（Goldman Sachs，2013）。

Haw 等（2010）发现控股股东（第一大股东）持股比例大于 30% 时，持股比率与业绩正相关。贷款增长会对信贷质量造成负面影响（Daniel Foos 等，

2010)，且中央政府控制、民营化程度低或大股东持股比例高的银行具有更高的信贷扩张速度，其扩张行为受宏观调控的影响更大（储著贞等，2012）。在我国，国有企业制度是形成国有银行不良贷款的重要原因，银行作为主要融资渠道这一投融资体制是形成银行不良贷款的重要原因（衷诚斌、张德鹏，2011）。在不同的信贷审批制度下，由于对贷款项目的认知和所需承担的责任不同，不良贷款继续扩大程度有明显区别（刘青，2012）。

现有研究成果对银行信贷质量影响因素的研究或侧重于宏观或关注微观，较少综合考虑宏微观两方面的影响因素，因而本书的研究视角更全面科学。关于宏观变量，我们筛选了广义货币供应量（M_2）、宏观经济景气预警指数、制造业 PMI 生产指数、工业企业利润总额这些能够更好地刻画宏观经济状况的指标。对于所有权结构对银行信贷质量的研究，我们引入大股东持股和国有控股（同时包括中央国有和地方国有）这两个虚拟变量，对其进行实证研究。

3.3　模型构建与变量选择

3.3.1　变量和样本选择及其数据来源

我们从宏观经济因素和银行个体特征因素两方面综合分析银行信贷质量的影响因素。基于文献综述，并结合我国银行业的现实情况，我们构建了两个模型，分别对宏观经济因素和银行个体特征因素进行研究。在宏观整体因素分析模型中，以我国银行业不良贷款率为因变量，以广义货币供应量、宏观经济景气预警指数、制造业 PMI 生产指数和工业企业利润总额为自变量，这些变量相较国内生产总值增长率能够更及时准确地刻画宏观经济状况的变化。在银行个体因素分析模型中，我们依据已有研究结果，并考虑我国银行所有权结构的特殊情况，以 19 家上市银行不良贷款率为因变量，以资产利润率、成本收入比、生息资产中贷款占比、资本充足率、贷款环比增速以及股权结构为自变量，这样能够较为全面地刻画银行特征和经营状况。为了更好地描述股权结构情况，我们引入了两个虚拟变量，一是股权集中度虚拟变量 D1，如果第一大股东持股比例高于 30%，就取值为 1，否则取值为 0；二是第一大股东国有性质虚拟变量 D2，如果第一大股东是中央（或地方或国有企业）国资就取值为 1，否则取值为 0。各变量的描述性统计如表 3 - 1 所示。

19 家样本银行分别是工商银行、中国银行、建设银行、交通银行四家大型国有控股银行，招商银行、民生银行、兴业银行、华夏银行、中信银行、浦发银行、平安银行、光大银行八家全国性股份制银行，北京银行、南京银行、宁波银行、重庆银行、天津银行、杭州银行、上海银行七家城市商业银行，为剔除财务数据季节性因素的影响，在这部分的分析中直接以年度数据作为基础数据，样本期间从 2008 年到 2016 年。数据来源于 Wind 资讯。

3.3.2 模型变量的描述性统计

表 3 – 1 模型涉及变量的描述性统计

模型 3 – 1	宏观整体因素分析模型				
变量名称	含义或计算公式	均值	标准差	最大值	最小值	中位数
NPL	不良贷款率	1.69%	0.01	5.78%	0.9%	1.28%
M_2	广义货币供应量的自然对数	13.69	0.39	14.26	12.95	13.74
PI	宏观经济景气预警指数	0.90	0.17	1.23	0.65	0.91
PMI	制造业 PMI 生产指数	53.94%	0.04	64.10%	39.40%	53.05%
TPIE	工业企业利润总额的自然对数	8.69	0.35	9.46	7.69	8.73

模型 3 – 2	银行个体因素分析模型				
变量名称	含义或计算公式	均值	标准差	最大值	最小值	中位数
NPL	不良贷款率	1.08%	0.43	2.65%	0.33%	0.98%
ROA	资产利润率	1.10%	0.21	1.72%	0.15%	1.10%
CIR	成本收入比	31.41%	5.12	44.88%	21.59%	31.41%
LAR	贷款/生息资产比	53.38%	6.65	66.35%	37.35%	54.12%
CAR	资本充足率	12.24%	12.02	24.12%	8.58%	12.02%
LGR	贷款环比增速	20.07%	10.72	66.82%	3.26%	17.40%
D1	股权集中度虚拟变量	0.28	0.45	1.00	0.00	0.00
D2	第一大股东国有性质虚拟变量	0.55	0.50	1.00	0.00	1.00

注：模型 3 – 1 的不良贷款率是中国银监会公布的商业银行不良贷款率指标数据。

根据模型 3 – 1 的描述性统计结果和图 3 – 1，可知被解释变量我国银行业总体不良贷款率在 2008 年一直居于高位，最大值达到 5.78%。但 2009 年开始由于分母贷款余额快速扩张的影响，计算的不良贷款率下降，直到 2015 年才开始掉头上升，不良贷款率下降的这段时间是否意味着银行贷款质量有所好转，值得怀疑。但在信贷规模扩张不停止的情况下，不良贷款率开始上升，说明银行信贷质量堪忧。从解释变量的原始数据来看，广义货币供应量 M_2 呈增加趋势，但 M_2 的增量不稳定，主要是受到货币政策逆周期调控以及表外融资业务发展的影响。制造业 PMI 生产指数的波动较小，然而工业企业利润总额的变化较大。

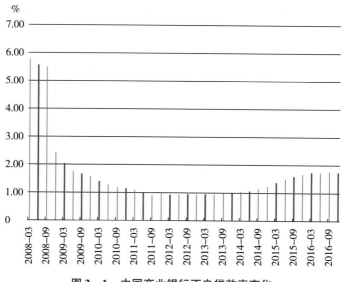

图 3 - 1　中国商业银行不良贷款率变化

根据模型 3 - 2 的描述性统计结果，可初步得出以下结论：样本银行的不良贷款率平均值高于中位数，说明后期银行不良贷款率恶化的速度较快。样本银行中超过半数的银行贷款/生息资产比超过 50%，说明贷款在银行生息资产中的地位仍很重要，银行业务多元化程度还不是特别高。资本充足率由于受到上市、增资配股等多方面因素的影响，波动最大。资产利润率的波动最小，说明样本银行的盈利能力没有过大的差距，因为国内银行虽然在经营策略上有所差异，但经营战略和客户市场并没有显著性的差异，趋同性还是比较明显。

3.3.3　模型构建

我们构建两个模型分别对宏观经济因素和银行个体特征因素进行研究。

宏观整体因素分析模型（模型 3 - 1）：

$$\text{NPL}_t = \alpha_1 + \beta_1 M2_t + \beta_2 PI_t + \beta_3 PMI_t + \beta_4 \text{TPIE}_t + \varepsilon_t \tag{3-1}$$

银行个体因素分析模型（模型 3 - 2）：

$$\text{NPL}_{it} = \alpha_2 + \beta_5 \text{ROA}_{it} + \beta_6 \text{CIR}_{it} + \beta_7 \text{LAR}_{it} + \beta_8 \text{CAR}_{it} + \beta_9 \text{LGR}_{it} + \beta_{10} D1_{it} + \beta_{11}$$
$$D2_{it} + \beta_{12} \text{NPL}_{it-1} + \varepsilon_{it} \tag{3-2}$$

宏观整体因素分析模型的数据为时间序列数据（Time Series Data），我们拟应用误差修正模型来分析以上变量的长短期均衡关系。

银行个体因素分析模型分析 19 家上市商业银行不良贷款率的影响因素，由于银行不良贷款问题的持续性，本书使用动态面板数据进行计量分析。

3.4 模型估计与检验

3.4.1 宏观整体因素分析模型

1. 平稳性检验

为了避免伪回归，确保估计结果的有效性，我们先对五个变量的时间序列组进行平稳性检验。单位根检验结果见表 3 - 2，通过观察统计量的 P 值来得出结论，如果 P 值小于 0.05 就说明在 5% 的显著性水平下平稳，否则就不平稳。除 Breitung t - stat 结果不平稳外，其他单位根检验结果均在 1% 的显著性水平下显著，根据少数服从多数的原则，我们认为这一组变量的 5 个时间序列数据是平稳的。

表 3 - 2　　　　　　　　　　单位根检验结果

方法 ＼ 结果	ADF 检验		
	统计量	P 值	结论
LLC	- 2.57653	0.0050	平稳
Breitung t-stat	1.12359	0.8694	不平稳
IPS	- 2.98921	0.0014	平稳
ADF	29.4027	0.0011	平稳
PP	78.5962	0.0000	平稳

2. 协整检验

下面我们通过协整检验来验证不良贷款率与以上四个解释变量之间是否存在长期均衡关系。

表 3 - 3　　　　　　　　　　JJ 协整特征值轨迹检验结果

Hypothesized No. of CE（s）	Eigenvalue	Trace Statistic	0.05 临界值	Prob.**
None*	0.9899	214.4836	69.8189	0.0000
At most 1*	0.5742	62.7339	47.8561	0.0011
At most 2*	0.4528	34.5603	29.7971	0.0131

续表

Hypothesized No. of CE（s）	Eigenvalue	Trace Statistic	0.05 临界值	Prob. **
At most 3	0.2765	14.6633	15.4947	0.0665
At most 4 *	0.1137	3.9835	3.8415	0.0459

从表 3-3 的协整检验结果可知，在 10% 的显著性水平上存在 4 个协整关系，说明不良贷款率与广义货币供应量、宏观经济景气预警指数、制造业 PMI 生产指数和工业企业利润之间均有长期均衡关系。

表 3-4　　　　　　　　　　　　标准化的协整系数

Normalized cointegrating coefficients：1 Cointegrating Equation（s）				
NPL	M_2	PI	PMI	TPIE
1.0000	-0.0006	0.0307	-0.1058	-0.0027
	(0.0016)	(0.0023)	(0.0208)	(0.0013)

Normalized cointegrating coefficients：2 Cointegrating Equation（s）				
NPL	M_2	PI	PMI	TPIE
1.0000	0.0000	0.0312	-0.1051	-0.0029
		(0.0017)	(0.0165)	(0.0010)
0.0000	1.0000	0.7537	1.1343	-0.2330
		(0.2113)	(2.0832)	(0.1313)

Normalized cointegrating coefficients：3 Cointegrating Equation（s）				
NPL	M_2	PI	PMI	TPIE
1.0000	0.0000	0.0000	1.2139	-0.0989
			(0.2779)	(0.0220)
0.0000	1.0000	0.0000	32.9896	-2.5515
			(6.5251)	(0.5173)
0.0000	0.0000	1.0000	-42.2668	3.0762
			(8.8863)	(0.7045)

Normalized cointegrating coefficients：4 Cointegrating Equation（s）				
NPL	M_2	PI	PMI	TPIE
1.0000	0.0000	0.0000	0.0000	-0.0160
				(0.0059)
0.0000	1.0000	0.0000	0.0000	-0.2994

Normalized cointegrating coefficients：4 Cointegrating Equation（s）				
NPL	M_2	PI	PMI	TPIE
				（0.2135）
0.0000	0.0000	1.0000	0.0000	0.1908
				（0.1955）
0.0000	0.0000	0.0000	1.0000	−0.0683
				（0.0125）

从表 3-4 可以看出，广义货币供应量 M_2 的规模与不良贷款率显著负相关，但与实体经济变量相比，货币政策对银行信贷质量的影响相对较小。扩张性的货币政策由于分母效应，会降低当期的不良贷款率，但会将潜在的风险延续到货币政策紧缩期。制造业 PMI 生产指数、工业企业利润规模均与不良贷款率显著负相关，说明实体经济好、企业盈利强的情况下，银行不良贷款率就低，并且行业生产活动活跃程度比利润规模对贷款质量的影响更大。但是宏观经济景气预警指数与不良贷款率显著正相关，这可能与不良贷款率是滞后于经济周期的变量，而宏观经济景气预警指数与宏观经济前瞻性指标有关。

表 3-5　　　　　　　　　**VECM 模型的参数估计结果**

协整方程系数的估计值				
CointEq1	NPL（−1）	M_2（−1）	PI（−1）	PMI（−1）	TPIE（−1）
	1.0000	（0.0016）	（0.0023）	（0.0208）	（0.0013）
		[−0.3789]	[13.5130]	[−5.0888]	[−2.1158]

VECM 的参数估计结果				
Error Correction	D（NPL）	D（M_2）	D（PI）	D（PMI）	D（TPIE）
CointEq1	−0.6751	0.3274	−3.6624	−3.7556	−3.7607
	（0.0204）	（0.3869）	（1.5859）	（0.3962）	（8.9819）
	[−33.1005]	[0.8461]	[−2.3093]	[−9.4796]	[−0.4187]
D（NPL（−1））	−0.2546	−2.4444	−1.2771	−7.0473	53.0211
	（0.0568）	（1.0772）	（4.4155）	（1.1031）	（25.0073）
	[−4.4836]	[−2.2691]	[−0.2892]	[−6.3890]	[2.1202]
D（NPL（−2））	−0.1727	−1.6933	−17.8641	−2.5029	−62.2809
	（0.0830）	（1.5738）	（6.4507）	（1.6115）	（36.5341）
	[−2.0815]	[−1.0759]	[−2.7693]	[−1.5531]	[−1.7047]

VECM 的参数估计结果

Error Correction	D (NPL)	D (M_2)	D (PI)	D (PMI)	D (TPIE)
D (M_2 (−1))	0.0266	−0.2036	−2.0683	0.0360	5.4813
	(0.0114)	(0.2157)	(0.8839)	(0.2208)	(5.0062)
	[2.3408]	[−0.9442]	[−2.3399]	[0.1632]	[1.0949]
D (M_2 (−2))	−0.0104	−0.2791	0.0065	−0.2217	−3.4882
	(0.0100)	(0.1898)	(0.7779)	(0.1943)	(4.4054)
	[−1.0363]	[−1.4705]	[0.0084]	[−1.1408]	[−0.7918]
D (PI (−1))	0.0096	−0.0620	0.1529	0.1460	0.2661
	(0.0023)	(0.0427)	(0.1752)	(0.0438)	(0.9922)
	[4.2391]	[−1.4506]	[0.8728]	[3.3366]	[0.2682]
D (PI (−2))	0.0085	0.0728	−0.0009	−0.0351	0.8955
	(0.0022)	(0.0415)	(0.1702)	(0.0425)	(0.9638)
	[3.8616]	[1.7533]	[−0.0054]	[−0.8263]	[0.9291]
D (PMI (−1))	−0.0520	0.1466	−0.4847	−0.5996	−5.5534
	(0.0099)	(0.18860)	(0.7730)	(0.1931)	(4.3782)
	[−5.2284]	[0.7775]	[−0.6270]	[−3.1051]	[−1.2684]
D (PMI (−2))	−0.0198	0.0635	0.9067	−0.2431	−0.8655
	(0.0054)	(0.1016)	(0.4166)	(0.1041)	(2.3591)
	[−3.6962]	[0.6248]	[2.1766]	[−2.3362]	[−0.3669]
D (TPIE (−1))	−0.0003	0.0107	0.0335	0.0202	−0.0494
	(0.0004)	(0.0079)	(0.0322)	(0.0081)	(0.1826)
	[−0.6448]	[1.3550]	[1.0401]	[2.5119]	[−0.2708]
D (TPIE (−2))	−0.0009	7.96E−05	0.0455	0.0043	−0.3587
	(0.0004)	(0.0069)	(0.0281)	(0.0070)	(0.1593)
	[−2.5446]	[0.0116]	[1.6166]	[0.6087]	[−2.2521]
C	−0.0021	0.0511	0.0497	−0.0039	−0.0716
	(0.0006)	(0.0115)	(0.0473)	(0.0118)	(0.2678)
	[−3.3742]	[4.4307]	[1.0516]	[−0.3325]	[−0.2674]
R − squared	0.9875	0.6237	0.6599	0.9315	0.5912
Adj. R − squared	0.9809	0.4267	0.4818	0.8956	0.3769
Sum sq. resids	1.18E−05	0.0042	0.0711	0.0044	2.2821

VECM 的参数估计结果

Error Correction	D（NPL）	D（M₂）	D（PI）	D（PMI）	D（TPIE）
S. E. equation	0.0007	0.0142	0.0582	0.0145	0.3297
F – statistic	150.5709	3.1648	3.7042	5.9483	2.7599
Log likelihood	198.1469	101.0310	54.4775	100.2497	– 2.7464
Akaike AIC	– 11.2816	– 5.3958	– 2.5744	– 5.3485	0.8937
Schwarz SC	– 10.7375	– 4.8516	– 2.0302	– 4.8043	1.4379
Mean dependent	– 0.0011	0.0373	– 0.0094	– 0.0006	0.0000
Determinant resid covariance（dof adj.）			2.49E – 18		
Determinant resid covariance			2.60E – 19		
Log likelihood			471.9782		
Akaike information criterion			– 24.6654		
Schwarz criterion			– 21.7177		

从表 3 – 5 可以看出，整体模型的 AIC 值是 – 24.6654，SC 值是 – 21.7177，都较小，说明模型拟合较好。

模型 3 – 1 的三个回归结果均表明银行信贷质量与货币经济周期密切相关，其中制造业 PMI 生产指数的影响最大。银行倾向于在经济回升和繁荣阶段扩大信贷规模，提高盈利能力，在衰退和萧条阶段减少信贷，减少或避免资产损失。与此同时，实体经济在经济繁荣时经营效益较好，能够偿还贷款，在经济衰退时经营陷入困境，违约可能性上升。对比各宏观经济因素对银行信贷质量的影响程度，制造业 PMI 生产指数对银行信贷资产质量的影响最大。

3.4.2　银行个体因素分析模型

银行信贷决策是微观个体行为，我们将在宏观影响变量的基础上进一步考察微观银行个体特征对银行信贷决策及信贷质量的影响效果，由于数据披露的关系，在这个部分数据的频率为年度数据。

对面板数据各序列进行平稳性检验，检验结果（见表 3 – 6）显示各序列均平稳，变量在水平值上是同阶单整的 I（0），能够直接进行回归分析。

表3-6   银行个体因素分析模型单位根检验结果

结果 变量	LLC 检验			ADF 检验			PP 检验		
	统计量	P 值	结论	统计量	P 值	结论	统计量	P 值	结论
NPL	-13.18	0.00	平稳	69.47	0.00	平稳	175.43	0.00	平稳
ROA	-10.76	0.00	平稳	76.46	0.00	平稳	51.81	0.07	平稳
CIR	-14.26	0.00	平稳	79.66	0.00	平稳	160.39	0.00	平稳
LAR	-16.23	0.00	平稳	333.63	0.00	平稳	338.78	0.00	不平稳
CAR	-16.64	0.00	平稳	111.87	0.00	平稳	208.57	0.00	平稳
LGR	-17.79	0.00	平稳	88.99	0.00	平稳	99.71	0.00	平稳

注：LAR 的单位根检验方法 IPSW 显示平稳，按照少数服从多数的原则，我们也认为 LAR 变量平稳。

模型3-2的回归结果如表3-7所示，除资本充足率和贷款增速变量的系数不显著外，其他变量的系数均在5%的显著性水平上显著。

表3-7   银行个体因素分析模型回归结果

变量	系数	标准差	t 统计量	P 值
NPL （-1）	0.2816	0.1061	2.6547	0.0090
ROA	-0.9227	0.3121	-2.9559	0.0037
CIR	-0.0656	0.0147	-4.4512	0.0000
LAR	0.0157	0.0078	2.0211	0.0454
CAR	-0.0038	0.0182	-0.2081	0.8355
LGR	0.0041	0.0049	0.8407	0.4021
D1	-0.4538	0.1712	-2.6503	0.0091
D2	0.9441	0.4616	2.0451	0.0429

1. 银行本期不良贷款率（NPL）与上一期不良贷款率显著正相关，说明银行信贷资产的质量有一定的延续性，难以在短期内马上改变。

2. 银行盈利水平与不良贷款率显著负相关。当资产利润率（ROA）增加1%时，银行不良贷款率下降0.92%，这符合盈利和风险负相关的关系。

3. 成本收入比（CIR）与不良贷款率显著负相关。成本收入比是银行业务及管理费用与营业收入的比例，也是衡量银行盈利能力的重要指标，一般认为该比率越低则反映银行成本控制能力越强，银行获取收入的能力越强；反之，则表明银行的成本控制能力和盈利能力越弱。但是较高的成本收入比也是银行提升风险管理水平的必要投入。银行对于基础设施、信息科技系统和人力成本的较高投入，会减少员工的道德风险和操作风险，激励职工对企业更大的责任感，因此也会降低银行的不良贷款率。

4. 贷款/生息资产比（LAR）与不良贷款率显著正相关。说明银行生息资产中贷款占比越高，银行收入对信贷利差利润的依赖越大，因而更有动机放松信贷发放标准实现"以量补价"，无形中就提高了信贷风险。

5. 资本充足率（CAR）与不良贷款率负相关但不显著。由于我国上市银行资本充足率变化受到增资扩股、IPO 等外部因素的影响显著，因而贷款质量恶化对资本充足率的侵蚀就变得不那么重要了。

6. 贷款环比增速（LGR）与不良贷款率正相关但不显著。贷款增长过快意味着潜在的信贷风险增加，但贷款规模的扩张又会增加不良贷款率计算公式的分母，因而二者的正相关关系就变得不显著了。

7. 银行股权集中度（D1）与银行不良贷款率显著负相关，说明第一大股东持股比例越大，即股权越集中、不良贷款率越低、业绩越好，也即股权的集中可以更有效地监督管理层，制约管理层，从而提高银行的贷款质量，提高经营业绩，降低面临的风险。

8. 国有控股（D2）银行的不良贷款率较高。根据中国银监会网站公布的数据，国有大型商业银行的不良贷款普遍较股份制银行高，具体数据见表 3 - 8。国有控股的银行，承担更多的政治任务和社会任务，高层管理人员由中央政府（或地方政府）直接任命，政府干预银行经营，促使宏观政策调控意图快速传导至实体经济部门。地方政府融资平台贷款、大额的国有企业贷款、政策性贷款等都是导致国有控股银行不良贷款率偏高的原因。

表 3 - 8　　　　　　银行业不良贷款率分类情况统计　　　　　单位：%

年份	季度	银行业	大型商业银行	股份制银行	城市商业银行	农村商业银行	外资银行
2008	1	5.78	7.55	2.01	2.90	3.68	0.49
	2	5.58	7.43	1.65	2.72	3.26	0.50
	3	5.49	7.35	1.59	2.54	4.44	0.50
	4	2.42	2.81	1.35	2.33	3.94	0.83
2009	1	2.04	2.30	1.17	2.17	3.59	1.09
	2	1.77	1.99	1.03	1.85	3.20	1.03
	3	1.66	1.86	0.99	1.70	2.97	1.06
	4	1.58	1.80	0.95	1.30	2.76	0.85

续表

年份	季度	银行业	大型商业银行	股份制银行	城市商业银行	农村商业银行	外资银行
2010	1	1.40	1.59	0.86	1.19	2.47	0.74
	2	1.30	1.46	0.80	1.11	2.34	0.72
	3	1.20	1.35	0.76	1.00	2.16	0.65
	4	1.14	1.31	0.70	0.91	1.95	0.53
2011	1	1.10	1.20	0.70	0.90	1.80	0.50
	2	1.00	1.10	0.60	0.80	1.70	0.50
	3	0.90	1.10	0.60	0.80	1.60	0.40
	4	1.00	1.10	0.60	0.80	1.60	0.40
2012	1	0.94	1.04	0.63	0.78	1.52	0.49
	2	0.94	1.01	0.65	0.82	1.57	0.58
	3	0.95	1.00	0.70	0.85	1.65	0.62
	4	0.95	0.99	0.72	0.81	1.76	0.52
2013	1	0.96	0.98	0.77	0.83	1.73	0.59
	2	0.96	0.97	0.80	0.86	1.63	0.60
	3	0.97	0.98	0.83	0.87	1.62	0.57
	4	1.00	1.00	0.86	0.88	1.67	0.51
2014	1	1.04	1.03	0.92	0.94	1.68	0.52
	2	1.08	1.05	1.00	1.27	1.55	1.07
	3	1.16	1.12	1.09	1.11	1.86	0.69
	4	1.25	1.23	1.12	1.16	1.87	0.81
2015	1	1.39	1.38	1.25	1.29	2.03	1.07
	2	1.50	1.48	1.35	1.37	2.20	1.16
	3	1.59	1.54	1.49	1.44	2.35	1.19
	4	1.67	1.66	1.53	1.40	2.48	1.15
2016	1	1.75	1.72	1.61	1.46	2.56	1.30
	2	1.75	1.69	1.63	1.49	2.62	1.41
	3	1.76	1.67	1.67	1.51	2.74	1.41
	4	1.74	1.68	1.74	1.48	2.49	0.93

资料来源：中国银监会网站。

3.5　结论与建议

　　根据宏观整体因素分析模型和银行个体因素分析模型的估计结果，我们得出了三个重要的结论。第一，银行信贷质量与宏观经济周期以及货币供应量密切相关，经济繁荣、货币供应量增加时，银行信贷质量转好；经济衰退、货币供应量减少时，银行信贷质量恶化。制造业 PMI 生产指数作为国际上通用的监测宏观经济走势的先行性指数，具有较强的预测、预警作用，而我国制造业 PMI 与不良贷款率的显著负相关关系说明制造业好坏是银行质量的主要影响因素。第二，银行信贷质量与银行的风险管控的成本投入有关，投入越高，风险越低；银行生息资产业务越多元化，信贷质量越高；反之，信贷质量越差。第三，股权集中的银行更有利于监督、制约管理层，保证信贷资产质量；国有控股的银行经营决策时受到地方政府和国有资本的干预较大，信贷质量难以提高。以上结论均与国内外关于银行信贷质量的相关研究结果相符。我们引入成本收入比变量和第一大股东的国有性质虚拟变量，实证分析证明风险、员工薪酬的成本投入和国有控股股东对银行信贷质量的影响，为银行业绩的影响因素研究提供了一个新的思路。

　　基于以上三个结论，我们提出以下政策建议。第一，为了缓释宏观经济周期波动对银行信贷质量的影响，存贷款利率的市场化已经完成，银行在经营中要制定长期的经营战略，防止信贷资产规模大幅波动，同时资产结构要实现多元化，监管当局的逆周期监管工具要逐步实施。第二，银行的股东要客观全面地判断银行成本控制水平和经营效率，不能一味地要求银行降低经营成本，对收益的目标不能只追求眼前的高收益，更要关注长期风险控制下的收益水平。银行是一个资本密集型的产业，除去银行本身对货币的经营，还要对网点布局、信息系统的建设进行投资，在财务上表现为资本开支及其产生的折旧、摊销，因而必要的风险控制成本投入反而有利于降低银行的经营风险。第三，为了提高国有股东控股银行的信贷质量，政府应减少对这类银行的行政干预，充分尊重银行的经营自主权。第四，银行信贷资产质量要保持持续健康，信贷资金的流向必须"脱虚向实"，因为制造业才是一国经济强盛的基石。

第四章 《商业银行资本充足率管理办法》与信贷行为的调整

4.1 商业银行资本监管硬约束框架的建立

虽然 1995 年颁布的《商业银行法》规定商业银行的资本充足率不得低于 8%，但这一要求只停留在文件形式层面，对商业银行没有硬性要求或落实处罚规定，因而导致 2004 年以前国内商业银行的平均资本充足率在 8% 以下，这一时期资本充足率达标的银行只有 8 家。2003 年成立的中国银监会于 2004 年颁布了《商业银行资本充足率管理办法》（以下简称《管理办法》）。《管理办法》引入了《巴塞尔协议 II》中的第二支柱和第三支柱，对 1996 年《商业银行资产负债比例管理监控、监测指标和考核办法》中的相关规定进行了修订，并规定商业银行最迟要在 2007 年 1 月 1 日达到最低资本充足率要求。从此，中国银行业开始步入真正的严格资本充足率监管阶段。

表 4-1　　　　　　　　　　资本充足率达标银行数量的变化

年份	2003	2004	2005	2006	2007	2008	2009
达标银行家数（家）	8	31	55	100	163	208	239
所占资产（%）	0.63	47.6	75.12	77.44	79.3	99.9	100

资料来源：新华网及中国银监会年报。

从表 4-1 可以看出，中国商业银行从 2004 年开始资本充足率达标水平显著提升。尤其是在 2004 年，达标银行资产占比从 2003 年的 0.63% 提高至 47.6%。此后，达标银行家数每年均以双位数增加，一直到 2009 年 239 家商业银行资本充足率全部达标，这说明《管理办法》下资本监管取得了很好的成效。

2004 年 6 月，巴塞尔委员会发布了《统一资本计量和资本标准的国际协议：修订框架》（以下简称《巴塞尔协议 II》）。《巴塞尔协议 II》建立了"最低资本要求、监管当局的监督检查和信息披露"有效资本监管的三大支柱。为稳步推动中国银行业实施《巴塞尔协议 II》，提升资本监管的有效性，增强银行体系的稳定性，2007 年中国银监会发布了《中国商业银行新资本协议实施指导意见》，明确实施《巴塞尔协议 II》的意义、原则、范围和方法，这时中国银行业资本监管制度开始向《巴塞尔协议 II》转轨。2008 年，银监会先后发布了《商业银行信用风险内部评级体系监管指引》等 13 个《巴塞尔协议 II》实施监管规章和征求意见稿，中国银行业基本建立了实施《巴塞尔协议 II》的监管规则框架。

虽然 2008 年国际金融危机对中国银行体系的冲击不大，但在国际资本监管改革的大背景下，为提高中国商业银行抵御风险的能力，适应新的国际监管标准的要求，2009 年银监会发布《关于完善商业银行资本补充机制的通知》（以下简称《补充机制通知》）对《管理办法》的相关条款进行了补充和调整，提高了核心资本要求和限制了次级债券在银行间的交叉持有，力求将风险分散到银行体系以外。按照《补充机制通知》的要求，银行要切实提高核心资本要求就必须依靠提高资本金质量和改善风险资产结构来实现。

2010 年 11 月，二十国集团韩国首尔峰会批准了巴塞尔委员会起草的《第三版巴塞尔协议》（以下简称《巴塞尔协议 III》），确立了银行业资本和流动性监管的新标准，要求各成员国从 2013 年开始实施。2011 年 11 月，二十国集团戛纳峰会要求各成员国带头实施国际新监管标准，并建立了国别评估机制。我国是二十国集团、金融稳定理事会和巴塞尔委员会正式成员，为履行国际义务，推进中国银行业健康发展，更好地服务经济社会发展，2012 年银监会公布了《商业银行资本管理办法（试行）》，从 2013 年 1 月 1 日开始实施。《商业银行资本管理办法（试行）》的出台，旨在促使中国商业银行稳健经营、转型经营、增加抵御风险的能力，应对金融危机的冲击。《商业银行资本管理办法（试行）》的起草坚持国际标准与中国国情相结合、《巴塞尔协议 II》和《巴塞尔协议 III》统筹推进、宏观审慎监管和微观审慎监管有机统一的总体思路。本章主要分析《管理办法》实施期间对银行信贷行为的影响效果。

4.2 资本监管对银行信贷行为的约束机制

4.2.1 最低资本要求提高会促使银行减少信贷总量

当一家商业银行面临资本充足率不达标的监管压力，而短期内资本金又无法及时补充时，其最快且最有效的解决方式就是调整资产结构（如压缩信贷规模）。我们借鉴王金定（2011）的银行资产风险收益模型和马柯维茨的均值方差模型来分析资本监管约束下银行资产的调整策略。该模型将银行不同资产构建成一个投资组合，考察银行资产组合收益与风险之间的关系。模型假设银行是理性的经济主体，在任何利率水平上都可以找到合适的借款。图 4 – 1 中横轴表示银行资产组合的风险 μ，纵轴表示其收益 σ。FL' 表示为银行贷款的机会边界，X 为银行购买政府债券或进行无风险投资，无风险资产与贷款的有效边界组合是 XE，银行向储户吸收存款的边界是 $F'E'$。在 X 点上银行购买政府债券；在线段 XF 上银行资产一部分购买政府债券，另一部分发放贷款；在弧线 FF' 上，银行资产用于贷款不购买政府债券；在 $F'E'$ 上银行有自有资产，还吸收存款，银行的资金配置在政府债券和贷款之间。银行决策点就是风险偏好的无差异曲线与资产组合的切点 F。决策点越靠近 X，表明银行对风险的厌恶程度越强；决策点越远离 X 点，表明银行对风险的偏好越强。如果监管当局提高资本充足率要求，银行虽然有发放贷款的主观意愿，但是受到资本充足率水平的外部限制，也无法实现预期贷款规模所带来的收益组合 F，在此要求下的最大收益只能达到 C 点，因而资本监管会限制银行的贷款供给总量。

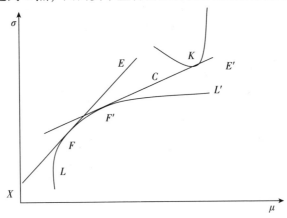

图 4 – 1　银行资产组合均值方差模型

4.2.2 最低资本要求提高会改变银行的信贷结构

按照《管理办法》的规定，不同类型贷款有不同的风险权重，监管当局提高资本充足率水平要求，商业银行会尽可能增加风险权重较低的资产，减少或者不持有风险权重较高的贷款。我们仍然可以使用之前的模型进行说明，L表示此时资产组合风险收益最低点，风险权重最高的贷款仍是E'。当商业银行的资本充足率水平不能达到监管的最低要求时，将不得不减少风险权重高的贷款，选择风险适中或者风险较低的贷款组合，这样又会回到资本监管的限制点C。

在通过建立模型来说明资本监管对信贷的约束机理后，再来具体看看资本监管对信贷行为会起到怎样的约束效应。其中，信贷行为主要通过"资产中贷款规模占比""贷款增速""贷款对象和贷款方式"三个方面的变化来进行研究。

4.3 资本监管下商业银行信贷行为的变化

4.3.1 商业银行资产中贷款占比的变化

在我国商业银行资产结构中，贷款一直是最重要的生息资产业务，商业银行超过一半的资产都由贷款组成，所以使用贷款占总资产的比例可以较好地反映银行的资产配置行为。我们使用年末贷款余额占同期年末总资产的比重来衡量银行贷款占比的变化，该指标取值在 0 ~ 1，取值越大，资产中贷款占比越高。

我们以 2005 年资本充足率达标的 17 家商业银行为样本，样本银行包括中国工商银行、中国建设银行、中国银行、交通银行四家国有大型银行，招商银行、中信银行、兴业银行、民生银行、华夏银行、浦发银行六家全国性股份制银行，北京银行、南京银行、宁波银行、上海银行、天津银行、杭州银行、重庆银行七家城市商业银行，分析它们在《管理办法》实施期间资产规模中贷款占比的变化。

表4-2　　　　四家大型国有银行资本充足率与资产中贷款占比变化　　　　单位:%

年份	工商银行		中国银行		建设银行		交通银行	
	贷款占比	资本充足率	贷款占比	资本充足率	贷款占比	资本充足率	贷款占比	资本充足率
2004	65.34	—	48.51	10.04	55.59	11.32	55.21	9.72
2005	49.65	9.89	47.12	10.42	52.23	13.59	53.31	11.20
2006	47.06	14.05	45.67	13.59	51.31	12.11	52.94	10.83
2007	45.57	13.09	45.94	13.34	52.26	12.58	51.47	14.44
2008	45.46	13.06	45.86	13.43	48.75	12.16	48.49	13.47
2009	47.38	12.36	54.82	11.14	48.77	11.70	54.44	12.00
2010	49.21	12.27	52.94	12.58	51.12	12.68	55.43	12.36
2011	49.07	13.17	52.44	12.98	51.50	13.68	54.33	12.44
2012	48.93	13.66	52.92	13.63	52.31	14.32	54.61	14.07

资料来源:根据各家银行年报数据整理得出。

2004—2012年,四家国有大型银行资产中贷款占比的趋势总体上是下降的,说明资本对信贷扩张有一定的约束效果。其中,2005年工商银行的贷款占比下降明显,部分原因是股份制改革和IPO的财务重组效果,但从2009年开始,受四万亿元投资计划的刺激,各家银行贷款规模开始激增,其中2009年中国银行贷款占比增幅最为明显,而贷款占比增长过快直接导致资本充足率下降,所以中国银行2009年资本充足率下降了2个多百分点。

表4-3　　　六家全国性股份制银行资本充足率与资产中贷款占比变化　　　　单位:%

年份	招商银行		中信银行		兴业银行		民生银行		华夏银行		浦发银行	
	贷款占比	资本充足率	贷款占比	资本充足率	贷款占比	资本充足率	贷款占比	资本充足率	贷款占比	资本充足率	贷款占比	资本充足率
2004	63.76	9.55	59.10	6.05	58.40	8.07	64.74	8.59	51.15	8.61	66.29	8.03
2005	64.33	9.06	60.17	8.11	49.98	8.13	66.95	8.26	51.91	8.23	63.93	8.04
2006	58.82	11.39	64.14	9.41	51.52	8.71	64.22	8.20	57.04	8.28	65.00	9.27
2007	51.35	10.40	55.96	15.27	47.00	11.73	59.50	10.73	50.40	8.27	58.54	9.15
2008	55.63	11.34	54.84	14.32	48.92	11.24	61.32	9.22	47.25	11.40	52.03	9.06
2009	57.34	10.45	59.18	10.72	52.67	10.75	60.83	10.83	49.61	10.20	56.11	10.34
2010	59.58	11.47	59.87	11.31	45.55	11.29	6.90	10.44	49.50	10.58	51.30	12.02
2011	58.72	11.53	51.01	12.27	40.23	11.04	54.07	10.86	47.76	11.68	48.51	12.70
2012	54.67	12.14	54.99	13.44	37.05	12.06	42.08	10.75	47.01	10.85	47.96	12.45

资料来源:根据各家银行年报数据整理得出。

从表4-3可以看出，2004—2012年全国性股份制银行资产中贷款占比下降幅度普遍比国有大型银行大，主要是股份制银行的资本充足率水平的均值低于同期国有大型银行，因而资本对资产中信贷规模的约束效应更加显著。

表4-4　　　　七家城市商业银行资本充足率与资产中贷款占比变化　　　　单位:%

年份	北京银行		南京银行		宁波银行		上海银行	
	贷款占比	资本充足率	贷款占比	资本充足率	贷款占比	资本充足率	贷款占比	资本充足率
2004	51.69	8.30	39.53	11.43	50.51	10.81	49.69	10.89
2005	47.97	12.06	39.99	13.09	46.22	10.81	50.77	11.11
2006	47.47	12.76	42.83	11.71	49.76	11.48	47.42	11.62
2007	44.38	20.11	39.21	30.14	47.72	21.00	47.21	11.27
2008	46.30	19.66	41.68	24.12	46.93	16.15	46.94	11.27
2009	51.26	14.35	43.87	14.07	49.44	10.75	51.10	10.29
2010	45.65	12.62	37.02	14.63	38.06	16.20	52.66	10.30
2011	42.41	12.06	35.56	14.96	46.35	15.36	51.02	11.43
2012	43.17	12.90	35.48	14.98	38.17	15.65	47.81	13.17

年份	杭州银行		天津银行		重庆银行		平均值	
	贷款占比	资本充足率	贷款占比	资本充足率	贷款占比	资本充足率	贷款占比	资本充足率
2004	58.41	6.37	43.77	8.14	49.42	—	49.00	7.99
2005	60.03	8.84	34.43	8.64	57.95	9.49	48.19	10.58
2006	58.64	9.54	36.37	11.65	53.15	12.41	47.95	11.60
2007	58.33	9.04	39.20	11.51	51.01	10.66	46.72	16.25
2008	57.18	10.48	41.29	12.38	52.25	10.77	47.51	14.98
2009	48.99	12.63	37.17	12.48	48.94	13.75	47.25	12.62
2010	50.90	11.73	39.49	11.30	50.33	12.41	44.87	12.74
2011	45.65	11.73	39.28	11.33	49.07	11.96	44.19	12.69
2012	49.77	12.21	35.53	13.05	43.77	11.11	41.95	13.30

资料来源：根据各家银行年报数据整理得出。

从表4-4可以看出，2004—2012年城市商业银行资产中贷款占比显著下降，并且贷款占比比同期的国有大型银行和全国性股份制银行都要低，即使在整个行业贷款激增的2009年资产中贷款占比反弹也不明显。说明资本监管"硬约束"对城市商业银行信贷行为的约束效果最明显。

4.3.2 资本监管与商业银行贷款增速

1. 银行业贷款增速的整体情况

贷款增速可以反映银行信贷行为动态调整的情况。我们对银监会网站公布的数据进行了整理，见表4-5。

表4-5　　　2000—2016年银行类金融机构存贷款规模和增速变化

年份	贷款余额 （万亿元）	存款余额 （万亿元）	贷款增长率 （%）	存款增长率 （%）	短期贷款 增长率（%）	中长期贷款 增长率（%）
2000	9.94	12.38	6.08	13.79	6.57	2.79
2001	11.23	14.36	12.98	15.99	6.73	3.92
2002	13.98	18.34	24.49	27.72	7.68	5.17
2003	16.98	22.04	21.46	20.17	8.74	6.72
2004	18.86	25.32	11.07	14.89	9.08	8.10
2005	20.68	30.02	9.69	18.57	9.11	9.29
2006	23.83	34.80	15.20	15.92	10.17	11.30
2007	27.77	40.11	16.56	15.24	11.89	13.86
2008	32.01	47.84	15.26	19.29	12.86	16.42
2009	42.56	61.20	32.94	27.91	15.13	23.56
2010	50.92	73.34	19.64	19.84	13.1	29.5
2011	58.19	82.67	14.68	12.72	21.8	11.8
2012	67.29	94.31	15.64	14.08	23.3	9.0
2013	76.63	107.06	13.89	13.51	16.3	12.8
2014	86.79	117.37	13.26	9.63	7.9	15.0
2015	99.35	139.78	14.47	19.09	6.4	12.3
2016	112.06	155.52	12.79	11.26	3.37	17.92

资料来源：中国人民银行网站和银监会2009—2011年监管年报。

表4-5的数据显示，2000年以来中国商业银行的存贷款余额不断攀升，2000年底全国银行业金融机构的存贷款余额分别为12.38万亿元与9.94万亿元，到2016年底，这一数字分别达到了155.52万亿元与112.06万亿元，分别为2000年的12.56倍和11.27倍。从增长速度来看，2000—2016年，存款增长率与贷款增长率相差不大。在此期间，贷款增长率随着《管理办法》的实施出现了一定幅度的波动，《管理办法》实施之前，贷款增长率上升速度较快，到2003年底贷款增长率达到了21.46%，《管理办法》实施后，银行机构

的贷款增速呈现出先降后增的趋势。2004 年银行机构贷款增速仅为 11.07%，较 2003 年下降 10.39 个百分点，信贷扩张速度有较明显的下降。此后中国商业银行减缓了贷款增速，2005 年贷款增速仅为 9.69%。从 2006 年开始，贷款增速开始稳步上涨，到 2009 年底，因天量信贷的发放，全国银行机构贷款增速达到了 32.94%，2010 年、2011 年增速又逐步放缓。2008 年国际金融危机发生后，银监会 2008 年底要求所有银行提取两个百分点的留存资本的缓冲，大型银行在这个基础上再提取一个百分点。针对 2009 年放出的天量贷款，银监会进一步要求大型银行必须再增加 0.5% 的逆周期的资本缓冲。2010 年中国商业银行仍保持有 12.15% 的平均资本充足率。2012 年中国商业银行的平均资本充足率为 13.25%，贷款增长率为 15.64%。随着银监会对商业银行资本充足率监管的持续加强，从 2004 年到 2012 年（除 2009 年外）银行业金融机构的贷款增速来看，基本保持在 20% 以下，而资本充足率近几年也都保持在 11% 以上水平，国有银行除农业银行外均在 12% 以上，均达到了国际活跃银行的要求，说明《管理办法》的实施对中国商业银行贷款增速还是起到了一定的约束作用。

2013 年以来，中国经济进入增长速度换挡期、结构调整阵痛期、前期刺激政策消化期"三期叠加"阶段，受较高的资本充足率要求的制约，商业银行纷纷通过各种"金融创新"方式将信贷资产出表，因而实际的信贷增速要高于表 4 – 5 中统计的数据。

2. 四家国有大型银行贷款增速变化

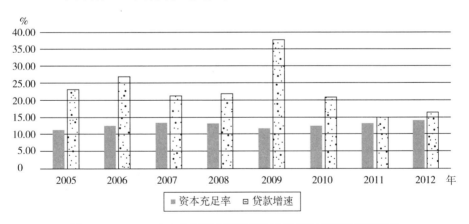

图 4 – 2　2005—2012 年国有大型银行资本充足率与贷款增速变化

图 4 – 2 显示了 2005—2012 年四家国有大型银行的资本充足率水平与贷款增速的变化趋势。2005 年工商银行的股份制改革和财务重组正式启动，为了

顺利地实现 IPO，工商银行 2005 年贷款负增长，因而拉低了四大国有银行 2015 年贷款增速的均值。2009 年为了配合四万亿元投资计划的实施，各家银行配套贷款投放激增，特别是中国银行高达 48.97% 的贷款增速导致当年四大国有银行贷款增速均值为 35.60%。由此我们可以看出，贷款增速的影响因素是多重的，资本约束只是其一，而且资本对信贷扩张的约束效果还要受到其他因素的制约。

3. 六家全国性股份制银行贷款增速变化

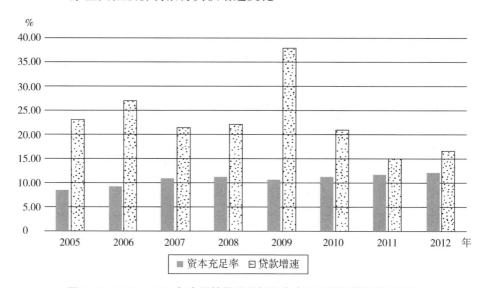

图 4 - 3　2005—2012 年全国性股份制银行资本充足率与贷款增速变化

从图 4 - 3 可以看出，2005—2012 年，六家股份制银行在资本充足率低于四大国有银行的情况下贷款增速反而比同期国有银行要高，这中间有贷款规模基数效应的影响，但也说明全国性股份制银行的经营行为比较激进。

4. 七家城市商业银行贷款增速变化

城市商业银行由于贷款余额偏低，在基数效应的影响下，贷款增速 2008 年均高于四大国有银行和六家全国性股份制银行，2009 年当年增速甚至高达 48.13%，但随后也有所下降，结合资产中贷款占比的数据，我们认为样本银行中城市商业银行资产扩张对信贷增速的依赖性较其他银行偏低。

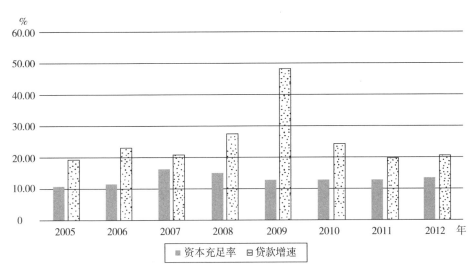

图 4 - 4 2005—2012 年七家城市商业银行资本充足率与贷款增速变化

4.3.3 资本监管与银行贷款对象、贷款方式的变化

根据《管理办法》的相关规定，资本构成、最低资本要求与风险加权系数三个要素组成了资本监管制度。关于资本充足率要求与信贷行为的关系之前已有所论述，而风险加权系数的高低决定了资本充足率计算公式中分母数值的高低，监管部门通过风险加权系数的调整来影响商业银行的资本充足率，进而也会影响商业银行的风险资产结构的配置。根据《管理办法》的规定，表4-6归纳了各类贷款的风险加权系数。

表 4 - 6　　　　　　　《管理办法》规定的风险权重

贷款种类	《管理办法》规定的风险权重
1. 以贷款对象划分	
（1）个人住房抵押贷款	50%
（2）企业、个人的债权及其他资产	100%
2. 以抵押物分类	
国债抵押贷款	0
质物、质押贷款	与质物相同的风险权重
保证贷款	对保证人直接债权的风险权重

《管理办法》对个人住房抵押贷款制定了较低风险加权系数：一是为了鼓励银行调整贷款结构，提高发放个人住房抵押贷款的比例，满足当时住房市场

化改革的需要；二是从信用风险的角度来看，企业贷款受外部经济环境、国家政策影响较大，不确定因素过多以及个人其他消费类贷款都属于风险较高，产生不良贷款率也相对较高。而个人住房抵押贷款，特别是在中国民众对房屋的偏好下，一般而言资产质量较好、信用风险较低，不良贷款率也较低。而个人住房抵押贷款一直是个人贷款的重要组成部分。在资本监管制度硬约束下，商业银行根据自身的资本水平选择贷款结构，因此资本水平较低的银行会相应增加个人贷款的比例，目的是更少地消耗资本。

1. 国有大型银行个人贷款的变化

本书直接以贷款规模中个人贷款占比的变化来衡量银行在资本监管约束下贷款对象的调整。以工商银行为例，2007 年末贷款余额中，个人贷款的占比只有 19.19%，而到 2016 年，个人贷款的占比已经增长到 32.14%；中国银行 2007 年末个人贷款占比为 25.70%，而到 2016 年末个人贷款占比为 34.13%，说明在这一期间，中国银行个人贷款增速慢于工商银行。

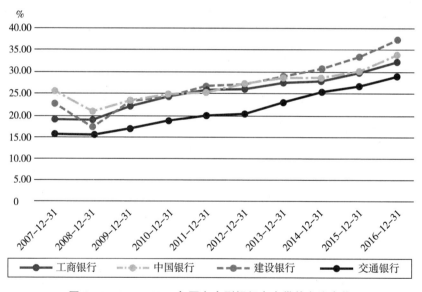

图 4 - 5   2007—2016 年国有大型银行个人贷款占比变化

六家全国性股份制银行中，2007 年兴业银行的个人贷款占比最高，为 33.09%，华夏银行的最低，只有 12.89%，平均水平为 19.92%；而到 2016 年个人贷款占比最高的是招商银行 47.23%，最低的还是华夏银行 20.19%，但平均水平增长为 34.74%。

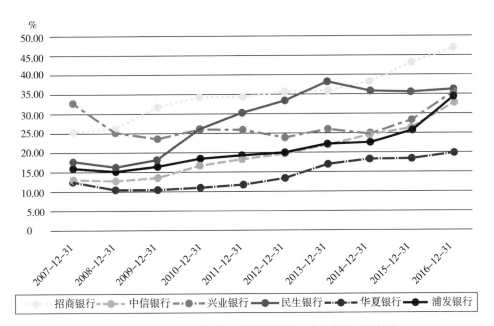

图 4 - 6 2007—2016 年全国性股份制银行个人贷款占比变化

从表 4 - 7 可知，2007 年七家城市商业银行中，除民营经济发达地区的宁波银行、杭州银行、上海银行三家银行个人贷款占比较高外，其他地区的城市商业银行个人贷款占比都不高，尤其是机构总部集中的北京银行和国有经济比重大的天津银行。但截至 2016 年，七家城市商业银行的个人贷款占比均取得了显著增长。因此我们认为 2007—2016 年各家银行贷款余额中个人贷款的占比总趋势是上升的。

表 4 - 7 　　　　2007—2016 年城市商业银行个人贷款占比变化　　　单位:%

年份	2007	2008	2009	2010	2011	2012	2013	2014	2015	2016
北京银行	9.49	9.08	9.49	13.28	16.44	18.11	20.57	22.67	24.42	28.20
南京银行	16.71	11.57	11.99	14.87	16.37	15.64	17.10	18.44	16.00	18.76
宁波银行	33.57	26.52	25.27	25.97	24.26	24.46	31.10	34.63	33.32	31.69
上海银行	21.79	18.02	15.52	15.55	15.51	12.98	13.65	14.13	16.12	21.50
杭州银行	25.69	19.09	21.85	25.42	25.80	27.13	29.95	30.14	32.30	31.20
天津银行	6.86	7.64	9.55	11.82	13.31	12.56	14.18	13.24	13.42	13.32
重庆银行	9.68	13.53	10.49	16.75	22.06	25.45	27.82	30.58	29.15	27.04

通过对个人贷款占比变动情况的对比发现，资本监管制度实施之后，资本

状况对商业银行的贷款对象选择具有一定的影响，《管理办法》对风险加权系数的要求导致了商业银行在贷款对象选择方面的差异，商业银行会根据自身资本水平来选择个人贷款与公司贷款的持有比例。因此，从这个角度而言，现行的资本监管制度是起到一定约束作用的，监管当局可以通过调整不同类型贷款的风险加权系数引导商业银行优化贷款结构。

2. 国有银行贷款方式的变化

表4-8　　　　　国有大型银行抵押贷款和信用贷款占比变化　　　　单位:%

年份		2007	2008	2009	2010	2011	2012	2013	2014	2015	2016
工商银行	抵押	38.78	38.48	39.89	40.94	41.52	42.65	44.81	45.03	46.08	45.85
	信用	29.12	30.57	33.05	33.49	32.88	30.59	29.50	28.61	27.54	27.51
中国银行	抵押	48.92	35.40	32.51	33.43	38.97	39.42	38.01	37.23	38.84	40.03
	信用	26.24	30.76	29.15	29.95	30.18	29.44	31.16	31.25	29.86	29.22
建设银行	抵押	45.82	47.75	44.19	42.55	44.67	42.28	43.48	44.58	43.79	43.34
	信用	23.48	27.42	27.68	26.82	26.53	27.75	27.20	26.86	28.95	29.52
交通银行	抵押	32.26	31.49	31.06	32.69	33.66	33.78	36.24	37.55	38.36	37.81
	信用	25.28	27.38	28.24	28.97	28.58	27.53	25.40	28.64	28.60	30.38

资料来源：Wind 资讯。

由于《管理办法》规定信用贷款的风险权重要高于保证贷款与附担保物贷款，因此商业银行发放贷款时一般都会要求借款人提供抵押品，因而贷款余额中信用贷款的占比一直不高。但近年来，互联网金融对不满足银行贷款条件的小微和个人客户提供信用贷款，分流了部分银行贷款客户资源，在一定程度上刺激了商业银行信用贷款的发展，贷款余额中信用贷款占比近两年逐渐升高。并且在样本期间，国有大型银行的实际资本充足率水平较高，因而资本监管对银行贷款的制约相对有限，一定程度上信用贷款发展也满足资本条件。

表4-9　　　　　全国性股份制银行抵押贷款和信用贷款占比变化　　　　单位:%

年份		2007	2008	2009	2010	2011	2012	2013	2014	2015	2016
招商银行	抵押	31.62	33.64	38.96	42.48	42.52	42.40	41.81	42.16	43.96	43.79
	信用	24.45	25.78	22.23	21.42	20.47	20.67	20.31	21.68	23.77	26.07
中信银行	抵押	27.05	26.80	31.47	34.38	36.51	37.91	38.15	43.56	46.25	49.26
	信用	27.64	28.70	27.59	26.64	22.99	19.83	20.60	17.96	19.49	19.05

续表

年份		2007	2008	2009	2010	2011	2012	2013	2014	2015	2016
兴业银行	抵押	46.89	42.84	43.76	48.14	48.15	43.25	44.24	44.71	46.42	45.96
	信用	15.79	16.61	23.84	23.31	21.08	18.80	18.85	17.64	17.38	19.78
民生银行	抵押	33.26	33.53	34.73	39.40	43.08	39.61	33.64	36.63	38.54	39.49
	信用	27.21	26.34	28.79	26.00	14.87	14.11	17.31	18.34	18.47	20.05
华夏银行	抵押	36.50	36.99	38.27	36.47	37.40	36.55	40.71	41.99	37.94	35.63
	信用	9.47	14.33	16.67	18.24	17.37	15.45	14.65	14.16	14.31	16.16
浦发银行	抵押	36.76	35.56	38.07	40.47	39.23	39.94	43.43	43.02	43.52	41.90
	信用	20.21	25.23	22.41	21.68	21.21	17.60	15.52	17.55	20.96	26.93

从表4-9可以看出,由于2007—2016年六家全国性股份制银行的资本充足率水平都低于同期的国有大型银行,因而这些股份制银行信用贷款占比增加的幅度没有国有大型银行明显,其中民生银行因实际资本充足率水平一直没有明显增幅,个别年份还下降,因而信用贷款的占比还有所下降。

表4-10　　　　城市商业银行抵押贷款和信用贷款占比变化　　　　单位:%

年份		2007	2008	2009	2010	2011	2012	2013	2014	2015	2016
北京银行	抵押	19.09	17.57	20.97	25.31	28.90	31.95	36.07	37.95	38.48	40.29
	信用	44.20	42.40	38.49	32.16	23.64	23.34	21.16	19.85	17.89	17.55
南京银行	抵押	35.94	32.07	29.79	30.85	28.34	28.35	32.36	33.51	32.56	28.10
	信用	17.76	15.94	19.26	16.72	14.86	16.22	13.87	12.63	11.56	12.31
宁波银行	抵押	54.79	51.94	47.06	46.48	44.05	44.31	42.69	37.05	29.94	27.56
	信用	23.22	22.36	21.25	20.45	19.51	17.87	23.75	28.85	30.55	29.67
上海银行	抵押	46.75	44.93	40.01	41.93	41.33	38.42	41.64	39.71	34.27	30.34
	信用	17.06	15.56	15.35	15.63	14.97	12.62	12.58	13.11	15.50	21.51
杭州银行	抵押	55.70	46.81	46.18	46.37	44.01	41.30	42.04	44.30	46.55	41.50
	信用	4.78	7.66	13.13	12.10	10.16	12.55	13.37	11.97	12.63	13.42
天津银行	抵押	25.65	27.31	26.99	30.53	31.56	34.12	33.58	29.91	32.18	26.17
	信用	10.13	13.94	15.77	13.76	11.32	10.45	6.12	6.81	6.66	9.76
重庆银行	抵押	43.84	46.90	37.34	43.06	46.45	47.11	46.36	50.91	56.22	51.66
	信用	15.34	12.67	14.78	12.13	7.86	4.91	5.25	4.12	5.42	5.50

2007年北京银行、南京银行和宁波银行集中上市,当年三家银行的资本充足率都非常高,其中以南京银行最高,为30.14%,值得注意的是北京银行

2007 年信用贷款占比远远超过抵押贷款，我们查阅北京银行 2007 年年报，发现北京银行的贷款 92.29% 投放在北京地区，其中前十名贷款客户分别是铁道部、北京公共交通控股集团等大型国企，由此可见，在信贷市场议价能力强的大型国企更有可能从银行获得信用贷款。随着北京银行在国内其他城市设立分行，贷款地区和贷款客户类型开始多元化，信用贷款占比就逐年下降。同一时期，重庆银行的信用贷款占比从 2007 年到 2016 年底下降了近 10 个百分点，抵押贷款增加了近 8 个百分点。我们查阅 2007--2016 年重庆银行年报可知，面对持续放缓的经济增长格局，重庆银行实施了谨慎的贷款客户准入制度，因而信用贷款比重从 2007 年的 15.34% 下降至 2016 年的 5.50%，抵押贷款比重从 43.84% 上升至 51.66%。

第五章 《商业银行资本充足率管理办法》与银行核心资本充足率的影响因素分析[①]

5.1 引言

2008 年国际金融危机后国际资本监管制度改革的重点是大幅提高了资本的质量与水平要求，重新确立了普通股在资本监管中的主导地位。2013 年 1 月 1 日，"中国版《巴塞尔协议Ⅲ》"《商业银行资本管理办法（试行）》开始实施。之前社会各界一直认为资本监管新规对银行短期影响不大，但从披露的数据来看，16 家上市银行按《商业银行资本管理办法（试行）》计算的2013 年第一季度平均核心资本充足率和总资本充足率分别从 2012 年底的9.84% 和 12.87% 回落至 9.02% 和 11.53%，且农业银行、民生银行、华夏银行、浦发银行、平安银行、光大银行等一级资本充足率已低于 2018 年底的监管要求，面临较大的资本补充压力。仅 5 家大型商业银行，2014 年资本缺口或达到 405 亿元，而到 2017 年，资本缺口累计将达 1.66 万亿元（刘士余，2013）。在此背景下，合理评估银行核心资本水平的主要影响因素，对指导银行业提高资本管理水平具有重要现实意义。

表 5 – 1 主要上市银行 2013 年第一季度的资本充足率和一级资本充足率 单位:%

银行	工商银行	农业银行	中国银行	建设银行	交通银行	招商银行	中信银行
资本充足率	13.68	11.98	12.30	13.63	13.06	11.41	12.13
一级资本充足率	11	9.27	9.53	10.92	10.31	8.60	9.35

---

① 本章内容原文发表于《国际金融研究》2014 年第 1 期"资本硬约束下商业银行核心资本充足水平影响因素分析"。

银行	兴业银行	民生银行	华夏银行	浦发银行	平安银行	光大银行	2018 年底达标标准
资本充足率	10.79	9.87	9.50	11.14	8.79	9.90	$11.5^1/10.5^2$
一级资本充足率	8.55	7.81	7.60	8.45	7.28	7.53	$9.5^1/8.5^2$

注：(1) 为系统重要性银行资本充足率要求，(2) 为其他银行资本充足率要求。

资料来源：各家银行公布的 2013 年第一季度季报。

我们沿着以下路径和问题展开分析：银行持有的资本缓冲对核心资本充足率的影响如何？银行资产规模扩张、资产结构调整、资产质量变化对资本水平变化有何影响？银行业的高利润是否有效地促进了资本增长？借此分析，希望能够更深刻地认识银行核心资本水平变化的主要影响因素，从而为资本新规下银行资本缺口的解决提供依据。本章的结构安排如下：第二部分是相关文献回顾，第三部分是研究设计和估计分析，最后是结论和建议。

5.2 文献回顾

自《巴塞尔协议 I》实施以来，银行资本水平变化的影响因素一直是理论研究和监管实践所关注的热点，但是并未取得一致的结论。

国外研究认为银行资本水平在资本监管政策实施初期受政策压力的影响较显著（Berger 等，1995；Jacques and Nigro，1997；Rime，2001；Marques and Santos，2003），更多的情况下，银行实际资本水平与经营规模、盈利能力、风险水平和市场环境相关（Ashcraft，2001；Martin and Volker，2003；Lindquist，2004；Schaeck and Ĉihák，2007；Flannery and Rangan，2008；Gropp and Heider，2010；Francis and Osborne，2012，Gander，2013）。为了提高市场竞争力，银行会努力持有更多的资本（Klaus and Martin，2007；Fonseca and González，2010）。

2004 年《商业银行资本充足率管理办法》实施后，一些学者对我国银行资本充足水平的影响因素进行了研究。邹平、王鹏、许培（2005）回归分析发现中小银行资产盈利能力与资本充足率无关，资产规模增长与资本充足率的负相关关系不显著。吴栋、周建平（2006）和朱建武（2006）认为最低监管资本要求不能显著地提高银行资本充足率。许传友（2011）发现监管压力对我国银行业资本调整策略产生了一定的影响。李维安、王倩（2012）认为由于中国银行业的利润增长无法满足资本监管要求，导致银行频繁地进行外部融资。

我们认为商业银行资本水平的变化是资本供给和资本需求两方面因素共同作用的结果，"资本软约束期"的研究结论对指导银行业未来的资本管理缺乏现实基础，并且核心资本才是银行吸收非预期损失、应对经营危机的重要缓冲。本章立足中国实际，将核心资本充足率的影响因素分解为供给和需求两个方面，将资本监管压力虚拟变量修正为资本水平指数，同时考虑外部融资行为的影响，分不同的监管资本要求对影响因素的效果进行比较研究。

5.3 模型设计和估计分析

5.3.1 研究假设和理论分析

银行实际资本充足率的变化既可能来自需求方面，也可能是受供给因素变化所致。我们从需求和供给两方面确定研究假设：资本需求与资本增长负相关，资本供给与资本增长正相关。

假设1：资产规模决定资本需求量，资本需求量会随资产规模扩张成等比例上升。

国内银行业资产规模冲动消耗了大量的资本。为支持经济持续增长，银行信贷规模需保持一定的增长速度，为持续达到资本监管要求，商业银行必然面临资本补充需求。资产规模余额反映现有的资本需求，而资产增速反映动态资本需求。如果从资产增速来考察资本的动态需求变化，资产扩张越快，资本需求越大。

假设2：银行风险水平与资本需求成正比。

风险水平可以从银行的资产质量和资产结构两方面来衡量。国外文献多采用风险加权资产（Risk Weighted Asset，RWA）与总资产的比值作为银行风险的度量指标。由于我国大部分商业银行并未公布其风险加权资产数据，现有文献多使用不良贷款率（NPL）作为资产质量的代理变量，从我国银行近年来资产经营行为来看，不良贷款率已经很难客观评价银行的资产质量状况。因此，我们选择不良贷款余额的增速来考核银行资产质量和风险水平。由于不良贷款的核销会消耗银行的资本，因此资本增长与不良贷款增长负相关。

同样的资产规模但不同的资产结构反映不同的风险水平，相应的资本要求也有所差异。低风险资产占比的增长有助于商业银行提高资本充足率（Montgomery，2005）。贷款是银行的高风险资产，我们以贷款占总资产比重的变化来反映银行资产结构的优化程度，贷款占比下降得越快，越有利于资本水平的提升。

假设3：盈利与银行资本充足率成正比。

利润分配是银行增加资本的重要途径，盈利越多，银行就可以分配更多的利润来补充资本。我们用净利润增速代表商业银行的盈利能力。净利润与商业银行的资本充足率正相关。

假设4：资本缓冲越多的银行，资本监管压力的影响越小。

Jacques 和 Nigro（1997）认为银行面临的外部资本监管压力也是影响其资本充足水平的重要因素。由于样本银行的实际资本水平都超过了最低资本要求，即持有资本缓冲（Capital Buffer），所以简单控制变量取值无法反映资本监管压力。我们参照 Hancock 和 Wilcox（1994）的研究思路，通过计算各家银行的资本水平指数度量资本监管压力的影响程度。考虑到商业银行上一期的资本水平会对当期的资本状况产生一定的影响，因此，我们使用了上一期银行资本水平，资本水平指数计算公式如下：

$$Z_{i,t} = 100\% \times \left(\frac{CAR_{i,t-1}}{CAR_{i,t}^e} - 1 \right)$$

其中，$CAR_{i,t-1}$ 是上一期实际资本充足率水平，$CAR_{i,t}^e$ 是资本监管要求。当指数 $Z_{i,t}$ 为负值时，说明该行实际资本水平相比预期目标存在不足，存在资本补充或资产调整压力，是资本不足银行；当 $Z_{i,t}$ 为正值时，说明该行持有资本缓冲，没有资本补充压力，是资本充足银行。$Z_{i,t}$ 值越大，资本监管压力越小，银行增加核心资本水平的意愿下降，因此资本水平指数与核心资本充足率变化负相关。

《管理办法》规定资本充足率的最低要求为8%，银监会于2009年将最低资本充足率要求提高到10%（对中小银行）和11%（对大型银行），我们分2005—2008年和2009—2012年两个阶段考察不同资本监管要求对国内商业银行资本充足率的压力，$CAR_{i,t}^e$ 在2005—2008年取值为8%，2009—2012年大型银行取值为11%、中小银行为10%。

假设5：资本市场的融资行为会直接影响上市银行的核心资本充足率。

鉴于上市银行受国际投资者偏好等因素的限制，红利发放比例下降空间有限，从资本市场再融资往往成为补充核心资本的首选。特别是 IPO，对改善银行的核心资本充足率指标效果显著。2004 年后，国内银行业掀起引进战略投资者改进资本结构的高潮。如果 i 样本银行 t 年有 IPO、配股、增发、债转股、引入战略投资者等任意一种外源资本补充行为，则 $D_{i,t}$ 取值为 1，否则为 0。

5.3.2 模型设定

由于银行个体行为的连续性、惯性和偏好等的影响，资本调整行为是一个动态变化过程，需要用动态模型来研究资本充足率的影响因素。Shrieves 和 Dahl（1992）利用局部调整模型将 $\Delta CAR_{j,t}$ 用银行目标资本充足率（$CAR_{j,t}^*$）与上一期的资本充足率的差额表示出来，即 $\Delta CAR_{j,t} = \gamma\,(CAR_{j,t}^* - CAR_{j,t-1})$。由于银行的目标资本充足率无法直接观察，我们可以通过一些可观测的变量间接度量，如银行资产规模、盈利能力、风险水平、监管压力等。基于上述分析，本章构建的资本方程如下：

$$\Delta CCAR_{j,t} = \alpha_i + \beta_1 ASSET_{j,t} + \beta_2 Rloan_{j,t} + \beta_3 NPL_{j,t} + \beta_4 PROFIT_{j,t} + \beta_5 Z_{j,t} + \beta_6 D_{j,t} + \omega_{j,t}$$

其中，$j = 1，2，\cdots，N$ 表示样本银行数，$t = 1，2，\cdots，T$ 表示年度数，α_i 表示常数项，$\omega_{j,t}$ 表示随机误差项。由于银行资本充足率的附属资本包括重估储备、一般准备、优先股、可转换债券、混合资本债券和长期次级债务等，而这些因素难以在回归中通过变量一一加以反映。《商业银行资本管理办法（试行）》规定银行最低资本充足率提高的部分必须通过增加核心一级资本来补充，因此我们选择核心资本充足率的变化作为被解释变量。

表 5-2　　　　　　　　　　　实证变量及其说明

变量	变量定义	计算公式
$\Delta CCAR_{j,t}$	j 银行 t 年核心资本充足率变化比率	（当年核心资本充足率 – 上一年核心资本充足率）/上一年核心资本充足率×100%
$ASSET_{j,t}$	j 银行 t 年的资产增速	（当年资产规模 – 上一年资产规模）/上一年资产规模×100%
$Rloan_{j,t}$	j 银行 t 年总资产中贷款占比变化比率	（当年贷款占比 – 上一年贷款占比）/上一年贷款占比×100%
$NPL_{j,t}$	j 银行 t 年的不良贷款余额增速	（当年不良贷款余额 – 上一年不良贷款余额）/上一年不良贷款余额×100%

变量	变量定义	计算公式
$PROFIT_{j,t}$	j 银行 t 年的盈利能力	当年税后净利润增速
$Z_{j,t}$	j 银行 t 年的资本水平指数	[（上一年实际资本充足率水平/当年资本监管要求）－1]×100%
$D_{j,t}$	j 银行 t 年是否有外源融资行为	如果有外源融资行为，$D_{j,t}=1$，否则为0

5.3.3 实证数据

2004 年以前，中国的银行资本监管一直处于软约束状态，《管理办法》实施后，我国银行业才步入真正的严格资本充足率监管阶段（"资本硬约束期"）。所以我们选择 2005—2012 年作为样本期。

考虑到数据的可得性，我们选取工商银行、中国银行、建设银行、交通银行四家国有大型银行，招商银行、民生银行、华夏银行、兴业银行、中信银行、浦发银行、平安银行（2010 年以前为深圳发展银行）七家全国性股份制银行，北京银行、南京银行、宁波银行、上海银行四家城市商业银行作为样本银行。中国农业银行和光大银行存在数据缺失等问题，没有进入样本银行范围。样本银行的资产规模较大、市场份额较高，所以具有较好的代表性。

股份制银行与国有银行相比，难以获得财政注资，并且大股东多是国有企业、海外投资者、民营企业，这些股东一般优先考虑自身利益，因此股份制银行主要通过市场化的手段增加资本金。与国有银行和股份制银行相比，城市商业银行的资本补充渠道更为狭窄。作为地方性法人金融机构，所在的地方政府往往因其自身财力有限而无法给予实质性的帮助，且大部分城市商业银行不符合发行次级债券的条件，在进行新股募集时，面临更多的困难。

商业银行数据来源于各家银行年报、首次公开发行股票招股意向书等公开披露的信息。

5.3.4 变量的描述性统计

在进行实证分析之前，需要对变量进行描述性统计分析，具体描述性统计结果如表 5－3 所示。

表 5 - 3 　　　　　　　　　　实证变量的统计性描述　　　　　　　单位:%

变量 \ 年份		2005	2006	2007	2008	2009	2010	2011	2012
ΔCCAR	均值	41.22	14.20	47.15	-2.66	-7.87	9.25	2.40	4.48
	标准差	2.10	2.61	5.75	4.17	1.93	1.82	1.27	1.28
ASSET	均值	20.26	21.06	28.86	22.67	32.01	27.71	23.17	21.88
	标准差	8.00	6.54	8.91	8.73	12.83	13.37	15.71	11.11
Rloan	均值	-3.04	0.32	-6.86	-0.25	6.59	-4.80	-3.25	-4.04
	标准差	8.35	5.39	4.06	4.94	4.97	8.18	8.03	7.58
NPL	均值	-6.47	-1.92	-6.22	12.85	1.60	-7.87	2.80	29.24
	标准差	22.98	14.04	17.96	66.00	16.55	8.30	12.22	26.44
PROFIT	均值	73.44	54.90	81.73	29.75	61.32	39.18	36.66	25.90
	标准差	137.8	73.50	34.98	41.90	176.4	11.98	11.98	13.60
Z	均值	2.26	21.42	30.93	72.74	29.16	9.69	17.60	21.95
	标准差	41.61	30.04	31.73	73.01	40.54	13.71	15.87	12.61

1. 核心资本充足率变化（ΔCCAR）

2005 年和 2007 年，样本银行相继通过 IPO、增资扩股方式补充核心资本，导致当年核心资本充足率增幅显著。2010 年，上市银行进行了逾 2700 亿元的股权融资，也使该年核心资本充足率增幅较大。

2. 资产增速（ASSET）

2005—2009 年银行资产增速上升，而同期银行平均资本充足率从 9.71%增长到 13.23%，主要是银行的外源融资行为提供了资本支持。

3. 贷款占比变化（Rloan）

2009 年，全行业的信贷井喷使当年贷款占比变化逆转了之前的下降趋势。更高的资本要求使银行开始降低高资本消耗的信贷业务比重，但不同银行资产结构调整的速度不一。

4. 不良贷款余额增速（NPL）

一旦经营环境变差，银行间贷款质量容易出现分化，不良贷款余额增速标准差扩大。以 2008 年为例，受国际金融危机影响，银行间不良贷款增速的标准差为 66%。

5. 净利润增速（PROFIT）

2005—2007 年净利润增速呈上升趋势。2008 年受国际金融危机影响，全行业利润下滑，增速只有 29.75%。2009 年受天量信贷的影响，净利润增速高达 61.32%，2009 年以后银行业净利润呈下降趋势。

6. 资本水平指数（Z）

受前期巨额外源融资的影响，银行实际资本水平显著提高，2008 年资本水平指数达到峰值 72.74%。2009 年资产规模快速扩张，资本需求大增。2010 年资本水平指数急剧降至 6.29%。

以上是从数据层面得到的统计性描述结论，为进一步考证单个因素的影响程度，需要建立模型进行计量分析。

5.3.5　实证分析结果

国际金融危机发生后，2009 年银监会将资本充足要求提高至 10% 以上，我们以 2009 年为分界点，分 2005—2008 年和 2009—2012 年两个时期建立模型，分析资本监管不同要求下国内商业银行核心资本充足率影响因素的变化。

1. 单位根检验

为避免伪回归，确保估计结果的有效性，先用单位根方法对面板序列的平稳性进行检验。本书中样本面板属于小样本面板，殷锐（2007）认为最好选用 Fisher 检验。基于此，我们运用 Fisher 检验对各变量序列进行单位根检验，根据面板序列时序图的结论，在单位根检验中选择相应检验模式，检验结果显示各变量的水平值均显著通过 Fisher 准则，为零阶单整 I（0）。

表 5-4　　　　　　　　　　两个时期变量单位根检验结果

变量 \ 结果	2005—2008 年		2009—2012 年	
	ADF-Fisher	PP-Fisher	ADF-Fisher	PP-Fisher
ΔCCAR	96.9068 ***	104.934 ***	73.4518 ***	81.88 ***
ASSET	45.8881 *	43.8102 *	63.5155 ***	77.9244 ***
Rloan	49.8024 **	57.4433 ***	62.085 ***	85.2614 ***
NPL	57.6176 ***	70.0464 ***	59.8345 ***	62.2779 ***
PROFIT	55.0205 ***	73.7162 ***	44.4796 **	44.4349 **
Z	44.6158 *	43.2983 *	62.2159 ***	69.788 ***

注：***、**、*分别表示在 1%、5%、10% 的水平下显著。虚拟变量 D 无须进行平稳性检验。

2. 模型回归与估计结果分析

我们旨在分析样本银行的情况，不考虑外推到银行业整体，所以直接选择固定效应模型。为尽可能消除横截面的异方差与序列的自相关的影响，考虑横截面个数大于时序个数，回归模型采用截面加权估计法来估计方程。

表 5-5 两个时期的方程回归结果

结果 变量	2005—2008 年		2009—2012 年	
	$\Delta CCAR$		$\Delta CCAR$	
	系数	t 值	系数	t 值
ASSET	-0.3226	-1.1297	-0.1846	-3.2475 ***
Rloan	-0.0075	-0.3149	-0.3634	-3.0595 ***
NPL	-0.0006	-0.0062	0.0204	0.6462
PROFIT	0.0402	0.9336	-0.0032	-0.5619
Z	-0.3375	-3.0653 ***	-0.2651	-3.4266 ***
D	72.1635	16.8269 ***	19.2964	11.5319 ***
R^2	0.9160		0.9162	
调整 R^2	0.8730		0.8732	
F 值	21.2741		21.3253	
P 值	0.0000		0.0000	
DW 值	2.4787		2.0687	

注：***、**、*分别表示在 1%、5%、10% 的水平下显著。

从表 5-5 可以看出，前一期变量 ASSET 和 Rloan 没有通过显著性检验，这一时期样本银行的财务重组和外源融资行为集中，在一定程度上弱化了资本对资产的约束效应。变量 ASSET 和 Rloan 在后一时期的回归均通过了显著性检验，说明更高的资本监管要求对银行资产规模扩张和资产结构调整的约束效应开始显现。剔除 2009 年政策性因素的影响，2010—2012 年资产增速平稳下降，同期样本银行资产中贷款占比从 50.66% 下降至 46.75%，且中小银行降幅更显著。

变量 NPL 在两个时期均未通过显著性检验，说明样本期贷款质量的恶化对核心资本充足率水平的变化影响不大，原因是经过财务重组和资产剥离，各家银行账面不良贷款的风险可控。

变量 PROFIT 在两个时期均未通过显著性检验，与邹平等（2005）的研究结论相同，即盈利能力与资本是否充足无关。原因是银行的利润主要来源于高资本消耗的生息资产业务，利润增长在增加资本供给的同时也形成了资本需求，在经营模式不变的情况下希冀通过利润留存来增加资本积累的内涵式融资渠道难以奏效。

变量 Z 在两个时期均通过了显著性检验，原因是样本期样本银行整体的资本水平指数均值为正，资本监管压力不大，因而进一步提升核心资本充足率的主观意愿不强。

变量 D 与 ΔCCAR 在两个时期均存在显著的正向关系，说明外部融资行为对银行核心资本充足率变化的影响显著。国内银行的"融资饥渴症"一直未改变，近 5 年商业银行通过外源性融资方式补充资本约 1.33 万亿元（刘士余，2013）。随着《商业银行资本管理办法（试行）》的实施，上市银行资本充足率水平整体出现回落，截至 2013 年 7 月底，已有工商银行、农业银行、中国银行、建设银行、招商银行、中信银行等银行拟向市场发行合格二级资本工具进行融资，规模超过 2000 亿元。

5.4 美国银行（BAC）资本管理经验及启示

5.4.1 美国银行的资本管理策略

美国是率先实施《巴塞尔协议Ⅲ》的国家之一，受次贷危机影响，美国银行业经历了经营亏损、资本短缺的阵痛。2008 年底美国商业银行的股权收益率（ROE）陡降为 −11.61%，核心资本充足率降为 9.79%，均创下 1992 年底（1988 年资本协议的最后达标期限）以来的历史最低值。美国政府放弃了先前的不良资产清理计划，转而对各商业银行注入资本。美国银行业自身也加强风险防控，拥有大量投行业务的综合性银行结束自营交易，降低杠杆水平，全行业的资产风险水平下降，风险加权资产占比由 2007 年的 75% 下降到 2011 年的 67%（见图 5 − 1）。2012 年开始美国银行体系强势复苏，其银行资本管理经验可为中国商业银行资本管理提供参考。

美国银行（Bank of American Corporation，BAC）是全美资产规模排名第一的商业银行，它在美联储首轮压力测试中资本缺口最大，其后通过一系列资本管理策略，在 2012 年更严厉的压力测试中顺利过关，我们以美国银行（BAC）为例介绍美国商业银行资本管理的经验。

2008 年 9 月，美国银行迫于政府压力收购深陷危机的美林证券，为促成顺利收购，美国政府于 10 月通过"问题资产救助方案"（Troubled Asset Relief Programme，TARP）以优先股方式注资 450 亿美元给美国银行。受此次收购交易的影响，美国银行 2008 年第四季度归属于普通股股东的利润为负 23.9 亿美元，创下 17 年来首次季度亏损。为摆脱 TARP 对银行薪酬和运营的限制，2009 年 12 月 9 日，美国银行用 257 亿美元现金储备和发行可转债的 193 亿美元收入偿还了 450 亿美元 TARP 资金①。同年底美国银行一级普通股权益资本比率为 7.81%，接近新资本要求下限 7%。2010 年开始，美国银行通过出售非核心资产、裁员削减成本、发行有限制股份以取代雇员现金奖励等一系列财务计划弥补资本缺口。

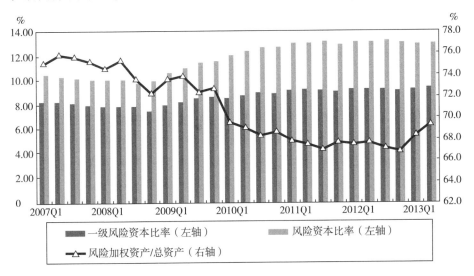

资料来源：美国联邦存款保险公司 www.fdic.gov。

图 5 - 1　金融危机中美国银行业资本监管指标和资产风险水平的变化

表 5 - 6　　　　　　美国银行近 5 年主要财务指标的变化　　　　　单位：百万美元

指标＼年份	2012	2011	2010	2009	2008
总资产平均余额	2191356	2296322	2439606	2443068	1843985
贷款及租赁平均余额	898768	938096	958331	948805	910871
风险资产期末余额	1206000	1284000	1456000	1543000	1320000
普通股权益平均余额	216996	211709	212686	182288	141638
税后利润	4188	1446	(2238)	6276	4008
ROA	0.19%	0.06%	N/M[1]	0.26%	0.22%
ROE	1.27%	0.04%	N/M	N/M	1.80%

---

① 见美国银行 2009 年年报第 30 页。

续表

指标 \ 年份	2012	2011	2010	2009	2008
一级普通股权益资本比率[2]	11.06%	9.86%	8.60%	7.81%	4.80%
一级资本比率	12.89%	12.40%	11.24%	10.40%	9.15%
普通股股数（单位：百万股）	10778	10536	10085	8650	5017
每股股息（美元）	0.04	0.04	0.04	0.04	2.24

注：（1）N/M = not meaningful，无意义。（2）一级普通股权益资本比率＝一级资本（扣除优先股、信托优先证券、混合型证券和少数股东权益）/风险加权资产，一级普通股权益资本比率近似于我国的核心资本充足率。

资料来源：美国银行2012年年报。

从表5－6可以看出，美国银行资本比率的提高没有主要依靠外部融资，美国银行只在财务困难的2009年通过增发和配股筹集新的普通股权益。2010年开始，美国银行通过出售非核心资产，减少有毒资产等资产调整策略，减少派息提高普通股权益增长，有效地改善了银行的资本指标。2010年资本指标的改善主要受益于当年风险资产规模减少了870亿美元。2012年银行税后利润大增，普通股股东权益增加了64.84亿美元，一级普通股权益资本比率增加了12%。

为保证银行实际资本水平能满足业务发展、风险水平、经营安全的需求，美国银行综合考虑经济发展、市场环境、投资者反应、信用评级机构和监管当局等的影响，根据内部资本充足评估程序（Internal Capital Adequacy Assessment Program，ICAAP）确定实际最优资本水平，并坚持较高的资本缓冲以应对不利情况的发生。美国银行每月都会对监管资本和经济资本进行预测，以保证其资本水平适合最新的盈利水平、财务状况和风险程度，此外按季度进行压力测试，评估各种经济压力情景对银行财务状况、盈利、资本和流动性的潜在冲击。

美国银行资本管理策略的成功还离不开美国政府的政策支持。在金融危机最困难的时期，美国政府实施直接救助，推出的TARP对帮助美国银行业度过危机发挥了重要作用。2008年9月，美联储放宽了长期以来限制私募股权基金和私人投资者大量入股银行的规定，允许投资者持有最多33%的银行股权，帮助陷入资金困难的银行更容易募集外部资金。

5.4.2　美国银行的资本管理策略对中国银行业的启示

美国银行在资本充足率管理策略上同时依重于"分子策略"和"分母策略"。

"分子策略"的核心资本主要依靠两个来源：普通股和留存收益。2010年开始，美国银行通过实行"新美银计划"（Project New BAC）大幅度削减经营成本，降低股东分红，有效地增加了留存收益，弥补资本缺口，实现了没有向投资者募集新资金的承诺。国内银行高薪、高分红、高融资的粗放式经营未来难以持续。

"分母策略"包括资产结构和资产规模调整。美国银行积极降低高风险信贷资产占比，2012年资产中贷款占比较2008年下降了8个百分点，同期美国银行业该项指标也下降了9个百分点。目前中国商业银行主动调整资产结构的意愿仍不强，贷款占比虽有所下降，但降幅不大且2009年显著反弹。资产结构的变化在减少高风险资产资本需求的同时也减少了其损失拨备的计提，增加了资本供给。美国银行还通过出售非核心资产"瘦身"，2012年资产规模比2009年下降了11个百分点。出售资产不仅减少了资本需求，资产出售收入还可以增加资本供给，对提高资本充足水平效果显著。中国银行业近年来规模增长迅猛，资本短缺压力下经营规模"只增不减"的思维定式未来需要调整。

5.5　结论和建议

5.5.1　结论

我们采用15家国内主要商业银行2005—2012年的面板数据，分两个时期建立了影响核心资本水平变化的多元回归方程，比较分析商业银行核心资本水平变化的影响因素。具体结论如下：

1. 新资本要求对资产规模和结构的约束效应逐渐显现。

更高的资本监管要求对银行资产规模扩张的影响开始显现，同时银行也开始注重资产结构的调整，降低高风险信贷资产的比重。新资本要求下股份制银行和城市商业银行资产规模扩张主要是非信贷业务的发展，2009—2012年这两类银行总资产中信贷占比分别从56%和48%下降到46%和41%，而同期大型银行该指标一直在51%至52%间波动，原因是大型银行由于所有制优势，再融资相对容易，所以资产结构调整表现出"短视"的行为特征。

2. 传统盈利模式的利润增长对银行资本水平的提升效果有限，核心资本的补充主要依赖于外源融资。

在样本期，盈利变量对核心资本水平的变化均没有通过显著性检验。原因是银行利润增长主要来源于信贷规模扩大，而信贷规模扩张又会消耗大量资本，这种盈利模式下的银行利润高增长难以推动核心资本充足率同步提升，这也解释了银行在利润高增长的同时再融资需求依然强烈的原因。

3. 银行持有的资本缓冲越高，提升核心资本充足率的意愿越弱。

商业银行持有资本的成本是昂贵的，在利润最大化动机的驱使下，银行实际持有的资本缓冲越高，进一步提升核心资本水平的动力越弱。

5.5.2 建议

综合上述分析，借鉴美国银行资本管理的经验，提出如下建议：

1. 银行依靠外源融资（资本市场）的资本补充机制短期内可以缓解资本紧张的压力，但长期必须通过内部积累建立可持续的资本补充机制。随着利率市场化改革进程的加速，未来银行净息差进一步收窄，传统盈利模式难以持续，银行要提高风险管理能力，进一步加大非信贷业务发展力度，提升非信贷类业务盈利水平。

2. 国内银行要转变经营规模"求大"、经营领域"贪多"的发展思路，基于自身资源和能力专注于核心业务，根据风险控制能力和经营效率实现适度规模经营，加强内部财务筹划，减少对外部渠道的资本依赖。

3. 商业银行应根据自身风险特征和运营复杂程度建立内部资本充足评估程序（ICAAP），确保资本能够充分覆盖其所面临的各类风险。同时根据内外部经营情况，定期进行资本压力测试，计算资本缺口，实现资本管理的前瞻性。

第六章 资本监管约束下银行资本、风险和绩效的变化特征[①]

6.1 引言

资本监管在国际银行监管规则体系中居于核心地位，其目标是促使商业银行稳健经营，增加抵御风险的能力。改革开放后较长时期内，资本监管在我国未得到应有的重视，银行业长期在资本不足的情况下运行。2004 年，银监会发布《商业银行资本充足率管理办法》，我国银行业才步入真正的严格资本充足率监管阶段。自 2007 年以来，中国银监会借鉴国际资本监管改革的成果，调整和完善国内银行资本监管制度（包括数量标准、质量标准、监管手段等），相继出台了一系列强化银行资本约束、提升资本监管有效性的政策法规，使资本约束对中国商业银行业务经营发展的制约影响越来越突出。美国次贷危机发生后，银监会面对日趋复杂的国内外经济形势，在 2008 年底分别对中小银行和大型银行提出 10% 和 11% 的新的资本充足率目标，鼓励商业银行在盈利好的时期多留收益补充资本（王兆星，2014）。国际金融危机后，巴塞尔委员会确立了新的资本监管国际标准《巴塞尔协议Ⅲ》，中国银监会借鉴以《巴塞尔协议Ⅲ》为核心的国际监管新标准，制定了《商业银行资本管理办法（试行）》，并于 2013 年 1 月 1 日正式实施，国内商业银行由此跨入强资本约束时代。《商业银行资本管理办法（试行）》实施期间恰逢中国经济增速放缓、实体经济信用风险全面释放，银行经营面临诸多不利因素。梳理和审视资本监管硬约束下商业银行资本、风险和绩效的短期调整变化特征，对客观评价经济下行期资本监管的实施效果，指导商业银行稳健经营，提高资本监管的微观和宏观审慎效果具有较强的现实意义。

[①] 本章部分内容发表于《统计研究》2018 年第 4 期 "资本监管约束下银行行为调整的特征分析"。

6.2 文献回顾

《巴塞尔协议》推出后，不少学者开始关注银行资本与风险的关系（Shrieves and Dahl，1992；Aggarwal and Jacques，2001；Rime，2001），但理论和实证检验都没有形成统一的结论。随着金融创新的发展，《巴塞尔协议》中资产风险权重的重要性下降，一些学者开始将银行资本和风险的调整与盈利的影响联系在一起（Hughes and Moon，1995；Hughes and Mester，1998；Altunbas et al.，2007）。Hughes与Moon（1995）和Hughes与Mester（1998）认为银行的资本水平和风险调整都受到银行效益的影响。在资本水平相同的情况下，一家盈利差的银行更有可能从事高风险业务以弥补收益的损失。

监管资本作为一种逆周期监管工具，在《巴塞尔协议Ⅲ》中被明确提出用于限制银行信贷的顺周期波动，然而银行监管资本的实际水平也可能具有顺周期性。现有文献对银行监管资本变化的周期性研究结论存在争议。一些学者认为银行资本充足水平存在顺周期性（Ayuso et al.，2004；Jokipii and Milne，2008；Shim，2013；黄宪、熊启跃，2014）；而另一些学者却认为银行资本充足水平具有逆周期性（Stoltz and Wedow，2011；Guidara et al.，2013；党宇峰等，2012；蒋海等，2012）；还有一些学者提出两者的关系并不确定，依赖于国家的经济发展水平和银行的所有权结构、业务活动范围及规模等（Fonseca and Gonzalez，2010；梁琪、党宇峰，2013）。

一些学者对资本充足水平与银行风险的关系进行了研究。Heid等（2004）发现在德国储蓄银行中，资本充足水平低的银行倾向于补充资本，降低资产的风险；而资本充足水平高的银行往往会增加资产风险。Jokipii等（2011）建立局部调整模型来研究银行资本充足水平与风险调整的短期关系，发现银行的风险承担行为取决于资本充足水平的高低。资本充足水平的调整速度取决于实际资本水平的高低，资本充足水平低的银行比资本充足水平高的银行调整速度更快些。

由于银行资本充足水平、风险与绩效三者之间会相互影响，一些学者开始对三者的关系进行实证检验。Altunbas等（2007）构建了三个联立方程组，应用似然不相关回归分析法检验了1992—2000年欧洲银行业资本、风险与效率的关系，实证结果显示风险与资本水平正相关，盈利差的银行持有更多的资本充足水平。银行财务的稳健有助于抑制银行的风险承担行为。Mongid等

（2012）检验了东盟 8 个国家 668 家商业银行资本、风险和低效率之间的关系，3SLS 方法显示资本充足银行倾向于减少风险敞口。然而风险回报并没有显著改善资本状况。Guidara 等（2013）的研究表明资本充足水平与风险度量指标——ROA 波动值存在显著正相关关系，资本充足水平与盈利指标 ROA 呈显著正相关关系。国内学者孟卫东和孙广绪（2014）对国内上市银行资本充足水平、信贷风险和绩效受《商业银行资本充足率管理办法》和经济周期的影响进行了研究，发现资本监管的变化显著影响银行资本充足水平和风险；资本充足水平具有逆周期性，银行风险和绩效的周期效应不明显。

从理论上看，资本监管下银行资本充足水平、风险和绩效的调整尚未得出一致结论，仍有待进一步研究。

6.3　理论分析

资本监管下银行风险承担与经营绩效之间的关系非常复杂，很多因素是相互影响、相互联系的，如果采用单方程模型难以完整有效地把银行体系各经济变量之间的相互作用关系表达出来，而采用联立方程模型则能较好地解决这一问题。我们参考 Altunbas 等（2007）的研究方法，构建以下系统联立方程模型进行理论分析。

$$\Delta \mathrm{CAR}_{j,t} = \Delta \mathrm{CAR}_{j,t}^{bank} + \varepsilon_{j,t}^{C} \qquad (6-1)$$

$$\Delta \mathrm{RISK}_{j,t} = \Delta \mathrm{RISK}_{j,t}^{bank} + \varepsilon_{j,t}^{R} \qquad (6-2)$$

$$\Delta \mathrm{PERF}_{j,t} = \Delta \mathrm{PERF}_{j,t}^{bank} + \varepsilon_{j,t}^{P} \qquad (6-3)$$

其中，$\Delta \mathrm{CAR}_{j,t}$、$\Delta \mathrm{RISK}_{j,t}$、$\Delta \mathrm{PERF}_{j,t}$ 分别表示观测到的资本水平、风险承担和经营绩效变化值。银行资本水平、风险承担和经营绩效的变化分别是银行内部管理和外部随机冲击两个函数之和。$\Delta \mathrm{CAR}_{j,t}^{bank}$、$\Delta \mathrm{RISK}_{j,t}^{bank}$、$\Delta \mathrm{PERF}_{j,t}^{bank}$ 代表银行经营管理调整对资本充足水平、风险水平和经营绩效变化的影响，$\varepsilon_{j,t}^{C}$、$\varepsilon_{j,t}^{R}$、$\varepsilon_{j,t}^{P}$ 代表外部的随机冲击。虽然，持有较高的资本能应对外部冲击所导致的流动性风险以及由于资本水平未达标而遭受的监管惩罚。从银行经营管理的角度看，目标资本水平并非越高越好，持有资本就意味着放弃了资本的其他投资获利机会，从而会影响银行的盈利水平。作为追求利润的风险管理企业，银行应该在可接受的风险承担水平上实现利润最大化。

基于上述分析，我们建立银行的目标资本、风险和绩效函数，如下：

$$\mathrm{CAR}_{j,t}^{*} = \theta\,(X_{j,t}) + \omega_{j,t}^{C} \qquad (6-4)$$

$$\text{RISK}^*_{j,t} = \lambda \; (U_{j,t}) \; + \omega^R_{j,t} \qquad (6-5)$$

$$\text{PERF}^*_{j,t} = \phi \; (Z_{j,t}) \; + \omega^P_{j,t} \qquad (6-6)$$

其中，$X_{j,t}$、$U_{j,t}$ 和 $Z_{j,t}$ 分别是影响银行资本水平、风险承担和经营绩效解释变量的向量（既包括银行特征控制变量和外部随机冲击变量，资本方程中还包括风险变化和绩效变化，风险方程中包括资本和绩效的变化，绩效方程中包括资本和风险的变化），θ、λ、ϕ 是估计系数向量。由于短期内银行实际资本水平的变化会影响银行的经营安全，因此银行会调整目标风险水平和盈利指标。与此同时，银行风险组合和盈利目标的调整也会影响银行的实际资本水平。

随着时间的推移，外部的冲击会使银行的实际资本、风险和绩效偏离或接近目标水平，银行要调整实际资本、风险和绩效以实现目标水平。我们构建资本、风险和绩效的局部调整模型，如下：

$$\Delta\text{CAR}_{j,t} = \theta_0 \; (\text{CAR}^*_{j,t} - \text{CAR}_{j,t-1}) \; + \mu^C_{j,t} \qquad (6-7)$$

$$\Delta\text{RISK}_{j,t} = \lambda_0 \; (\text{RISK}^*_{j,t} - \text{RISK}_{j,t-1}) \; + \mu^R_{j,t} \qquad (6-8)$$

$$\Delta\text{PERF}_{j,t} = \phi_0 \; (\text{PERF}^*_{j,t} - \text{PERF}_{j,t-1}) \; + \mu^P_{j,t} \qquad (6-9)$$

其中，θ_0、λ_0、ϕ_0 分别代表 t 期实际的资本、风险和绩效分别向其目标水平调整的速度，$\mu^C_{j,t}$、$\mu^R_{j,t}$ 和 $\mu^P_{j,t}$ 是误差项。式（6-7）、式（6-8）、式（6-9）表明银行资本、风险和绩效的调整变化是 t 期目标资本 $\text{CAR}^*_{j,t}$、目标风险 $\text{RISK}^*_{j,t}$ 和目标绩效 $\text{PERF}^*_{j,t}$ 分别与 $t-1$ 期实际资本 $\text{CAR}_{j,t-1}$、实际风险 $\text{RISK}_{j,t-1}$ 和实际绩效 $\text{PERF}_{j,t-1}$ 的差异和外部随机冲击的函数。由于目标资本 $\text{CAR}^*_{j,t}$、目标风险 $\text{RISK}^*_{j,t}$ 和目标绩效 $\text{PERF}^*_{j,t}$ 的调整难以观察得到（Flannery and Rangan，2006）。如前面所述，目标资本水平、风险和绩效都受到经济周期、监管制度调整和银行微观特征等的影响，且资本、风险和绩效三者之间存在相互影响关系，据此，我们建立如下联立方程模型：

$$\Delta\text{CAR}_{j,t} = \theta_0 + \theta_1\text{MAC}_t + \theta_2\text{REG}_t + \theta_3\Delta\text{RISK}_{j,t} + \theta_4\Delta\text{PERF}_{j,t} - \theta_5\text{CAR}_{j,t-1} + \theta'X_{j,t} + \mu^C_{j,t} \qquad (6-10)$$

$$\Delta\text{RISK}_{j,t} = \lambda_0 + \lambda_1\text{MAC}_t + \lambda_2\text{REG}_t + \lambda_3\Delta\text{CAR}_{j,t} + \lambda_4\Delta\text{PERF}_{j,t} - \lambda_5\text{RISK}_{j,t-1} + \lambda'Y_{j,t} + \mu^R_{j,t} \qquad (6-11)$$

$$\Delta\text{PERF}_{j,t} = \phi_0 + \phi_1\text{MAC}_t + \phi_2\text{REG}_t + \phi_3\Delta\text{CAR}_{j,t} + \phi_4\Delta\text{RISK}_{j,t} - \phi_5\text{PERF}_{j,t-1} + \phi'Z_{j,t} + \mu^Z_{j,t} \qquad (6-12)$$

其中，MAC_t 是 t 期宏观经济代理变量，REG_t 是 t 期资本监管制度调整变量，$X_{j,t}$、$Y_{j,t}$ 和 $Z_{j,t}$ 是 j 银行在 t 期的微观特征控制变量的向量。

6.4　研究设计

6.4.1　计量模型

根据理论模型和我国经济实际情况，我们在式（6-10）、式（6-11）、式（6-12）中将宏观层面的代理变量细化为经济短期波动 GDP、货币政策立场 MP 和非金融部门债务率 DEBT，银行微观特征控制变量具体为银行规模 SIZE、资产流动性 LIQ、外源融资虚拟变量 D 和收入多元化 NII，得到以下联立方程模型：

$$\Delta CAR_{j,t} = \theta_0 + \theta_1 GDP_t + \theta_2 MP_t + \theta_3 REG_t + \theta_4 \Delta RISK_{j,t} + \theta_5 \Delta PERF_{j,t} -$$
$$\theta_6 CAR_{j,t-1} + \theta_7 SIZE_{j,t} + \theta_8 LIQ_{j,t} + \theta_9 D_{j,t} + \mu_{j,t}^C \qquad (6-13)$$

$$\Delta RISK_{j,t} = \lambda_0 + \lambda_1 GDP_t + \lambda_2 MP_t + \lambda_3 REG_t + \lambda_4 \Delta CAR_{j,t} + \lambda_5 \Delta PERF_{j,t} -$$
$$\lambda_6 RISK_{j,t-1} + \lambda_7 SIZE_{j,t} + \lambda_8 LIQ_{j,t} + \lambda_9 DEBT_t + \mu_{j,t}^R \qquad (6-14)$$

$$\Delta PERF_{j,t} = \phi_0 + \phi_1 GDP_t + \phi_2 MP_t + \phi_3 REG_t + \phi_4 \Delta CAR_{j,t} + \phi_5 \Delta RISK_{j,t} -$$
$$\phi_6 PERF_{j,t-1} + \phi_7 SIZE_{j,t} + \phi_8 LIQ_{j,t} + \phi_9 NII_{j,t} + \mu_{j,t}^P \qquad (6-15)$$

6.4.2　变量定义

以上联立方程模型使用的变量及其定义如表 6-1 所示。

表 6-1　　　　　　　　　　　　变量定义与说明

变量符号	变量名称	变量取值与依据
CAR	资本充足水平	银行实际资本充足率
CCAR	核心资本充足率	银行实际核心资本充足率。由于监管制度调整，核心资本充足率 2013 年及以后的取值为一级资本充足率
RISK	资产风险	风险加权资产与总资产的比例。风险加权资产全面反映了银行资产组合的信用风险、市场风险和操作风险水平，直接代表了银行整体风险水平（Shrieves and Dahl，1992；Shim，2013）
PERF	经营绩效	总资产净利率。资产利润率剔除了银行资本杠杆对盈利指标的影响，相比资本利润率更准确（Bougatef and Mgadmi，2016）
SIZE	银行规模	银行总资产取自然对数。银行规模会通过规模经济影响银行的资本水平和风险水平（Altunbas et al.，2007），资产规模大的银行拥有更多分散风险、多元化投资和募集资本的机会（Rime，2001）

变量符号	变量名称	变量取值与依据
LIQ	流动性	表内贷款占表内总资产的比率作为流动性的代理变量。贷款是银行流动性最低的资产,当贷款占比高时,流动性差,风险也高,预期贷款占比与银行风险正相关(Bougatef and Mgadmi, 2016)
NII	收入结构多元化	非利息收入占营业收入的比例作为衡量收入结构多元化的变量。比例越高说明该商业银行的收入结构更加多元化,非利息收入有助于改善银行绩效(Chiorazzo, Milani and Salvini, 2008)
D	外源融资	如果银行有增发配股、发行次级债、发行优先股、引入战略投资者等外源融资情况之一,D变量取值为1,否则取值为0
GDP	经济波动	采用H-P滤波方法从年度GDP增长率指标中提取增长趋势后的剩余部分。当GDP大于零时,代表经济扩张;而当GDP小于零时,代表经济衰退
MP	质押式7日回购利率	银行间市场质押式7日回购利率年均值。利率上升,表明货币政策转向紧缩;利率下降,表明货币政策偏宽松
DEBT	非金融企业债务率	非金融企业债务率过高,企业偿债能力恶化,直接威胁银行信贷资产的安全,预期与银行风险变动正相关。数据来源于IMF
REG	资本监管	引入两个虚拟变量REG_1和REG_2,REG_1衡量2008年底银监会提高银行资本充足率要求的影响。2009—2012年REG_1的取值为1,其余年份为0。REG_2衡量2012年银监会颁布《商业银行资本管理办法(试行)》的影响,2013—2015年REG_2的取值为1,其余年份为0

6.4.3 样本选择与数据来源

为了更好地捕捉资本监管制度调整和宏观经济波动的影响,我们选取 2007年底资本充足率达标并且在样本期没有发生重大战略并购的商业银行作为样本银行。根据数据的可得性,样本包括中国工商银行、中国银行、中国建设银行、交通银行4家大型国有商业银行和招商银行、兴业银行等11家全国性股份制银行以及上海银行等区域性商业银行、外资银行、城市商业银行和农村商业银行等,样本银行家数为40家,其中资产规模超过1万亿元的银行10家,资产规模在1000亿~1万亿元的银行17家,资产规模小于1000亿元的银行13家。2015年样本银行整体资产规模为104万亿元,占当年全国商业银行资产规模的67%,因此样本具有较强的代表性。数据来源于各家银行披露的财务报告和 Bankscope 全球银行与金融分析数据库。

6.4.4　研究假设

根据国内外研究成果和中国的金融实际，我们提出如下研究假设。

假设 1：银行的资本水平变化与经济波动正相关，风险变化与经济波动负相关，绩效变化与经济波动正相关。

2008 年国际金融危机发生后，中国银监会对所有银行都提出了 2% 的留存资本充足水平要求，希望商业银行能够建立逆周期资本机制，在利润较好的时期多留收益补充资本。因此我们假设在资本监管硬约束要求下，商业银行资本充足水平与经济周期呈正相关关系，即具有逆周期特征。信用风险是我国商业银行面临的主要金融风险，经济事实表明我国商业银行的信贷活动具有明显的顺周期性，我们假定银行信用风险与经济波动呈负相关关系，即经济上行期银行风险下降，经济下行期银行风险上升。我国商业银行现行盈利模式是利差主导型盈利模式，银行绩效与经济周期有较强的正相关性。

假设 2：银行风险与资本充足水平负相关，银行绩效与资本充足水平正相关。

风险加权资产与总资产的比值全面反映了银行当期不同类型资产的总体风险水平（Shim，2013），该变量比值越高，侵蚀的资本越多，因而资本充足水平会降低，预期该变量会对资本充足水平产生负向影响。总资产净利率代表银行的盈利能力，利润留存是增加资本水平的重要途径，据此预期银行盈利会对资本水平产生正向影响。

假设 3：资本监管制度调整与资本充足水平变化正相关，与风险负相关。

中国银监会分别于 2008 年和 2013 年实施了两次资本监管制度调整，主要目的是希望通过提高资本充足率约束限制银行的风险承担行为，实现稳健经营。

6.4.5　变量的描述性分析

表 6-2 是主要研究变量的描述性统计，表 6-3 是主要研究变量之间的相关系数。

表6-2   变量的描述性统计

	均值	中位数	最大值	最小值	标准差	样本数
ΔCAR	0.0237	0.0023	1.0079	-0.4921	0.1720	320
$\Delta CCAR$	0.0239	-0.0015	0.9641	-0.5129	0.1884	320
$\Delta RISK$	0.0284	0.0187	0.4179	-0.3327	0.1030	320
$\Delta PERF$	0.0581	-0.0083	4.7617	-0.7907	0.5826	320
CAR_{t-1}	0.1250	0.1220	0.3067	0.0827	0.0258	320
$CCAR_{t-1}$	0.1044	0.1002	0.2685	0.043	0.027	320
$RISK_{t-1}$	0.5918	0.5910	0.8847	0.3455	0.0947	320
$PERF_{t-1}$	0.0111	0.0113	0.0218	0.0009	0.0035	320
SIZE	12.6154	12.2748	16.9160	9.1259	1.8599	320
LIQ	0.4726	0.4852	0.7180	0.2103	0.0946	320
DEBT	1.3513	1.3000	1.7100	0.9900	0.2127	320
NII	0.1443	0.1381	0.7357	-0.0098	0.0868	320
GDP	0.0003	-0.0016	0.0136	-0.0060	0.0063	320
MP	0.0301	0.0320	0.0406	0.0125	0.0090	320

从表6-2可知，资本充足率调整变量ΔCAR的均值为0.0237，中值为0.0023，风险调整变量$\Delta RISK$的均值为0.0284，中值为0.0187，绩效调整变量$\Delta PERF$的均值为0.0581，中值为-0.0083，说明样本期银行的资本充足水平处于增长趋势，但增速缓慢；资产风险处于上升趋势，且多数银行的风险在增加；经营绩效变化虽然均值为正，但多数银行的绩效调整已由上升转为下降。

表6-3给出了主要变量的Pearson相关性分析结果，由表6-3可以得到几点规律性的观察：资本充足率变化（ΔCAR）与资产风险变化（$\Delta RISK$）之间显著负相关，资本充足率变化（ΔCAR）与经营绩效变化（$\Delta PERF$）之间显著正相关，资产风险变化（$\Delta RISK$）与经营绩效变化（$\Delta PERF$）之间显著正相关；当期资本充足率变化（ΔCAR_t）与前一期资本充足率（CAR_{t-1}）的相关系数为-0.576，当期资产风险变化（$\Delta RISK_t$）与前一期风险水平（$RISK_{t-1}$）的相关系数为-0.357，当期盈利变化（$\Delta PERF_t$）与前一期盈利水平（$PERF_{t-1}$）的相关系数为-0.452，说明银行资本水平、风险和绩效的调整有很强的滞后效应，我们建立动态模型进行分析是合理的。除CAR与CCAR之间的相关系数超过0.8外，其余变量之间的相关系数都没有超过50%，说明共线性并不严重。由于CAR与CCAR不会同时进入回归模型，所以不影响估计结果。

表6-3　相关性分析

变量	1	2	3	4	5	6	7	8	9	10	11	12	13
ΔCAR	1.000												
ΔCCAR	0.884***												
ΔRISK	-0.200***	-0.158***											
ΔPERF	0.125*	0.083**	0.023										
CAR_{t-1}	-0.576***	-0.517***	0.165***	-0.079									
$CCAR_{t-1}$	-0.454***	-0.499***	0.148***	-0.027	0.897***								
$RISK_{t-1}$	0.038	0.027	-0.357***	-0.243***	-0.092	-0.092							
$PERF_{t-1}$	-0.121*	-0.083	0.002	-0.452***	0.234***	0.140*	0.284***						
SIZE	-0.127***	-0.068	-0.0247	-0.136***	-0.012	-0.220***	-0.013	0.011					
LIQ	0.135***	0.134**	-0.048	0.106*	-0.112*	-0.114*	0.207***	-0.009	0.084				
DEBT	-0.170***	-0.111*	0.062	-0.392	0.032	-0.004	0.347***	0.152	0.257***	-0.346			
NII	-0.056	-0.024	-0.076	-0.046	0.004	0.003	-0.002	-0.072	0.314***	-0.001	0.250		
GDP	-0.037	0.002	0.030	0.004	-0.017	-0.049	-0.059	-0.032	0.021	-0.032	-0.029	-0.014	
MP	-0.086	-0.052	0.171***	-0.099*	0.018	-0.011	0.136***	0.128**	0.153***	-0.268***	0.336***	0.118**	-0.012

注：*，**，***分别表示在10%、5%和1%的水平上显著。

6.5 实证结果及其分析

6.5.1 实证结果

动态面板数据模型在估计时由于因变量滞后项作为解释变量，从而引起解释变量与随机扰动项相关，导致估计结果发生偏差，使估计参数进行的统计推理无效。为解决内生性、异方差和自相关的问题，我们采用动态面板数据系统广义矩估计方法（SGMM）来克服动态面板数据出现的上述问题。

表6－4 银行资本充足水平、风险与绩效的调整

自变量 \ 因变量	系统 GMM		
	ΔCAR	$\Delta RISK$	$\Delta PERF$
ΔCAR		0.1739 ** (2.18)	－0.3808 *** （－4.11）
$\Delta RISK$	－0.2413 *** （－3.38）		0.6827 (1.06)
$\Delta PERF$	0.0508 (1.19)	0.0219 (0.84)	
SIZE	－0.0068 （－1.33）	－0.0158 *** （－3.27）	0.0628 *** (6.13)
LIQ	0.0302 (0.41)	0.1952 *** (2.90)	0.5211 * (1.89)
GDP	－0.7535 （－1.47）	－0.1270 （－0.27）	6.6899 *** (5.88)
MP	1.1234 *** (2.44)	2.3150 *** (5.60)	2.5936 *** (4.17)
D	0.0649 *** (6.77)		
DEBT		0.0299 (0.76)	

自变量 因变量	系统 GMM		
NII			0.8156***
			(3.38)
CAR (−1)	−4.0592***		
	(−8.03)		
RISK (−1)		−0.6429***	
		(−8.72)	
PERF (−1)			−4.3035
			(−1.00)
REG$_1$	−0.0954***	0.0775***	−0.3673***
	(−3.34)	(4.04)	(−19.19)
REG$_2$	−0.1041***	0.1515***	−0.5667***
	(−2.70)	(5.19)	(−27.05)
截距项	0.6431***	0.3902***	−0.7613***
	(1.83)	(7.59)	(−3.23)
Observations	320	320	320
AR (2)	0.539	0.838	0.062
Sargan	0.591	0.349	1.000

注：我们使用软件 STATA/SE 11.0 和"xtabond2"程序对方程进行估计。表中*、**、***分别表示在 10%、5% 和 1% 的水平上显著。AR（2）和 Sargan 检验给出的都是统计量相对应的 p 值。

表 6-4 的回归结果显示：

（1）银行资产规模（SIZE）与风险变化（ΔRISK）显著负相关，与绩效变化（ΔPERF）显著正相关。资产规模与资本变动（ΔCAR）的负相关关系不显著，说明银行资本调整对银行表内资产规模的影响不显著。主要原因是样本期间，很多银行将高资本消耗的部分业务转入表外，形成低资本占用甚至零资本占用的表外业务。根据中国人民银行发布的《中国金融稳定报告（2016）》，截至 2015 年末，银行业金融机构表外业务（含委托贷款）余额为 82.36 万亿元人民币，比 2014 年末增加 16.2 万亿元，增长 24.48%；表外资产规模相当于表内总资产规模的 42.41%，比上年末提高 3.07 个百分点。2016 年底开始，受计提资本及减值准备的影响，表外业务规模增速下行。资产规模与风险变动显著负相关，说明资产规模大的银行更容易调整组合资产，降低风险水平。资产规模与绩效变化显著正相关，说明资产规模大的银行更容易实现规模经济和范围经济，因而盈利能力也更强。

（2）资产流动性比率（LIQ）与风险变化（ΔRISK）、绩效变化（ΔPERF）均显著正相关。贷款是商业银行资产中风险最高的业务，存贷利差收入占到我国商业银行收入的七成以上，银行资产中贷款占比越高，面临的信用风险敞口越高，但净利息收入也更多。

（3）风险变动（ΔRISK）与资本充足率变化（ΔCAR）显著负相关，符合研究假设。外源融资（D）与资本充足率变化（ΔCAR）显著正相关，而绩效变化（ΔPERF）与资本充足率变化（ΔCAR）的正相关关系不显著。近年来商业银行频繁采用外源融资方式补充资本，这些方式在短期内大幅度提高了资本充足率。鉴于资本充足率的变化还受到附属资本变动的影响。我们在稳健性检验中，将资本水平代理变量替换成核心资本充足率，实证结果显示绩效变化（ΔPERF）与核心资本充足率的变动（ΔCCAR）显著正相关，盈利强的银行更容易通过留存收益提升核心资本充足率，说明我国商业银行的核心资本补充已经由过去主要依靠外源融资转向内外源融资并重。

（4）资本充足率变化（ΔCAR）与宏观经济短期波动（GDP）的负相关关系不显著。我们认为经济上行期信贷规模快速扩张和经济下行期信贷质量持续恶化成为资本消耗的重要因素，而这两大因素的周期性交替在一定程度上弱化了资本充足率的顺周期性。表6-4的实证结果显示银行资产组合风险变化（ΔRISK）与宏观经济短期波动（GDP）的负相关关系不显著，与前面的理论假设不符。我们在剔除风险代理指标的分母——表内资产规模变动的影响后，发现银行风险资产的变动与宏观经济波动的同步关系显著，即经济扩张期银行资产风险下降，而经济衰退期银行资产风险上升，由此验证银行风险符合顺周期演变规律。

资产净利率变化（ΔPERF）与经济短期波动（GDP）显著正相关，经济扩张期银行绩效改善，经济衰退期银行绩效恶化，符合银行盈利亲周期性的理论假说。

（5）资本监管制度的两次调整与资本充足率变化（ΔCAR）显著负相关，说明以提高资本充足率为核心的监管制度调整对银行资本充足率水平变化影响显著。我们在稳健性检验中将资本水平代理变量替换成核心资本充足率（CCAR），实证结果显示核心资本水平变化（ΔCCAR）与资本监管制度两次调整的负相关关系不显著。我国商业银行资本结构较单一，以核心资本为主，

2008—2015 年样本银行资本充足率均值为 12.49%，其中核心资本充足率均值高达 10.43%，因而资本监管标准趋严对核心资本充足率影响不大。

资本监管制度的调整与风险变化（ΔRISK）显著正相关，表明我国提高资本充足率要求未能促使商业银行降低资产风险，样本银行的风险加权资产比例由 2008 年初的 55.75% 增长至 2015 年底的 66.42%。银行风险持续上行还有一个重要影响因素，即中国经济进入下行周期，银行资产质量不断恶化，同时也说明资本监管制度的微观效果不仅取决于银行自身行为的调整，外部金融环境和经济周期的影响也很重要。

资本监管制度的调整与绩效变化（ΔPERF）显著负相关，资本对银行利润增速的刚性约束显现。

（6）货币政策调整（MP）与银行资本水平变化（ΔCAR）、银行经营风险变动（ΔRISK）和绩效变化（ΔPERF）显著正相关。我国商业银行最主要的风险资产是信贷，货币政策主要通过信贷渠道影响资本监管的效果。当银行实际资本充足率高于监管要求时，银行放贷受到资本约束的较少（邓翔、蒋坤宏，2014），信贷规模会随货币政策松紧而扩张、收缩，资本水平会同向变动，受到分母效应和信贷风险滞后性的影响，风险水平也会同向变动。

（7）非利息收入占比（NII）变化与绩效变化（ΔPERF）显著正相关，我国商业银行非利息收入主要来源于中间业务、投资和咨询活动，这类业务相比利息收入受经济波动的影响要小，更加稳定，所以对银行盈利水平提升效果明显，2008—2015 年样本银行非利息收入以年均 48% 的速度快速增长，有效地减轻了净利息收入增幅放缓对银行利润的影响。非金融企业负债率（DEBT）与银行风险变动之间有正相关关系，说明企业高负债风险开始向银行传递。

（8）资产净利率变化（ΔPERF）与资产风险变化（ΔRISK）正相关，没有表现出稳定和效率相互替代的特征，一定程度上反映了我国商业银行经营上的高风险、高收益特征。资本水平变化（ΔCAR）与资产风险变化（ΔRISK）显著正相关，说明监管机构希望通过提高资本充足率降低银行风险偏好的目标难以实现，资本充足为信贷扩张提供了前提，资本越充足的银行越有动力承担更高的风险。资本充足率变化（ΔCAR）与资产净利率变化（ΔPERF）显著负相关，我们认为可能是银行税前计提的超额贷款损失准备对净利润的影响。《商业银行资本管理办法（试行）》允许商业银行将超额贷款损失准备全额计入银行二级资本。数据显示虽然近三年商业银行的拨备覆盖率受到不良贷款激增的影响大幅下降，但贷款损失准备余额仍然保持 4% 左右的增速，以 2015 年底为例，商业银行释放了约 4000 亿元超额贷款损失准备进入二级资本。我们在稳健性检验中将资本水平变量替换成核心资本充足率时，实证结果显示式（6-15）中核心资本充足率变化（$\Delta CCAR$）与银行绩效变化（$\Delta PERF$）的负相关关系不再显著，说明超额贷款损失准备成为银行补充二级资本的重要渠道，这一结果也验证了之前的解释。

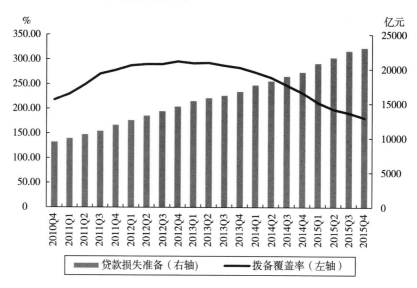

资料来源：中国银监会网站 www.cbrc.gov.cn。

图 6-1　2010—2015 年商业银行贷款损失准备和拨备覆盖率变化

表 6-4 中，CAR（-1）、RISK（-1）分别与 ΔCAR、$\Delta RISK$ 显著负相关，说明银行的资本与风险调整行为都有内生的稳定趋势。当期资本水平的调整受上一期资本水平高低的影响较大，与 Jokipii 等（2011）的研究结论一致。而银行风险调整受上一期风险水平的影响要小于资本水平。

6.5.2　稳健性检验

为了进一步检验回归结果的稳健性，我们分别通过替换被解释变量、任意删减样本银行家数重新进行回归，结果见表 6-5。通过比较表 6-5 与表 6-4 的回归结果，表 6-5 的回归结果显示各解释变量影响的方向性和显著性，与表 6-4 的回归结果基本一致，这说明表 6-4 的回归结果所揭示的各解释变量对资本充足水平、风险和绩效调整影响结论具有稳健性和可靠性。

表 6 - 5　　　　　　　　　　稳健性分析：变量和样本数量调整

解释变量	CAR 代理变量换成核心资本充足率 CCAR			任意删减 4 家样本银行		
	被解释变量			被解释变量		
	ΔCCAR	ΔRISK	ΔPERF	ΔCAR	ΔRISK	ΔPERF
ΔCCAR		0.1001*** (2.58)	-0.0708 (-0.59)		0.2490*** (5.59)	-0.5586*** (-4.60)
ΔRISK	-0.4710*** (-6.78)		0.6615*** (4.50)	-0.1966*** (-3.38)		0.0265 (0.68)
ΔPERF	0.1642*** (3.80)	0.0336 (1.31)		0.0095 (0.45)	0.0063 (0.34)	
SIZE	-0.0218 (-1.38)	-0.0179*** (-3.85)	0.0486*** (4.25)	-0.0009 (-0.37)	-0.0190*** (-8.01)	0.0671*** (6.59)
LIQ	0.0134 (0.14)	0.1931** (2.99)	0.1777 (0.59)	0.0346 (0.57)	0.2188** (4.19)	0.4129* (1.73)
GDP	-0.4379 (-0.58)	-0.2328 (-0.47)	7.9553*** (8.61)	-0.4469 (-0.85)	-0.2696 (-0.57)	7.1485*** (5.55)
MP	1.5709*** (3.19)	2.3123*** (6.11)	3.4984*** (4.96)	1.5646*** (3.08)	2.9897*** (10.27)	2.3912*** (3.22)
D	0.1061*** (7.22)			0.1605*** (22.06)		
DEBT		0.0211 (0.51)			0.0084 (0.16)	
NII			0.7806*** (3.41)			0.7321*** (4.83)
CCAR (-1)	-2.3996*** (-7.85)			-2.7276*** (-16.82)		
RISK (-1)		-0.6451*** (-8.86)			-0.7517*** (-9.57)	
PERF (-1)			-2.7222 (-0.67)			-2.9973 (-0.69)
REG$_1$	-0.0316 (-0.87)	0.0838*** (4.22)	-0.3498*** (-12.63)	-0.0890*** (-5.45)	0.0718*** (4.75)	-0.3505*** (-18.80)

续表

解释 变量	CAR 代理变量换成核心资本充足率 CCAR			任意删减 4 家样本银行		
	被解释变量			被解释变量		
	ΔCCAR	ΔRISK	ΔPERF	ΔCAR	ΔRISK	ΔPERF
REG₂	−0.0053	0.1586 ***	−0.5456 ***	−0.0955 ***	0.1348 ***	−0.5657 ***
	(−0.15)	(5.42)	(−17.34)	(−4.65)	(4.82)	(−32.16)
截距项	0.4199 ***	0.4002 ***	−0.4856 *	0.0975	0.4234 ***	−0.7819 ***
	(3.09)	(7.17)	(−1.83)	(1.48)	(8.67)	(−3.44)
N	320	320	320	320	320	320
AR (2)	0.351	0.721	0.078	0.832	0.917	0.061
Sargan	0.912	0.468	0.997	0.728	0.685	1.000

注：*、**、***分别表示10%、5%和1%的显著性水平，回归系数括号内为对应的参数标准差值。

6.6 简要结论及启示

我们以我国40家主要商业银行为研究对象，建立三个联立方程模型，对资本监管硬约束下银行资本水平、风险和绩效的变化特征及其影响因素进行分析。实证结果表明：（1）资产规模对银行资本调整没有影响，资产规模大的银行更容易利用规模优势控制风险、增加盈利。（2）我国商业银行资本充足率的变动未表现出顺周期特征，原因是银行以信贷为主的规模扩张方式在经济上行期和经济下行期都形成了资本消耗压力，弱化了银行资本的顺周期变化特征。（3）我国商业银行资本补充渠道已经由过去主要倚重于外源融资转向内外并重，股权融资和盈余留存同时成为银行一级资本补充的重要渠道，超额贷款损失准备成为银行二级资本补充的重要渠道。（4）商业银行面对资本监管压力的应对策略主要是增加资本来提高资本充足率，而非降低银行风险水平。在以存贷为核心业务和盈利主要来源的经营模式下，银行难以实现稳定和效率兼容，资本越充足的银行反而有更强的风险承担激励。（5）宏观经济波动对资本监管的效果具有重要影响，经济下行期银行资本水平同时面临供需两方面的压力，资本监管的微观效果面临严峻挑战。

当前中国经济增速放缓仍在持续，商业银行资本水平已经受到不良贷款率快速攀升和盈利大幅下降不利因素的共同影响，资本、风险和绩效三者关系在经济上行期的良性互动陷入下行期的恶性循环，如何破解商业银行的这一困局，根据前面的理论和实证分析，我们提出如下建议：

第一，资本补充策略从侧重一级资本转向侧重二级资本。过去商业银行主要依靠增资扩股、留存收益的方式补充一级资本，但目前一级资本补充的内源渠道受到利润下降的制约，而盈利不佳又进一步增加了外源融资的不确定性，商业银行的资本补充重点可以从一级资本转向二级资本。考虑到之前发行的不符合《商业银行资本管理办法（试行）》要求的次级债等工具的逐渐退出，二级资本的发行空间比较大。另外，鉴于目前国内商业银行的资本主要是一级资本，增加债务类工具的发行也有助于优化银行的资本结构。

第二，为实现资本与资产的长期动态平衡关系，要建立资本节约型业务增长模式。经济下行期商业银行存量贷款调整受到政府禁止"抽贷"和"压贷"的限制，新增贷款又面临中央银行逆周期信贷调控的增长压力，叠加实体经济信用违约风险顺周期变动带来的资本需求，商业银行难以建立逆周期资本缓冲机制，要实现资本与资产的长期动态平衡关系必须调整资产组合，唯有建立资本节约型的业务增长模式，才能降低资产组合中贷款占比。

第三，提高资本监管的效果要从外部强制约束转向内部自我约束。未来随着资产证券化的推广，商业银行将表内资产向表外转移，产品结构渐趋复杂，将形成内部交易市场，金融交易透明度下降，外部资本监管的难度加大，监管资本绩效更依赖于内部自我约束机制。我国已出台存款保险制度，银监会和央行共同制定银行"生前遗嘱"的规则，引导商业银行实现风险自我约束控制，化"被动的资本约束机制"为"主动的资本激励机制"。与此同时，政府要减少对银行经营行为的微观干预，才能打破市场和政府对银行隐性担保的预期，降低维护金融安全与稳定的社会成本。

第七章 贷款损失准备金制度的逆周期功能

7.1 我国的贷款损失准备金制度

7.1.1 我国现阶段实施的贷款损失准备金制度

贷款损失准备金作为银行风险管理过程中不可或缺的重要内容，是目前我国银行监管当局的一个监管重点。2011 年 5 月 3 日中国银监会颁发《中国银行业实施新监管标准的指导意见》（以下简称《指导意见》），明确规定"建立贷款拨备率和拨备覆盖率监管标准，其中贷款拨备率（贷款损失准备占贷款的比例）不低于 2.5%，拨备覆盖率（贷款损失准备占不良贷款的比例）不低于 150%，原则上按两者孰高的方法确定银行业金融机构贷款损失准备监管要求"。银行资产质量两个指标同时考核的监管制度创新，对提高中国银行业信贷资产质量的稳健性将起到重要作用。

拨备覆盖率的计算公式为：拨备覆盖率＝拨备余额/不良贷款余额。式中分母是不良贷款余额，当拨备覆盖率固定时，拨备余额取决于不良贷款余额。如果不良贷款余额多，提取的拨备就多，不良贷款少，提取的拨备就少。因为提取的拨备要计入当期费用直接影响利润，所以银行一般不会超额多提贷款损失拨备。从拨备覆盖率的计算公式，我们可以看出这个指标具有严重的顺周期性，当经济形势好时，企业违约率低、银行贷款质量高、不良贷款余额低、提取的拨备也就相应低些，但是在经济繁荣期，由于对未来持乐观预期，银行的信贷投放也会更加积极。如果经济由盛转衰，贷款质量下降，需要更多的拨备来吸收损失，但由于之前拨备计提不足，而经济下行期银行盈利水平也会同步降低，很容易导致风险爆发。

为了弥补拨备覆盖率指标顺周期性的缺陷，银监会在《指导意见》中还提出了贷款拨备率这个指标的计算要求，而它就具有逆周期性。贷款拨备率的计算公式为：拨备率＝拨备余额/贷款余额。式中分母是贷款余额，当拨备率固定时，拨备余额取决于贷款规模，贷款发放得越多，要提取的拨备余额也就越高，这个指标有良好的逆周期作用。当经济繁荣时，贷款质量好，用于应对贷款损失的拨备也可以减少，但由于经济上行，贷款投放规模增加，拨备余额就会随着贷款发放的增加而同步增加，这一期间银行盈利水平高，多提一点拨备对利润影响不大，所以银行无形中就把未来需要用的拨备提前计提得很充足了，如果经济形势不好，风险凸显，银行也能轻松应对了。

银监会出台的双指标控制法，可以较好地解决针对不同银行采取不同政策的问题。对于资产质量好、不良贷款率低的银行，就以贷款总量为衡量标准提取准备金，用于抵御不可预测的风险，而且以 2.5% 封顶；对于资产质量差、不良贷款率高的银行，以不良贷款率为衡量标准，不良贷款率越高，提取拨备越多，而且上不封顶（陈伟钢，2013）。因为拨备率 = 拨备覆盖率 × 不良贷款率，如果将拨备率锁定为 2.5%，拨备覆盖率锁定为 150% 时，不良贷款率则是一个确定的数，即 1.67%。此数据即可作为判断不良贷款率高低的参考标准。当不良贷款率低于 1.67% 时，只要拨贷比达标，拨备覆盖率肯定达标，因此不用考虑拨备覆盖率，只需提足 2.5% 拨贷比就行；当不良贷款率高于 1.67% 时，只要拨备覆盖率达标，拨贷比肯定达标，因此，不用考虑拨贷比，只要提足 150% 拨备覆盖率就行。贷款损失准备金制度的新标准自 2012 年 1 月 1 日开始实施，系统重要性银行于 2013 年底前达标；其他银行业金融机构在 2016 年底前达标；个别盈利能力较低、贷款损失准备补提较多的银行业金融机构在 2018 年底前达标。

2018 年 2 月 28 日，中国银监会印发《关于调整商业银行贷款损失准备监管要求的通知》，决定调整商业银行贷款损失准备监管要求。具体的调整内容为：拨备覆盖率监管要求由 150% 调整为 120%～150%；贷款拨备率监管要求由 2.5% 调整为 1.5%～2.5%。具体来看，拨备覆盖率和贷款拨备率标准将依据各银行的贷款分类准确性、处置不良贷款主动性和资本充足性三个方面予以确定。商业银行贷款损失准备监管标准由过去的静态固定指标过渡到区间幅度调整，不仅能释放商业银行的部分当期利润，还可以提高银行贷款风险管理的主动性。

7.1.2　我国贷款损失准备金计提方法的变迁

自我国 1988 年正式建立贷款损失准备金制度以来，贷款损失准备金的计提方法经历了按单一比例提取（1988—2000 年）、按贷款质量分类提取

(2001—2005 年)以及按贷款现值计量结果提取(2006 年至今)三个阶段。

1. 按单一比例提取

1988 年 7 月财政部颁布《关于国家专业银行建立贷款呆账准备金的暂行规定》(以下简称《暂行规定》),标志着我国贷款损失准备金制度的初步建立。《暂行规定》首次明确了贷款呆账认定的条件和范围、准备金计提的比例和方法、呆账核销的方法等内容。根据该规定,贷款呆账准备金按各类贷款年初余额的一定比例在年初分别按人民币计提。贷款划分为四类:工业、商业、建筑企业的流动资金贷款;农业、乡镇企业、私营企业和个体户贷款;进出口贸易和外汇贷款;固定资产贷款和技术改造贷款,计提比例分别为 1‰、2‰、1.5‰、2‰。计提的呆账准备金在当年的"营业外支出"科目下列示。

1992 年 7 月,财政部出台《关于修订〈关于国家专业银行建立贷款呆账准备金的暂行规定〉的通知》,对贷款呆账准备金计提的比例和方法做出修订。其中,不再对贷款进行分门别类,而是统一按年初贷款余额的一定比例在年初以人民币全额计提。1992 年计提比例为 5‰,从 1993 年起每年增加 1‰,当历年结转的税后准备金余额达到年初贷款余额的 1% 时,从该年度开始一律按 1% 的比例计提。

1993 年 2 月,财政部重新制定并发布《金融保险企业财务制度》,同年 3 月财政部与中国人民银行联合发布《金融企业会计制度》,这两个制度对我国的贷款呆账准备金计提方法进行了修订和完善,从制度上做出了正式规定,标志着我国贷款损失准备金制度的正式确立。两个制度均首次对抵押贷款发生损失时抵押品的处置方法做了说明,明确抵押贷款和拆放资金、委托贷款不提取呆账准备,并指出按贷款的本金损失计提呆账准备、利息损失计提坏账准备。前者按原值方法计提,后者按年末应收账款余额的 3‰ 提取。提取的呆账准备计入当期损益,并在资产负债表上作为贷款的减项单独反映,记为"贷款呆账准备"科目。

1998 年 1 月,财政部印发《关于修改金融机构应收利息核算年限及呆账准备金提取办法的通知》。其中规定呆账准备金由在年初计提更改为年末提取,并从成本中列支,当年核销的呆账准备金在下年予以补提。对金融企业实际呆账比例超过 1% 的部分,当年应全额补提呆账准备金,并做纳税调整。

2. 按贷款质量分类提取

2001 年 11 月,财政部颁布新的《金融企业会计制度》,其中将"贷款呆账"改为"贷款损失",并明确贷款损失准备包括专项准备和特种准备两种。

专项准备按照贷款五级分类结果足额计提，特种准备是对特定国家发放贷款计提的准备，二者的比例皆根据贷款资产的风险大小和可回收性确定。此外还有一般准备，是指在提取资产减值准备的基础上，用于弥补银行尚未识别的与风险资产相关的潜在可能损失。作为利润分配处理，是股东权益的组成部分，原则上不低于风险资产期末余额的 1%。

2002 年 4 月，中国人民银行印发《银行贷款损失准备计提指引》，从贷款损失准备的分类、计提范围、方法和比例等方面做出了具体的规定，是我国首个针对贷款损失准备金颁布的详细具体的正式文件。

表 7 – 1　　　　　　　　　　贷款损失准备金分类计提标准

计提方法	各银行应当谨慎、合理估计贷款可能发生的损失，及时计提贷款损失准备。贷款损失准备由银行总行统一计提。外资银行在我国境内设立的分行可由其总行统一计提一般准备，由分行分别计提专项准备。损失准备提取不足的，不得进行税后利润分配
计提范围	贷款（包括抵押、质押、保证等贷款）、银行卡透支、贴现、银行承兑汇票垫款、信用证垫款、担保垫款、进出口押汇、拆出资金等
准备金的分类	包括一般准备、专项准备和特种准备
计提比例	各银行应按季度计提一般准备，一般准备年末余额应不低于年末贷款余额的 1%。银行提取的一般准备，在计算银行的资本充足率时，纳入银行附属资本。 各银行可参照以下比例按季度计提专项准备：关注类贷款为 – 2%；次级类贷款为 – 25%；可疑类贷款为 – 50%；损失类贷款为 – 100%。其中，次级类贷款和可疑类贷款的计提比例可以上下浮动 20%。 特种准备由银行根据不同类别（如国别、行业）贷款的特殊风险情况、风险损失概率及历史经验，自行确定按季度计提比例
监管要求	各银行应以贷款风险分类为基础，建立审慎的贷款损失准备制度，包括贷款风险识别制度、贷款损失准备的评估制度和贷款损失核销制度。 各银行应根据中国人民银行的要求，定期报送贷款质量五级分类、贷款损失准备计提及损失贷款核销的情况

资料来源：中国人民银行《银行贷款损失准备计提指引》（2002 年）。

我们选择六家样本银行：中国工商银行、中国银行、招商银行、兴业银行、宁波银行和北京银行，分别代表国有大型银行、全国性股份制银行和城市商业银行三类银行，通过分析上述银行 2011 年的年度报告，横向对比各家银行贷款损失准备计提实施的具体方法。

表7-2　　　　我国商业银行贷款分类与减值准备的计提方法

银行	贷款分类办法	资产减值准备计提方法
工商银行	在五级分类的基础上对公司类贷款实施十二级内部分类体系（其中，正常类贷款细分为4级，关注类贷款细分为3级，次级类贷款细分为2级，可疑类贷款细分为2级，损失类贷款仍为1级），对个人信贷资产质量实施五级分类管理	在资产负债表日对贷款的减值损失进行评估。对于单项金额重大的贷款采用个别方式进行减值测试，对于单项金额不重大的贷款包括在具有类似信用风险特征的贷款组合中进行减值测试，未来现金流量的估算是参考与该资产组合信用风险特征类似的金融资产的历史损失经验。
中国银行	实施基于PD（违约概率）模型的客户信用评级系统。根据计算得到的违约概率值，通过相关的映射关系表，得到客户的风险评级。本行将客户的信用级别划分为A、B、C、D四大类，并进一步划分为AAA级、AA级、A级、BBB+级、BBB级、BBB-级、BB+级、BB级、BB-级、B+级、B-级、CCC级、CC级、C级、D级十五个信用等级。D级为违约级别。五级分类和信用评级根据权限由总行和一级分行认定。对中国内地公司类贷款实施十三级风险分类。对本行海外业务，若当地适用规则更严谨，则按当地规则及要求进行信贷资产分类	如果没有客观证据表明贷款存在减值情况，一并进行组合减值计量。当有客观证据表明金融资产因在其初始确认后发生的一项或多项损失事件而发生减值，且对预计未来现金流量产生的影响能可靠估计时，认定该金融资产已发生减值并确认减值损失，并计提减值准备。损失数额以贷款账面金额与按原来实际利率折现的估计未来现金流量的现值之间的差额计量。在估计有抵押品贷款的未来现金流量的现值时，应按若变现抵押品可能产生的金额减去在没收及出售抵押品时产生的成本而产生的现金流量计算。减计的金额确认为资产减值损失（贷款损失减值），计入利润表。资产的账面价值应通过减值准备科目减计至其预计可收回金额，减计金额计入当期损益。
招商银行	采用以风险为本的贷款分类方法，贷款以七级分类为基础，进行内部细化的风险分类管理（优秀、优良、一般关注、特别关注、次级、可疑及损失）	当贷款及应收款项无法收回时，应核销相应的减值准备。在所有必需的程序已完成且损失金额已确定后，该资产才会被核销。对于已核销但又收回的金额，应计入当期损益中以冲减当期计提的贷款减值准备。
兴业银行	制定了《信贷资产风险分类实施办法》《信贷资产风险分类实施标准》等制度，督促分行及时根据项目真实风险状况调整信贷资产风险分类。在五级分类的基础上，将信贷资产风险分为九级，分别是正常一级、正常二级、正常三级、关注一级、关注二级、关注三级、次级、可疑、损失	在提取资产减值准备的基础上，设立一般风险准备用于弥补银行尚未识别的与风险资产相关的潜在可能损失。提取的一般准备计入当期利润分配，并于资产负债表日在股东权益项下列示。一般准备余额最低为风险资产年末余额的1%。

续表

银行	贷款分类办法	资产减值准备计提方法
宁波银行	在五级分类的基础上实施十级分类制度，把贷款分为正常类（包括正常＋、正常和正常－）、关注类（包括关注＋、关注和关注－）、次级类（包括次级＋和次级－）以及可疑类、损失类	信贷资产减值准备按照单项评估和资产组合评估两种方法计提。公司类不良贷款及垫款采用单项评估方法计提准备，对于正常类和关注类公司贷款及个人贷款采用资产组合评估方法计提准备。
北京银行	根据贷款分类原则进行分类，并按照银监会规定将贷款分类为次级及其以下级别的贷款确认为不良贷款	本行对损失类公司贷款计提准备比率为100%

资料来源：上述各家银行 2011 年年报。

　　由表 7 - 2 可看出，各银行对于贷款资产减值的评估都以单项评估和组合评估两种方式进行，并统一采用了未来现金流量折现法确认减值损失。在贷款分类管理上，各银行在五级分类的基础上，针对不同类型的贷款又进行了细分。

表 7 - 3　　　　　　　　　我国商业银行贷款损失准备计提比例

银行名称	贷款损失准备计提比例					
	一般准备（％）	专项准备（％）				
		正常	关注	次级	可疑	损失
人民银行参照值	1	—	2	25	50	100
中国工商银行	1	—	2	20	50	100
中国银行	1	（未披露）				
招商银行	1.378	1.5/1①	2	35	65	100
兴业银行	1	—	2	25	50	100
宁波银行	（不计提）	1	2	10.96	50	100
北京银行	1	（未披露）				100

资料来源：各银行 2004 年年报（宁波银行为 2006 年年报，北京银行为 2009 年年报）。

　　3. 按贷款现值计量结果提取

　　2005 年 8 月，财政部发布《金融工具确认和计量暂行规定（试行）》（以下简称《暂行规定》）。《暂行规定》指出上市银行的金融资产发生减值时，应

---

①　贷款计提比例为 1.5%，贴现为 1%。

当将该资产的账面价值减计至可收回金额，减计的金额确认为资产减值损失。可收回金额通过对该资产的未来现金流量按实际利率折现确定，并考虑相关担保物的价值。这项突破性的改革要求以未来现金流量折现法确定贷款减值额度，更加注重反映贷款当前的内在价值，标志着我国贷款拨备制度的不断成熟与完善和准备金计提观念的与时俱进。2006 年 2 月，财政部颁布《企业会计准则第 22 号——金融工具确认和计量》，对《暂行规定》里的要求进行正式规定，要求上市公司自 2007 年 1 月 1 日起全面实施。

2007 年 9 月银监会发布《关于银行业金融机构全面执行〈企业会计准则〉的通知》，规定银行业金融机构按时间表全面执行新企业会计准则。这表明银监会与财政部统一思想，提高银行业监管水平。另外，银监会还要求银行业健全贷款减值评估体系、完善贷款风险管理。本书所选的六家银行均被要求从 2007 年开始使用现金流折现法。从年报上来看，国有大型银行和股份制银行均只在 2004 年年报上对各类贷款的计提比例进行了披露。宁波银行 2008 年以后的年报、北京银行 2009 年以后的年报不再对此进行披露。需要指明的是，不对各类贷款按比例计提减值损失，并不是不再对贷款进行分类管理。2011 年各银行仍然在五级分类的基础上对贷款进行质量管理。

为了增强减值准备计提的操作性和可比性，2010 年银监会发布《中国银监会办公厅关于明确贷款损失一般准备计算标准的通知》，明确了关于计入附属资本的贷款损失一般准备的计算标准和关于非现场监管相关报表中贷款损失一般准备的填报口径。

中国银监会 2012 年 6 月颁布了《商业银行资本管理办法（试行）》，允许商业银行将超额贷款损失准备[①]计入银行资本，但不得超过信用风险加权资产的 1.25%（采用权重法计量信用风险加权资产）或 0.6%（采用内部评级法计量信用风险加权资产）。

4. 评述

目前国内银行的贷款拨备提取主要依赖银行内部数据，只是对已出现减值贷款进行计提，对信贷风险进行事后弥补。计提方法也过于简单和笼统，缺乏动态性和逆周期性。因此借鉴国际经验，改革贷款损失准备金计提方法十分必要。我国贷款损失准备制度发展至此，形成了财政部、中国人民银行和银保监会三足鼎立的局面。中国人民银行和财政部同为国务院组成部门，银保监会为

---

① 超额贷款损失准备是指商业银行实际计提的贷款损失准备超过最低要求的部分。贷款损失最低要求指 100% 拨备覆盖率对应的贷款损失准备和应计提的贷款损失专项准备两者中的较大者。

国务院部级直属事业单位。三者颁布的规章制度略有重合，又各有侧重。其中财政部侧重于制定准备金计提的会计准则和税收规则，人民银行侧重于准备金计提的细则和标准，银保监会主要负责制定监管标准和监管措施。这种"三权分立"的局面虽然促进了我国贷款损失准备金制度的快速发展，也带来了不少问题：各部门责任分工不明确，容易造成管理真空和互相推诿等问题。银行监管者从银行安全的角度出发希望银行尽量多提准备，但会计政策制定者则从会计信息的真实性和可靠性出发，要求贷款损失准备金既不能提得过高也不能提得过低，应当如实反映贷款价值。另外，本阶段未来现金流折现法的运用虽与时俱进、实现了与国际标准接轨，但同时也对我国银行业管理人员的专业素养和操作水平提出了挑战。

7.1.3　启动逆周期监管，下调贷款损失准备监管要求

这些年，中国银监会一直在监管实践中应用逆周期监管手段，对拨备覆盖率、资本充足率及流动性比率等指标进行动态调节。在经济扩张、银行盈利较好时期适当收紧信贷，加强监管，以防助推经济泡沫的滋长；而在经济衰退、银行经营恶化时期适当宽松，降低监管标准，推动经济发展。2013年开始随着我国银行业整体不良资产规模的上升，银行的拨备覆盖率指标快速下滑。银监会网站公布的数据显示，截至2016年第三季度，商业银行不良贷款率已经连续13个季度增长，截至2017年第四季度末，商业银行不良贷款余额为1.7057万亿元，不良贷款率为1.74%，拨备覆盖率为181.42%。从各家银行公布的财务报告来看，其中工商银行2016年底和2017年中，拨备覆盖率均已低于150%的监管红线，分别为136.69%和145.81%，其他几家大型银行的拨备覆盖率也已接近监管红线（见表7-4）。2018年2月28日，中国银监会发布了《关于调整商业银行贷款损失准备监管要求的通知》，该通知"调整商业银行贷款损失准备监管要求，拨备覆盖率监管要求由150%调整为120%～150%，贷款拨备率监管要求由2.5%调整为1.5%～2.5%"。这次贷款损失准备监管要求的下调力度很大，下调的主要原因是当前商业银行表外资产回表后，相当多的资产需要银行补充资本金，同时在当前经济放缓、结构调整阵痛期大环境下，下调拨备覆盖率有助于银行释放拨备资源，加大处置不良贷款，也践行了拨备覆盖率"以丰补歉"的逆周期管理原则，表明监管层开始启动逆周期监管政策。

表7-4　　　　　　　　主要银行拨备覆盖率和拨贷比指标

银行名称	拨备覆盖率（%）		拨贷比（%）	
	2017年中报	2016年年报	2017年中报	2016年年报
中国工商银行	145.81	136.69	2.28	2.22
中国建设银行	160.15	150.36	2.42	2.29
中国银行	152.46	162.82	2.10	2.38
中国农业银行	181.80	173.40	3.99	4.12
交通银行	151.02	150.50	2.28	2.29
招商银行	224.69	180.02	3.84	3.37
中国邮政储蓄银行	288.65	271.69	2.37	2.37
中信银行	152.97	155.50	2.53	2.62
上海浦东发展银行	154.21	169.13	3.23	3.19
中国民生银行	153.33	155.41	2.58	2.62
兴业银行	222.51	210.51	3.57	3.48
中国光大银行	152.17	152.02	2.41	2.43
平安银行	161.32	155.37	2.84	2.71
华夏银行	157.63	158.73	2.65	2.65
北京银行	237.03	256.06	3.03	3.55
江苏银行	181.33	180.56	2.60	2.59
上海银行	259.06	255.50	3.01	3.00
浙商银行	249.17	259.33	3.45	3.44
渤海银行	197.74	181.59	3.36	3.06
上海农村商业银行	283.58	237.58	2.64	2.86
南京银行	450.19	457.32	3.89	3.99
宁波银行	398.52	351.42	3.62	3.21
重庆农村商业银行	425.14	428.37	4.12	4.10
徽商银行	273.21	270.77	2.90	2.90
厦门国际银行	322.43	331.14	2.12	2.32
盛京银行	166.73	159.17	2.54	2.78
杭州银行	184.89	186.76	2.98	3.03
哈尔滨银行	168.49	166.77	2.77	2.55
天津银行	200.18	193.56	2.92	2.87
锦州银行	300.33	336.30	3.17	3.84

续表

银行名称	拨备覆盖率（%）		拨贷比（%）	
中原银行	213.52	207.09	3.94	3.85
重庆银行	213.89	293.35	2.68	2.80
成都银行	158.59	155.35	3.27	3.43
天津农村商业银行	175.69	177.57	4.33	4.38
长沙银行	249.84	263.05	2.84	3.13
兰州银行	200.54	192.68	3.55	3.42
华融湘江银行	155.46	152.65	2.42	2.27
郑州银行	208.84	237.38	2.88	3.11
昆仑银行	238.56	256.62	3.65	4.40
苏州银行	204.18	186.65	2.99	2.78
江西银行	200.07	210.94	3.60	3.55
贵阳银行	251.51	235.19	3.67	3.33

从表 7-4 的数据可以看出，城市商业银行、农村商业银行的拨备覆盖率水平普遍高于同期全国性股份制银行和大型国有控股银行。

7.2　动态贷款损失准备金制度在我国的实施

为推动中国银行业实施国际新监管标准，增强银行体系稳健性和国内银行的国际竞争力，2011 年 5 月，银监会制定了《中国银行业实施新监管标准的指导意见》（以下简称《指导意见》）。《指导意见》提出建立动态调整贷款损失准备金制度，监管部门将根据经济发展不同阶段、银行业金融机构贷款质量差异和盈利状况的不同，对贷款损失准备监管要求进行动态化和差异化调整；经济上行期适度提高贷款损失准备要求，经济下行期则根据贷款核销情况适度调低；根据单家银行业金融机构的贷款质量和盈利能力，适度调整贷款损失准备要求。自 2012 年 1 月 1 日起开始实施，系统重要性银行应于 2013 年底达标；对非系统重要性银行，监管部门将设定差异化的过渡期安排，至少应在 2018 年底前达标。

为加强审慎监管，提升商业银行贷款损失准备的动态性和前瞻性，控制商业银行 2009—2010 年信贷投放狂热的负面影响，增强商业银行风险防范能力，银监会于 2011 年 7 月出台《商业银行贷款损失管理办法》，标志着我国动态拨备制度的正式建立。银行业监管机构设置贷款拨备率和拨备覆盖率指标考核商业银行贷款损失准备的充足性。贷款拨备率为贷款损失准备与各项贷款余额之比；拨备覆盖率为贷款损失准备与不良贷款余额之比。贷款拨备率基本标准为2.5%，拨备覆盖率基本标准为150%。该两项标准中的较高者为商业银行贷款损失准备的监管标准。银行业监管机构依据经济周期、宏观经济政策、产业政策、商业银行整体贷款分类偏离度、贷款损失变化趋势等因素对商业银行贷款损失准备监管标准进行动态调整。银行业监管机构依据业务特点、贷款质量、信用风险管理水平、贷款分类偏离度、呆账核销等因素对单家商业银行应达到的贷款损失准备监管标准进行差异化调整。

2012 年财政部印发《金融企业准备金计提管理办法》（该办法自 2012 年7 月 1 日起施行，以下简称"新管理办法"），2005 年印发的《金融企业呆账准备提取管理办法》（以下简称"旧管理办法"）同时废止。与"旧管理办法"相比，"新管理办法"最大的调整之处是要求金融企业运用动态拨备原理计提准备金。规定"金融企业运用动态拨备原理，采用内部模型法或标准法计算风险资产的潜在风险估计值后，扣减已计提的资产减值准备，从净利润中计提的、用于部分弥补尚未识别的可能性损失的准备金"。动态拨备是金融企业根据宏观经济形势变化，采取逆周期计提拨备的方法，即在宏观经济上行周期、风险资产违约率相对较低时多计提拨备，增强财务缓冲能力；在宏观经济下行周期、风险资产违约率相对较高时少计提拨备，并动用积累的拨备吸收资产损失的做法。"新管理办法"所称的内部模型法，是指具备条件的金融企业使用内部开发的模型对风险资产计算确定潜在风险估计值的方法；标准法是指金融企业根据金融监管部门确定的标准对风险资产进行风险分类后，按财政部制定的标准风险系数计算确定潜在风险估计值的方法。同时"新管理办法"还将金融企业从净利润中提取的一般准备比例由此前的 1% 提高至 1.5%。

自 2011 年 GDP 增速从双位数降为单位数后，根据银监会网站公布的数据，我国商业银行不良贷款率开始逐季上升，从 2011 年末的 1.00% 上升到2016 年第三季度的 1.76%，之后持续 5 个季度维持在 1.74% 的水平。而同期拨备覆盖率呈现下降趋势，从 2011 年末的 278.1% 下降至 2017 年末的181.42%，拨备覆盖率下降反映出我国商业银行在不良贷款余额上升的压力下，计提的贷款损失准备没有同步增加。

我国的动态贷款损失准备金制度原则上讲还是保持了贷款拨备计提的"已发生模型"，没有对预期损失计提拨备，缺乏前瞻性。应考虑通过有效经济周期数据的积累逐步建立可靠的贷款潜在损失的计提模型，逐步实现"规则"和"监管"的结合，增强贷款拨备监管的有效性。

7.3 银行贷款损失准备金计提顺周期效应的实证分析

7.3.1 文献综述

国外研究认为贷款损失拨备具有很强的顺周期性。Borio、Furfine 和 Lowe（2001）以 1980—1990 年 10 个 OECD 发达国家为例，发现银行信贷风险拨备显示出很强的顺周期性。银行计提的拨备金额与经济周期呈很强的负相关性。在经济扩张时期，信用风险相对较小，此时银行的盈利能力较强，会相对少计提贷款损失拨备，更多的利润被分配掉，而当经济衰退来临时，一般贷款损失会增加，但由于在经济高点期计提的拨备相对较少，导致缺乏拨备来吸收现实的损失，同时由于过度悲观，也会低估贷款质量，想加大计提损失拨备，最终表现为贷款损失拨备的顺周期波动。其结果之一就是银行资本受到侵蚀，长期抗风险能力下降，影响了银行的稳定性。

William C. Handorf 和 Lili Zhu（2006）指出美国的银行贷款损失拨备具有顺周期性，但不同大小的银行所表现出来的特征并不一样。中等大小的银行更具有前瞻性，存在收入平滑行为，而小银行和大型银行则具有更明显的顺周期性。Laeven 和 Majnoni（2003）、Bikker 和 Metzemakers（2005）、Bouvatier 和 Lepetit（2008）以及 Borio（2004）等对 OECD 国家和欧洲的实证研究都表明贷款损失拨备与经济周期呈负相关关系，银行信贷损失拨备有很强的顺周期性。Gabriel Jimenez（2005）用实证检验了快速的信贷增长与随后的不良资产率呈正相关关系。同时还估计出信贷高峰与不良资产高峰之间存在 4 年左右的滞后期，因此长期所有者常为短期经营者的短视付出代价。

孙天琦、杨岚（2005）指出中国部分机构逻辑上存在利用贷款损失准备金操纵利润的可能。Bikker 和 Metzemaker（2005）指出拨备的利润平滑可以减缓其顺周期性的冲击。

7.3.2 指标选择与样本来源

为了检验银行拨备计提是否受到经济周期和利润压力的影响，我们建立以下动态面板模型：

$$\text{LLP}_{it} = \alpha + \beta_1 \text{LLP}_{l,t-1} + \beta_2 \text{ROA}_{i,t} + \beta_3 \text{LOAN}_{i,t} + \beta_4 \text{GDP}_t + \mu_{i,t} \quad (7-1)$$

其中，$\text{LLP}_{i,t}$ 是 i 银行在 t 时期的贷款拨备率（以下简称拨贷比），即提取的贷款损失准备金占银行贷款余额的比率。$ROA_{i,t}$是i银行在t时期的总资产净利率，它反映i银行在t时期的盈利能力，因为计提的贷款损失准备金计入费用，所以会对净利润形成负面冲击，因此理论上$ROA_{i,t}$系数应为负。考虑到拨贷比计提有不低于2.5%的要求，当贷款余额增长时，需要计提的贷款损失准备金就会多，因而模型的解释变量增加了贷款增速，$LOAN_{i,t}$是i银行在t时期的贷款增长率。GDP_t是国内生产总值增长率，是宏观经济周期变动的代理指标，如果拨贷比与GDP增长显著负相关，那么我们就可以认为样本银行贷款损失准备金的计提行为有顺周期特征。由于贷款损失准备金的提取是一个连续动态的过程，上一期提取的贷款损失准备金余额会对下一期应该新增或减少提取的贷款损失准备金额产生影响，因而模型中引入拨贷比滞后一期的变量。

我们选择国内19家商业银行作为样本银行，它们分别是工商银行、中国银行、建设银行、交通银行四家大型国有控股银行，招商银行、民生银行、兴业银行、华夏银行、中信银行、浦发银行、平安银行、光大银行八家全国性股份制银行，北京银行、南京银行、宁波银行、重庆银行、天津银行、杭州银行、上海银行七家城市商业银行，样本期为2008—2016年。

7.3.3 实证过程与结论分析

在动态面板数据模型中，由于因变量滞后项作为解释变量，可能导致解释变量与随机扰动项相关，且模型具有横截面相依性。因而传统估计方法进行估计时必将产生参数估计的有偏性和非一致性，从而使根据参数而推断的经济学含义发生扭曲。Arellano和Bond（1991）指出GMM估计能够很好地解决上述问题。

对于动态面板数据模型，其估计的前提条件是要求面板数据必须是平稳的，否则可能导致"伪回归"结果。我们先对各变量序列的水平值进行单位根检验，根据不同检验方法的结果采取少数服从多数的原则，从表7-5的结果可知，四个变量的水平值序列均平稳。

表7-5   变量的单位根检验结果

	LLC	IPS	ADF	PP
LLP	-6.39820***	-0.22966	53.8354**	58.0968**
ROA	-10.7592***	-3.15873***	76.4632***	51.8135*
LOAN	-8.40592***	-1.98977**	56.3770**	48.8720
GDP	-29.4656***	-4.31552***	142.027***	63.8583***

注：*、**、***分别表示10%、5%和1%的显著性水平。

下面，我们就直接应用 EViews 软件，用广义矩阵估计（GMM）方法进行参数估计，以拨贷比 LLP 为被解释变量，以拨贷比 LLP 滞后一期、盈利水平 ROA、贷款增速 LOAN 和宏观经济增长 GDP 为解释变量，得出的估计结果如表 7-6 所示，所有解释变量全都通过了 t 检验，各变量的显著性良好。对回归结果进行 Sargan 检验，得到 J 统计量的值为 15.22813，计算 Sargan 检验的 p 值：$p-value$ 等于 0.435113，Sargan 检验通过，说明工具变量的设置是有效的。

表 7-6　　　　　　　　　　　GMM 估计结果

	Coefficient	Std. Error	t – value	t – prob
LLP（-1）	0.630252	0.131457	4.794345	0.0000
ROA	-0.813678	0.258789	-3.144175	0.0021
LOAN	-0.017332	0.002270	-7.634528	0.0000
GDP	-0.035752	0.021393	-1.671192	0.0971

从表 7-6 的估计参数来看，银行当年拨贷比的水平与前一年的拨贷比显著正相关，如果上一年拨贷比计提了 1%，则当年拨贷比将提高 0.63%，且在 1% 的水平下显著。由此可见，银行拨贷比的计提是一个动态的连续过程。因此，应用动态面板数据模型比静态面板数据模型更科学。

银行拨贷比与银行总资产净利率之间存在显著的负相关关系，说明在银行盈利好的时期，银行并没有多提贷款损失准备金。拨贷比与贷款增速也呈负相关，说明银行并没有在贷款快速增长时同步多计提未来可能需要的贷款损失准备金。拨贷比与 GDP 增速负相关，GDP 增长快的时期是经济繁荣期，银行信贷资产质量高，因而计提的贷款损失准备金就少。说明我国商业银行贷款损失准备的计提存在明显的顺周期行为。

现在我们把式（7-1）中的因变量替换成贷款拨备覆盖率，解释变量中因变量的滞后一期替换为贷款拨备覆盖率的滞后一期，由于拨备覆盖率还受到不良贷款规模的影响，因而在原有解释变量的基础上增加不良贷款余额（取自然对数），用 GMM 方法进行回归，结果见表 7-7。所有解释变量全都通过了 t 检验，各变量的显著性良好。对回归结果进行 Sargan 检验，得到 J 统计量的值为 16.0538，计算 Sargan 检验的 p 值：$p-value$ 等于 0.3785，Sargan 检验通过，说明工具变量的设置是有效的。

表 7 – 7   **GMM 估计结果**

	Coefficient	Std. Error	t – value	t – prob
LLP （-1）	0.755633	0.019723	38.31227	0.0000
ROA	-62.71403	24.82941	-2.525797	0.0128
LOAN	-1.186440	0.090556	-13.10167	0.0000
GDP	30.95621	1.263502	24.50033	0.0000

由表 7 - 7 可知，贷款拨备覆盖率的当期值与上一期值也存在较高的正相关关系，因为上一期的不良贷款余额会直接影响本期贷款损失准备金的计提规模。拨备覆盖率与银行资产净利率显著负相关，因为贷款拨备覆盖率指标中计提的贷款损失准备金列入税前费用，直接影响净利润，因而与盈利指标负相关。贷款拨备覆盖率与贷款增速负相关，说明在贷款投放的高峰期，银行并没有同步增加贷款损失准备金的计提。贷款拨备覆盖率与不良贷款规模显著负相关，根据贷款拨备覆盖率的计算公式，不良贷款余额是拨备覆盖率的分母，因而有负相关关系。贷款拨备覆盖率与 GDP 增速也显著负相关，说明在经济繁荣期，银行信用风险低，不良贷款余额低，但商业银行并没有因此多计提贷款损失准备金，说明我国样本银行贷款拨备计提的顺周期效应依然明显。由于拨备覆盖率这个指标的计算公式本身就有顺周期性，以拨备覆盖率为因变量的实证结果得到顺周期效应也就不足为奇。问题是当拨贷比为因变量时，实证结果也为顺周期性就有点匪夷所思。银监会正是为了弥补拨备覆盖率这一指标的顺周期性特征，增加了拨贷比这一指标的要求，但我们从样本银行 2008—2016 年拨贷比均值的序列数据来看，贷款增速最快的 2009 年拨贷比为 2.05%，为样本年份中最低，拨贷比也只是从 2015 年开始才高于 2.5% 的监管要求（见图 7 - 1），说明银监会 2011 年提出的拨贷比的监管要求在经济下行期才得到商业银行的重视，因而可以认为我国目前商业银行贷款损失准备金的计提并不具备逆周期特征。其中还有一个原因是 2011 年发布的《商业银行贷款损失准备管理办法》中拨贷比将拨备总量和表内信贷规模挂钩，这个监管考核指标意味着银行以往通过做大资产规模保利润的传统策略将不再有效，因此 2012 年《商业银行贷款损失准备管理办法》实施后，很多银行开始把部分新增信贷留在表外，绕过了拨贷比指标的监管考核。同时也说明，在以实现损失为计提贷款损失准备金制度下，运用拨备率和拨备覆盖率双指标控制，也难以有效解决贷款拨备计提的顺周期问题。虽然拨贷比的监管要求是 2012 年开始实施，但系统重要性银行于 2013 年底前达标；其他银行业金融机构在 2016 年底前达

标；个别盈利能力较低、贷款损失准备补提较多的银行业金融机构在 2018 年
底前达标。

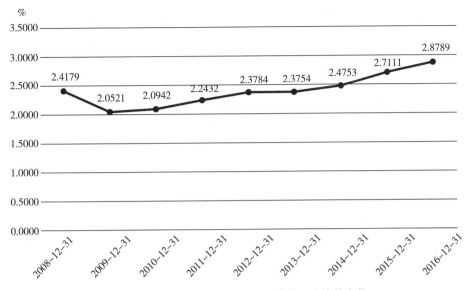

图 7 - 1　2008—2016 年样本银行拨贷比均值的变化

第八章　银行动态拨备制度的国际实践

8.1　动态拨备制度的产生及其原理

8.1.1　动态拨备制度的产生及其发展

2008 年国际金融危机的爆发引发了对银行信贷行为顺周期问题的关注，后顾型（Backward – looking）贷款损失拨备制度被认为是加剧银行顺周期行为的原因之一。传统的后顾型贷款损失拨备制度，基于已发生的损失，贷款损失准备金的计提呈现出经济繁荣时下降，经济衰退时上升的特点，扭曲了银行利润和放贷能力。为缓解顺周期性所导致的金融体系波动，动态拨备制度通过一个完整周期实现拨备计提的分散，进而实现金融机构准备金的充足与顺周期性的弱化。动态拨备法是将准备金提取标准与经济和信贷周期相结合，要求银行在经济繁荣和贷款高增长时期多计提贷款拨备，以应对未来可能发生的损失；而在经济下滑时适当降低拨备要求，有利于银行提供贷款，以支持经济复苏。

2009 年 G20 领导人峰会、金融稳定理事会以及巴塞尔委员会均建议改进贷款损失准备金计提方法，建立逆周期的前瞻性计提方法。2010 年 9 月巴塞尔委员会通过的《巴塞尔协议Ⅲ》，主要目标是提高银行业在任何金融或经济压力下吸收损失的能力，降低金融部门对实体经济的溢出效应，其中一项重要措施就是推动实施动态拨备制度。巴塞尔委员会通过三项措施促进更稳健的拨备做法，包括将资产减值会计标准改为基于预期损失的计量方法，对预期损失计量方法实施有效的监管，以及制定监管资本框架中强化拨备的激励机制。

国际会计准则理事会（International Accounting Standards Board，IASB）于2009 年底公布了金融资产预期损失标准的提案，建议采用基于预期损失的办法来取代基于已损失的会计处理办法，使用该方法能够在资产的生命周期里及早确认预期损失，不再需要客观减值证据或损失事件的发生，并且预期损失的任何变化都能得到及时确认。与已发生损失模型对损益的影响相比，当预计到损失时，采用本提案所引入的现金流模型能够更准确地反映损益。2016 年 6 月 16 日，美国财务会计准则委员会（Financial Accounting Standards Board，FASB）发布会计准则更新（Accounting Standards Updates，ASU），要求及时记录金融机构和其他机构持有的贷款和其他金融工具的信用损失。新的指引促使会计与贷款经济性相一致，要求银行和其他贷款机构立即记录其贷款组合中预期的全部信贷损失，为投资者提供更加及时的损失信息。金融资产的所有预期信贷损失均以历史经验、现状、合理的和可支持的预测为依据。金融机构现在将使用前瞻性信息以便更好地了解其信贷损失估计。

西班牙是第一个明确实施动态拨备制度的国家，自 2000 年实施以来已经有 18 年的经验，西班牙的动态拨备制度也引起了各国监管层和国际金融组织的广泛关注和讨论。其实，除西班牙外，已实施动态拨备的国家还包括乌拉圭（2001 年）、哥伦比亚（2007 年）、秘鲁（2008 年）、玻利维亚（2008 年）等，且各国的实施模式以及实施效果都具有一定的差异性。我国银行的贷款损失拨备改革比较滞后，虽然财政部在 2012 年颁布了《金融企业准备金计提管理办法》（以下简称《管理办法》），要求国内银行运用动态拨备原理，采用内部模型法或标准法计算风险资产的潜在风险估计值后，扣减已计提的资产减值准备，从净利润中计提的、用于部分弥补尚未识别的可能性损失的准备金，但《管理办法》并没有给出各家银行计提动态拨备的经济周期参考指标。

8.1.2　动态拨备制度的原理：基于预期损失

动态拨备制度是基于对贷款预期损失的前瞻性估计，在经济运行的不同阶段，要求商业银行采取"以丰补歉"的方式逆周期计提贷款损失拨备，以达到弱化顺周期的目的。其基本原理是鼓励银行在经济繁荣时多提取贷款损失拨备，为将来可能发生的损失提供必要的缓冲，以提高未来的风险抵御能力；在经济衰退时，银行可以运用前期积累的动态拨备以吸收不良贷款损失，减少信贷收缩，平滑银行利润和经济周期波动对银行贷款行为的冲击。

下面我们基于预期损失模型，使用简化的资产负债表和利润表比较后顾型拨备和动态拨备两种贷款损失准备计提方法，说明动态拨备的工作原理和优越性。假设如下：某银行每年贷款总额为 100 个货币单位，净利息收入为贷款的 5%。假定贷款总额和利息收入都不受经济波动的影响，以考察在其他条件不变下动态拨备的作用机制。假设考察周期为 7 期，其中 T1、T2、T6、T7 为经济上升期，没有发生贷款损失；T3、T4 和 T5 为经济下滑期，发生的贷款损失分别为 4 个、5 个、3 个货币单位。

1. 基于已发生损失的后顾型拨备计提方法

表 8 – 1 后顾型拨备计提方法

	T1	T2	T3	T4	T5	T6	T7
资产负债表							
贷款总额	100	100	100	100	100	100	100
专项拨备	0	0	4	5	3	0	0
贷款余额	100	100	96	95	97	100	100
利润表							
净利息收入	5	5	5	5	5	5	5
专项拨备	0	0	4	5	3	0	0
净利润	5	5	1	0	2	5	5

从表 8 – 1 可知，在经济形势好、银行没有实际发生贷款损失的时候，银行并不计提专项拨备（Specific Loan Loss Provisions），所以净贷款额和利润没有受到影响。而等到经济形势恶化，贷款损失实际发生时，银行才计提贷款损失拨备，导致利润大幅下降，放贷能力也受到影响。如果损失较大，利润甚至会变为负值。受制于资本充足率的影响，银行信贷萎缩将减缓经济的复苏步伐。而一旦经济恢复，银行利润又急剧上升，如 T6 至 T7 时期，将孕育新一轮的信贷紧缩危机。

2. 基于预期损失的动态拨备计提方法

在动态拨备制度下，即使在经济上升期，银行没有实际发生贷款损失，也要根据预期损失计提贷款损失准备。计提方法如下：假设预期损失率为 2%，则每期应计提的拨备流量为 2 个货币单位。

经济繁荣时期，银行根据预期损失计提动态拨备（Statistic Provisions）。当经济下滑时，已计提的动态拨备存量可用来吸收已发生的贷款损失，减少当期应计提的专项拨备，从而减轻经济波动对银行利润的影响。如在 T3 时期，经济开始下滑，银行仍能保持和 T1、T2 时期一样的净利润水平。但是如果动态拨备存量不足以覆盖贷款损失，如 T4 和 T5 时期，净利润将会受到影响，但是影响的幅度比较轻微，不会造成大幅变动。

表 8 - 2　　　　　　　　　　　动态拨备计提方法

	T1	T2	T3	T4	T5	T6	T7
资产负债表							
贷款总额	100	100	100	100	100	100	100
专项拨备	0	0	4	5	3	0	0
一般拨备存量	2	4	2	- 1	- 2	0	2
贷款余额	98	98	98	97	97	98	98
利润表							
净利息收入	5	5	5	5	5	5	5
专项拨备	0	0	4	5	3	0	0
总拨备存量	2	2	2	2	2	2	2
未抵销利润	0	0	0	- 1	- 1	0	0
净利润	3	3	3	2	2	3	3

　　通过对表 8 - 1 和表 8 - 2 的对比可知，动态拨备相对于后顾型拨备，在经济形势好时，放贷能力和盈利水平的下降可以抑制信贷规模的盲目扩张；而在经济衰退时，信贷损失对贷款量和利润的影响有限。理论上来说，动态拨备制度具有弱化银行利润和资本的波动、减轻信贷紧缩和平缓顺周期行为的作用。

　　不过需要注意的是，动态拨备的缓冲能力受到实施时机、经济周期模式和持续时间等因素的影响。经验表明，实施动态拨备的最佳时期是经济上升期（徐明东、肖宏，2010）。下面我们仍采用上面的例子，假设从 T3 经济衰退时才开始计提动态拨备，可见其结果与后顾型拨备计提方法相同，起不到"以丰补歉"的缓冲作用。

表 8 - 3　　　　　　　　　动态拨备计提方法的应用

	T1	T2	T3	T4	T5	T6	T7
资产负债表							
贷款总额	100	100	100	100	100	100	100
专项拨备	0	0	4	5	3	0	0
一般拨备存量	0	0	0	0	- 2	0	2
贷款余额	100	100	96	95	97	98	98
利润表							
净利息收入	5	5	5	5	5	5	5
专项拨备	0	0	4	5	3	0	0

续表

	T1	T2	T3	T4	T5	T6	T7
总拨备存量	0	0	2	2	2	2	2
未抵销利润	0	0	−2	−3	−1	0	0
净利润	3	3	1	0	2	3	3

8.1.3　动态贷款损失准备金的计提方法

实施动态贷款损失准备的方法共有四种：

第一，全周期积累（Through – the – cycle Accumulation）的动态贷款损失准备。在这一方法下，动态贷款损失准备的变动包括新增贷款的预期损失和周期内对贷款存量提取的平均准备，同时需要扣除当期提取的准备。在经济繁荣期，贷款质量较高，当期需要提取的准备较少，所需的动态贷款损失准备增加。经济萧条期则相反。

第二，基于触发机制（Trigger – based）的动态贷款损失准备。在这一方法下，监管当局选择一定的经济指标作为判断基准。当基准指标显示信贷过热时，银行需要提取动态贷款损失准备。与全周期积累的方式相比，触发机制下动态贷款损失准备的实施和终止都更为突然，可能对银行体系造成较大的冲击。

第三，提取预期贷款损失准备。在这一方法下，银行需要评估每一项贷款在经济周期中可能发生的损失，依此计提损失准备。

第四，混合型的动态贷款损失准备，即将全周期积累机制与触发机制相结合。

8.2　西班牙的动态拨备制度

动态拨备制度自 2000 年西班牙监管当局推行以来，经过十多年的发展，为多国监管实践所接受。下面我们将逐一考察西班牙动态拨备制度的背景、模型、实施效果、成功要素和面临的问题与挑战。

8.2.1　西班牙引入动态拨备制度的背景

1. 历史上信贷增长具有亲周期性

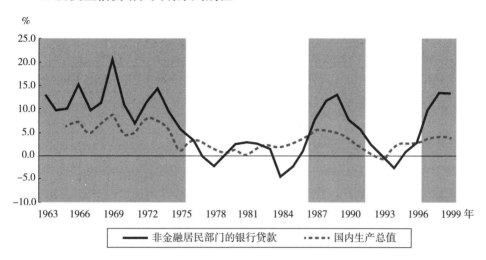

资料来源：Santiago Fernández de Lis, Jorge Martínez Pagés and Jesús Saurina. Credit growth, problem loans and credit risk provisioning in spain ［J］. Banco de España — Servicio de Estudios Documento de Trabajo No. 0018, October 2000：27.

图 8 - 1　1963—1999 年西班牙信贷增长与 GDP 的关系

如图 8 - 1 所示，1963—1999 年，西班牙的信贷增长不仅具有较强的亲周期性，而且比 GDP 波动幅度更大。如同世界上很多国家一样，西班牙的银行信贷、贷款损失、准备金均呈现出较强的周期性。经济形势好转时，不良贷款的数量大幅下降，银行信贷迅速扩张。一般情况下，信贷资产和不良贷款之间存在正相关关系，银行信贷的扩张意味着将来不良贷款的增加。在经济处于低谷时，由于借款人的收入和现金流也处于低谷，违约概率加大，银行的不良资产将大幅增加，银行需要相应计提更多的专项准备金，结果会影响银行的利润水平，因为专项准备金作为费用在税前列支，费用增加，利润自然减少。对于信贷风险高的银行，还会面临清偿力危机。事实证明，在西班牙 20 世纪七八十年代的货币危机中，银行贷款损失准备金的周期性是引发危机的原因之一（张晓朴、奚莉莉，2004）。

2. 20 世纪 90 年代信贷扩张

由于 20 世纪 90 年代中期欧洲货币一体化和 1998 年欧元的流通，西班牙国内实际利率下降，在房地产市场，随着抵押借款市场自由化及金融机构间竞争加剧，西班牙平均抵押借款利率持续走低，1991 年为 17%、1996 年为 10%、2004—2005 年下降至约 3.5%，长期低利率刺激了消费者对未来低利率的预期，导致信贷急剧扩张，并且 98% 的购房者采用的是可变抵押贷款利率而不是固定贷款利率购房，当利率升高时，借款人还款负担加重，加大了违约风险，而银行贷款损失准备金的计提却没有跟上潜在损失的步伐。

3. 其他原因

西班牙银行对商业银行信贷政策保持审慎的道义劝告已被证明失效。另外，西班牙加入欧元区后日趋激烈的竞争迫使商业银行在贷款定价时对风险溢价估计不足。此外，在 20 世纪 90 年代后半期，西班牙银行的不良贷款率显著下降，意味着专项准备计提不足。实际上，1999 年西班牙的贷款拨备率在经合组织成员国中是最低的。1991—1999 年，西班牙银行的拨备率与经济增长率的相关度高达 - 0.97。因此，贷款损失拨备在西班牙有很高的顺周期性，经济繁荣期低估，经济衰退期高估。在新一轮经济扩张期，信用风险显著增加。基于以上原因，西班牙银行在 2000 年 7 月引入动态拨备制度。

8.2.2　西班牙动态拨备制度的改进

西班牙新的准备金管理制度在 1999 年底获得批准，自 2000 年 7 月 1 日生效。动态准备金的计提有两种方法：银行可以使用自己开发的内部模型，没有内部模型的银行可以使用西班牙中央银行提供的标准法计算动态准备金。以 2000 年 7 月 1 日为分界线，西班牙中央银行确定的贷款损失准备金制度可以分为老制度和新制度。老制度下的准备金由一般拨备和专项拨备组成。新制度下的准备金由三部分组成：一般拨备、专项拨备和统计拨备（又称动态拨备）。严格地说，西班牙的动态拨备制度并不是基于预期损失模型而是基于银行过去的贷款损失经验，利用贷款违约率的跨周期历史信息来设定动态拨备的充足性水平。

2005 年国际财务报告准则在欧盟的实施，推动了西班牙对动态拨备制度的改革。从 2005 年开始，新制度下贷款损失拨备由两部分组成：专项拨备和一般拨备，一般拨备由原来的一般拨备和动态拨备合并而成。在新制度下，专项拨备的计算公式不变，一般拨备的计算公式变为：

$$dot.\,gen_t = \alpha\Delta C_t + \left(\beta - \frac{dot.\,espe_t}{C_t}\right)C_t \qquad (8-1)$$

其中，C_t 是 t 期的贷款存量，ΔC_t 是 $t-1$ 期到 t 期贷款存量的变化值（贷款扩张时为正，贷款萎缩时为负）。α 反映长期贷款的平均损失率，而 β 是专项拨备对贷款总额的长期平均比例，两个参数都是基于一个完整经济周期的历史损失数据计算得到的。α 和 β 的计算方法也有两种：内部模型法和标准法。内部模型法使用的前提条件是银行必须有自身的贷款损失数据库（至少跨越一个完整的经济周期）能用来计算拨备计提额，同时拨备的计提过程要与银行的信用风险评价和管理融合，只有当西班牙银行认为整个过程合规并认可时，商业银行才能使用内部模型法计提拨备，所以很少有银行使用。标准法下，α 和 β 对所有银行都是一样的，不同银行所受的影响程度与其贷款组合有关。监管当局根据历史数据计算各类资产的损失率，按风险程度将银行资产分为 6 类，每类资产都规定了不同的 α 和 β 参数。

表 8 - 4　　标准法下不同风险种类风险参数的规定（2004 年方法）

资产种类	参数描述
无风险资产	α（0）β（0）现金和公共部门的风险头寸（包括贷款和证券）和银行间的风险头寸
低风险资产	α（0.6%）β（0.11%）抵押贷款，贷款价值比低于80%和信用评级为 A 级（含）以上的风险头寸
中低风险资产	α（1.5%）β（0.44%）抵押贷款，高于80%的贷款价值比率和其他之前没有计入的担保贷款
中等风险资产	α（1.8%）β（0.65%）其他贷款，包括无级别的风险头寸或者 A 级以下中小企业贷款
中高风险资产	α（2%）β（1.1%）耐用消费品贷款
高风险资产	α（2.5%）β（1.64%）信用卡头寸和透支

资料来源：Jesús Saurina. Dynamic provisioning：The experience of Spain ［J］. the World Bank Group，July，2009（note number 7）：2.

各家银行最后应用的公式为：

$$dot.\,gen_t = \sum_{i=1}^{6} \alpha_i \Delta C_{it} + \sum_{i=1}^{6} \left(\beta_i - \frac{dot.\,espe_{it}}{C_{it}} \right) C_{it}$$

$$= \sum_{i=1}^{6} \alpha_i \Delta C_{it} + \left(\sum_{i=1}^{6} \beta_i C_{it} - dot.\,espe_{it} \right) \qquad (8-2)$$

8.2.3　西班牙动态拨备制度的实施效果

下面将从对准备金计提、银行净收入和顺周期行为三个方面考察西班牙动态拨备的实施效果。

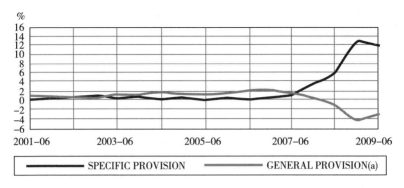

注：2005 年 6 月前的一般拨备等于一般拨备和统计拨备之和。

资料来源：Jesús Saurina. Loan loss provisions in Spain：A working macroprudential tool ［J］. Estabilidad Financiera，2009 No. 17.

图 8 - 2　西班牙 2000 年 6 月至 2009 年 6 月贷款损失准备金情况

如图 8 - 2 所示，2002—2007 年西班牙经济处于上行期，计提的一般拨备高于专项拨备。2007 年下半年西班牙经济开始恶化，2008 年不良贷款率急剧上升，专项拨备大幅提高，一般拨备随之降低甚至出现负数。这说明在 2007 年上半年之前积累的动态拨备开始耗用，体现了其逆周期特性。

实施动态拨备制度后，西班牙国内银行的拨备水平显著改善。2006 年西班牙国内银行的拨备覆盖率达到 225%，位居欧美国家首位，欧盟国家的平均值仅为 58.6%（Balla and McKenna，2009）。

2007 年美国次贷危机爆发后，西班牙的动态拨备制度如预期一样运行，使大型的西班牙银行，如 Santander 银行和 BBVA 银行面临金融危机时相对于其他国外银行来说有足够的准备金作为缓冲。动态拨备制度使西班牙的银行面临危机时有个更好的起点。很多监管者，包括 G20 的财政部长，认为西班牙的动态拨备制度在 2007 年金融危机时期为西班牙银行业的稳定做出了贡献。

图 8 - 3 显示，在一般拨备开始使用（2008 年）之前，一般拨备与净收入的百分比维持在 15% 左右。在危机爆发期间，前期累积的动态拨备被大量用于吸收贷款损失，应计提的动态拨备与净收入的比率持续下降。这对银行收入稳定起到了显著的积极作用：在经济上行期有效地遏制了银行盈利水平的上升，并且能在经济下降期较好地平滑利润的下降。国际会计标准委员会 2009 年的研究报告认为西班牙的动态拨备制度不能消除银行的顺周期行为，但相比其他欧美国家银行，该制度能够降低顺周期的程度。

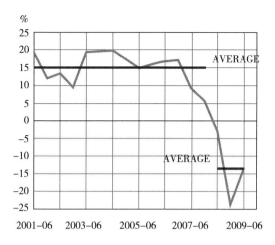

资料来源：Jesús Saurina. Loan loss provisions in Spain：A working macroprudential tool ［J］. Estabilidad Financiera，2009 No. 17.

图 8－3　一般拨备与净营业收入的百分比

8.2.4　西班牙动态拨备制度成功的条件

西班牙得以成为世界上第一个实施动态拨备制度的国家，并且在 2007 年有效地抵御了次贷危机的冲击，其成功要素主要有以下几点。

1. 数据充分

西班牙的数据来源于中央信用登记管理局（Banco de España's Credit Register），跨越 16 年，覆盖了两个经济周期，包含了任何在西班牙运营的银行发行的单笔超过 6000 欧元的贷款信息。完善的数据库促使西班牙的贷款损失拨备计提更加准确和完备。没有中央信用登记管理局的数据信息，西班牙的模型将无法实施。

2. 监管统一

西班牙银行（Banco de España）作为西班牙的中央银行和银行监管机构，集货币政策、银行监管和银行业会计准则制定权于一身，有利于统一制定规则和监督管理。

3. 公开透明

为了规避银行管理者的盈余管理，动态拨备应该是完全透明的。西班牙的贷款损失拨备对于投资者和金融市场是透明的、基于规则的。投资者可以获得所有相关的信息，监管者也可以进行有效的监督和管理。

4. 时机恰当

动态拨备制度实施的最佳时期是经济上行期，因为此时银行盈利高，不良贷款率低。西班牙银行业于 2000 年 7 月开始实施动态拨备制度。2000 年至 2007 年金融危机爆发前，西班牙的 GDP 和贷款规模都呈上升趋势。如果在经济衰退期才实施动态拨备制度，则无法发挥其逆周期的特性和缓冲能力，无法实现预期效果。

8.2.5 西班牙动态拨备制度面临的问题和挑战

西班牙的动态拨备并不是完美无缺的，下面将从三个方面剖析其面临的问题和挑战。

1. 数据问题

不少学者和银行监管者质疑，银行能否正确地估计预期损失，如何判断准备金计提是否充分。没有人能保证动态拨备制度能够估计足够的准备金覆盖所有下个低迷时期的信贷损失。西班牙在被用来校准的时期，包括衰退的 40 年里，也不清楚这个系统能否足够覆盖所有信贷损失。

2. 会计问题

国际会计准则理事会（IFRS）不赞同采用动态拨备，认为这种方法不是利用历史数据预测未来损失，而是运用历史数据来设定准备金水平。

另外，Jesús Saurina（2009）指出动态拨备不应该是单一的，更可取的是为不同贷款组合（公司贷款、零售贷款等）建立单独的准备金。单独的准备金可以减少一笔异常损失的影响范围，防止它对损益表产生即刻的影响。如果对不同贷款组合设定单独的准备金，大额损失只会使用相关的准备金。

3. 2008 年国际金融危机对西班牙银行业的影响

西班牙 2004 年大部分银行都达到了拨备上限，平均贷款拨备比为 2.5%，拨备覆盖率为 500%。但是 2008 年国际金融危机发生后，西班牙在经济上行期累积的动态拨备仍显得不够充足。

2008 年国际金融危机发生后，西班牙大多数银行受到的影响都比大部分国家要滞后，我们可以认为在外部大环境相同的情况下应该是动态拨备制度发挥了风险缓冲作用。然而，相当数量的金融机构最终还是受到了严重影响。在欧洲主权债务危机持续和升级的情况下，西班牙经济增长速度骤降，长期以来所积累的房地产泡沫开始破裂。随着房价的急速下跌，为房地产市场提供了大量信贷支持的银行业不得不承受坏账的飙升。2012 年中西班牙银行业与房地产相关的损失超过了 1800 亿欧元，而其整体的不良贷款率也已达到 8.73%。
2012 年，属于西班牙中央银行管辖下的有序银行重组基金（Fund for Orderly
Bank Restructuring，FROB）成立，专门用于向西班牙受困银行业提供救助，
帮助它们提高清偿能力。其中救助的 45 家储蓄银行中就有 43 家开展了重组，
这 45 家机构的平均规模是 294.4 亿欧元，而在 2013 年，只有 12 家总资产规
模为 908.3 亿欧元的储蓄机构需要救助。重要的是，需要用来覆盖损失的拨备
规模在 2012 年底是 1915 亿欧元，而 2007 年底银行累积的 258 亿欧元逆周期
拨备到 2012 年底只剩下 32 亿欧元（Wezel et al.，2012）。

8.2.6　西班牙动态拨备制度对我国的启示

中国银监会颁布的《中国银行业实施新监管标准的指导意见》提出建立
动态调整贷款损失准备制度，自 2012 年 1 月 1 日开始实施，系统重要性银行
应于 2013 年底达标；对非系统重要性银行，监管部门将设定差异化的过渡期
安排，至少应在 2018 年底前达标。严格来说，我国目前实施的动态拨备制度
还不是完整意义上的动态拨备计提方法，因此借鉴西班牙的成功经验，对于我
国引入真正意义上的动态拨备制度具有重要意义，我们认为我国实施动态拨备
制度有以下三个方面的困难。

1. 数据问题

有效实施动态拨备，关键在于准确地计算出预期损失准备，这就需要足够
的历史数据。西班牙的模型源于 16 年且覆盖了两个经济周期的数据，而对于
我国来说，没有充分的数据支持。新标准下对于银行数据库对预期损失的准确
预计有着很高的要求，这就带来了三个重要挑战：第一，收集历史数据需要投
入大量的精力；第二，从形成的预计信用损失模型中收集的默认数据可能不够
充分；第三，定量方法估值的使用给低预期投资组合的预期信贷损失带来了挑
战。另外，估计预期损失时假定不同经济周期具有相似性对于相对稳定的西班
牙银行系统是比较有效的，但对于我国来说却存在问题。数据的充分、有效与
否将直接影响实施动态拨备的效果。

2. 监管问题

当前我国的贷款拨备和核销规则由银保监会、财政部和国家税务总局三方
共同制定，其中银保监会对贷款风险进行分类，财政部制定认定与核销坏账的
政策，国家税务总局负责贷款冲销的税务认定。多部门制定标准造成我国目前
坏账认定与贷款风险分类脱节、坏账核销政策与贷款损失准备提取政策不匹配

等问题（徐明东、肖宏，2010）。而西班牙能顺利实施该制度的一大有利条件就是西班牙银行同时拥有制定货币政策、银行监管和制定会计准则的权力。

此外，估计预期损失可能会产生操控利润、避税和传递虚假信号等行为，这样会使投资者和监管者很难评估银行的财务状况，也会对税务机关产生不良影响。

3. 时机问题

研究表明建立动态拨备的最佳时期是经济上升时期，西班牙的经验也证明如此。而中国银监会提出动态调整贷款损失准备制度的建立从 2012 年 1 月 1 日开始，系统重要性银行应于 2013 年底达标；对非系统重要性银行，监管部门将设定差异化的过渡期安排，至少应在 2018 年底前达标。这一时期，恰好是我国增长速度换挡期、结构调整阵痛期、前期刺激政策消化期"三期叠加"时期，拨备监管受经济新常态影响产生了较为明显的变化，商业银行存在拨备覆盖率监管标准压力较大，贷款拨备率未达标等一系列问题，在此背景下，适度下调拨备覆盖率监管标准、完善拨备监管指标和贷款分级制度、完善监管标准的动态调整机制、制定有效的预期损失模型等动态拨备制度势在必行。

8.3　其他国家实施动态拨备制度的实践

在拉丁美洲，许多国家建立了不同的宏观审慎政策框架。例如，哥伦比亚政府在 2007 年引入逆周期贷款损失准备金制度以稳定 2007 年末过快的贷款增速，在 2009 年引入流动性比率限制流动性风险。墨西哥 2011 年建立了动态拨备制度。在动态准备金方面，一些国家采取根据每家银行个人贷款额增长进行计算的做法（如哥伦比亚），另一些国家则采取统一的管理规则（如秘鲁）。

2011 年，秘鲁实行动态资本储备政策，即金融机构除满足法定最低资本要求外，还要根据经济周期调整的实际资本要求增加额外的资本储备，以应对经济放缓可能带来的信贷资产损失。巴西和墨西哥等国也采取了类似的政策。阿根廷、智利、墨西哥要求针对贷款规模实施固定拨备，其他国家则结合一般准备和逆周期准备。当前，建立实时指标体系，对信贷发展进行监控已经成为拉美地区日益迫切的需求。虽然私人银行向各国中央银行和监管机构提供的指标质量已经获得改善，但并非所有国家都制定了衡量信贷实际水平及其构成的系统性指标。2008 年国际金融危机爆发后，许多 OECD 国家无法提供关于中小企业的信贷数据，这一经历也使各国中央银行之后将上述数据纳入常用指标。信贷繁荣时指标的有效性在很大程度上取决于是否能够获得上述数据。此外，信贷指标应该在信贷扩张期和收缩期同样有效。针对后信贷繁荣时期，目前的指标并不能区分新的信贷操作和既有贷款的再融资，因此，这些指标可能发生偏差，掩盖信贷增长。①

8.3.1　哥伦比亚

20 世纪 90 年代，哥伦比亚经历了严重的金融危机。21 世纪初，哥伦比亚开展了一系列结构性改革，如扩大经济对外开放、金融自由化等。这些改革促进了大量资本流入实体经济，而哥伦比亚的信贷也实现了高速增长，公共部门和私人部门的支出大幅增加，许多家庭通过住房抵押贷款购置住房，推高了房价、刺激了信贷泡沫，由于公共部门和私人部门的负债率高，当中央银行加息，外资停止流入时，金融危机就爆发了。这一事件的教训是信贷过快增长会刺激资产价格激增，增加宏观经济稳定的风险。像哥伦比亚这种以出口为主的小型开放经济体，如果金融体系以银行为主而储蓄率又低的话，则更容易受到不利金融环境的冲击。

因而哥伦比亚自 2007 年开始在银行引入动态拨备制度，当年 GDP 增速达到 12.3%，处于同时期第三世界国家前列，并结束了从 1965 年起持续 42 年的货币贬值，升值 13.7%，然后在 2010 年引入西班牙的固定规则模式，当年汇率持续稳定，升值 13.6%，次年 GDP 增速为十年来最高，达 13.8%。从经济数据来看，哥伦比亚根据经济形势的变化对动态拨备的调整无疑是成功的。

2007 年推行的动态拨备制度仅针对消费贷款和商业贷款，因为这两类贷款占了全部贷款组合余额的 90%。自 2007 年以来，哥伦比亚建立了三种可税前扣除的拨备：专项拨备、逆周期拨备和一般拨备，依据银行信贷增速确定拨备比率（潘一豪，2017）。专项拨备的累积基于预期损失。要求银行积累逆周期拨备，除非有关银行的拨备的四个阈值和信贷增长相关。对于逆周期拨备，哥伦比亚银行业监管者被赋予了较大的自由裁量权，以便及时高效地决定是否使用前期计提的逆周期拨备。在实践过程中，由于自由裁量权受主观因素影响较大，对动态拨备制度的实施反而产生了负面影响。因此，哥伦比亚当局如何准确地判断是否处于高风险时期是哥伦比亚动态拨备制度的重点，唯有如此才能顺利地使用前期计提的逆周期拨备来应对高信贷风险所致的高个体拨备。

银行监管当局对商业和消费信用风险实施参考模型。尽管每家银行能够使

---

① 资料来源：Latin American Economic Outlook 2014 Logistics and Competitiveness for Development.

用自己的风险模型，但必须准确判断当前是否处于高风险时期。监管当局运用历史数据计算两个风险情景下的拨备水平：A（属于正常情形）和 B（属于高风险情形），得出每一类贷款两个情景下的拨备矩阵，两种情形下的贷款违约概率矩阵分别为 $DP_{(A)}$ 和 $DP_{(B)}$，监管当局对经济形势的判断决定逆周期拨备的计算方法，计算公式如下：

$$P = L \times DP \times LGD$$

其中，L 代表贷款总额，DP 代表贷款违约概率，LGD 代表违约损失率。当经济处于繁荣期时，计提逆周期拨备，计提方法是：$L \times DP_{(B)} \times LGD - L \times DP_{(A)} \times LGD$；当经济处于萧条期时，就不需要计提逆周期拨备。监管者每年修订有关模型参数（PD 和 LGD），并决定何时（相机抉择）全部银行机构停止积累动态拨备以及由动态拨备来弥补在经济下行时期专项拨备的不足。一旦监管者宣布经济状况发生改变，不管单个银行的状况如何，所有银行都要计提逆周期拨备（卢婍婷，2015）。

此外，单项拨备的计提矩阵也由监管者来确定。在信贷和经济高增长时期，A 矩阵用来确定单项拨备的积累，而 B 矩阵用来计算确定高风险情形下的拨备，B 矩阵拨备与 A 矩阵拨备的差额为逆周期拨备。在经济低速增长时期，A 矩阵用来确定单项拨备，不计提逆周期拨备。由此可以看出，哥伦比亚动态拨备体系依赖于监管当局的相机抉择来决定拨备的积累与释放。由此可以看出，哥伦比亚动态拨备制度带有较强的主观裁定色彩，其科学性和客观性也受到质疑。因此，哥伦比亚在 2010 年引入西班牙动态拨备体系中的固定规则模式，增加模型的客观性。

在此次的模型修正上，主要引入了四个指标来客观考察经济环境的情况，具体如表 8 - 5 所示。

表 8 - 5　　　　　　　　哥伦比亚动态拨备实施阶段判断标准

指标	公式	取值	说明
贷款违约概率 恶化程度 ΔDP	$DP_t/DP_{t-3} - 1$	≥9%	
效率	$PNR/I_x C$	≥17%	PNR 为除追回款以外的专项拨备， $I_x C$ 为利息收入
稳定性	$PNR/MFBa$	[0，42%]	MFB_a 为经营利润加上折旧 摊销和除追回款以外的专项拨备
信贷增长率	$L_t/L_{t-1} - 1$	<23%	L 为贷款总额

资料来源：卢婍婷. 前瞻性动态拨备制度的国际实践及在中国的应用研究 [D]. 上海交通大学，2015：24.

　　当四项指标均不符合取值范围时，就可以判断当前时期为经济上行阶段，计提逆周期拨备。若四项指标连续三个月均达到达标标准，则判断当前时期为经济下行阶段，停止计提逆周期拨备，释放已积累的逆周期拨备储备。

8.3.2　秘鲁

　　2004—2014 年秘鲁的私人部门贷款稳步增长，年均增速为 15%，其中 2008 年底达到峰值 39%，是当年 GDP 增速的 5 倍多（Cabello et al.，2016），使经济活动增长显著，实现了 6% 左右的 GDP 增幅。当时国际利率水平接近于零，充裕的国际资本涌入新兴市场，作为一个部分美元化的国家，贷款过快增长会严重威胁金融稳定。因此，2008 年 11 月秘鲁金融监管局（Peruvian Financial Supervision Authority，SBS）在本国银行业中启用动态拨备制度（Dynamic Provisioning Scheme），旨在减少贷款行为的顺周期性、降低贷款增长过快对实体经济的风险。2009 年 9 月，受 2008 年国际金融危机的影响，动态拨备制度一度暂停，但是 2010 年 10 月至 2014 年 11 月又重启。同时，从 2013 年 1 月起，银行监管局又对消费和住房抵押贷款提出了更严格和更高的资本要求。

　　秘鲁的动态拨备制度较为简单，主要表现为秘鲁监管当局根据对经济形势的判断决定当期是否为动态拨备积累期或动态拨备释放期，分别对应不同的一般准备金提取比例。在经济形势的判断标准上，与哥伦比亚采用信贷增速指标不同的是，秘鲁以 GDP 的增长率作为重要的衡量标准。秘鲁监管当局认为，信贷相关指标的变动滞后于 GDP 增长率的变动，因而采用 GDP 增长率作为判断的指标依据更具有时效性。同时，信贷指标的银行个体差异较大，若用它作为衡量指标可能会导致银行之间采取措施的不统一，而基于 GDP 增长率的判断规则更有利于整个银行业的统一行动。

　　秘鲁动态拨备制度关于动态拨备积累期或释放期的判断标准如下：（1）最近 30 个月 GDP 平均增长率从低于 5% 升至高于 5%；（2）最近 12 个月 GDP 平均增速比前一年高 2%；（3）最近 30 个月的 GDP 平均增长率高于 5%，且动态拨备释放期累计已达 18 个月之久。只要满足以上三个条件中的一个，动态拨备积累期则被激活。相反，只要满足以下条件之一，动态拨备释放期则被激活：（1）最近 30 个月 GDP 平均增速从高于 5% 降至低于 5%；（2）若最近 30 个月 GDP 平均增长率高于 5%，但最近 12 个月平均 GDP 增长率比一年前低 4%（Wezel，2010）。

　　对应动态拨备积累期和释放期，不同贷款类型的一般准备金的计提比率如表 8 -6 所示。

表 8 - 6   秘鲁动态拨备按贷款分类的计提比例   单位:%

贷款类型	动态拨备积累期	动态拨备释放期
商业贷款	1.1	0.7
大型企业贷款	1.15	0.7
中型企业贷款	1.3	1.0
小型企业贷款	1.5	1.0
微型企业贷款	1.5	1.0
信用卡贷款	2.5	1.0
非循环消费贷款	2	1.0
住房抵押贷款	1.1	0.7

从表 8 - 6 可以看出，按照贷款种类风险上升的顺序（固定、可变的动态拨备率）结果为：住房抵押贷款（0.7%，0.4%），商业贷款（0.7%，0.4%），大型企业贷款（0.7%，0.45%），中型企业贷款（1.0%，0.3%），小型企业贷款（1.0%，0.5%），微型企业贷款（1.0%，0.5%），非循环消费贷款（1.0%，1.0%），信用卡贷款（1.0%，1.5%）。固定一般准备金率和动态拨备率都取决于贷款种类，其中固定一般准备金率不是 0.7% 就是 1.0%，而在动态拨备制度中不同种类贷款的动态拨备计提率则分为 0.3% 到 1.5% 8 个档次（Wezel，2012）。

8.3.3 玻利维亚

玻利维亚于 2008 年 12 月建立了以动态拨备触发和冻结机制为核心的动态拨备制度，逐步实施期间持续 27 个月。玻利维亚的银行根据贷款种类必须持有 1.5% 到 5.5% 的动态准备金。逆周期拨备的计提标准如下：住房抵押贷款，1.5%；小额贷款，1.6%；消费贷款，2.3%；最优企业贷款，2.3%；其他信用评级低的企业贷款计提标准就是 3.2% 和 5.5%（Wezel，2010）。

在经济进入下行区间时，如果贷款质量连续 6 个月恶化，银行将调动动态拨备存量抵销不超过 50% 增加的专项拨备；在经济进入上行区间时，一旦贷款质量出现连续 6 个月的好转，银行必须强制增加动态拨备，每个月平均增加额外拨备的 2.78%，共持续 36 个月（Wezel，2010）。

此外，玻利维亚的贷款质量使用专项准备占贷款余额的比率这一指标作为代理变量，这种用近似值替代的做法欠严谨。

第九章 资本充足率的顺周期特征与逆周期资本监管改革

9.1 资本充足率顺周期性的形成机制

9.1.1 《巴塞尔协议Ⅰ》下资本充足率的顺周期性

1988 年，资本监管的首个国际协议《统一国际银行资本衡量和资本标准的协议》（又称《巴塞尔协议Ⅰ》）由巴塞尔委员会（BCBS）颁布并正式启用。《巴塞尔协议Ⅰ》将银行资本分为核心资本和附属资本，并规定商业银行的最低资本要求为 8% 风险加权资产总额，同时核心资本充足率不得低于 4% 。该协议下资本充足率计算的分母是风险加权资产，风险加权资产由风险资产的规模和风险权重共同决定。根据债务主体和资产类别的不同，资产负债表内风险资产的风险权重系数被分为 0、20% 、50% 和 100% 四个档次（见表 9 -1）。

表 9 -1　　　资产负债表内各类资产的风险权重系数（WA）

项目	风险权重
①现金 ②以本国货币定值并以此通货对中央政府和中央银行融通资金的债权 ③对经济合作与发展组织（OECD）国家的中央政府和中央银行的其他债权 ④用现金或用 OECD 国家中央政府债券做担保，或用 OECD 国家中央政府提供担保的债权	0

续表

项目	风险权重
①对多边发展银行（国际复兴开发银行、泛美开发银行、亚洲开发银行、非洲开发银行和欧洲投资银行）的债权，以及由这类银行提供担保或以这类银行发行的债券作抵押品的债权 ②对 OECD 国家内的注册银行的债权以及由 OECD 国家内注册银行提供担保的贷款 ③对 OECD 国家内的外国公共部门实体的贷款 ④对 OECD 以外国家注册的银行余期在一年期内的债权和由 OECD 以外国家的法人银行提供担保的所余期限在一年之内的贷款 ⑤对非本国的 OECD 国家的公共部门机构（不包括中央政府）的债权，以及由这些机构提供担保的贷款 ⑥托收中的现金款项	20%
完全以居住用途的房产做抵押的贷款，这些房产为借款人所占有使用，或由他们出租	50%
①对私人机构的债权 ②对 OECD 以外的国家的法人银行余期在一年期以上的债权 ③对 OECD 以外的国家的中央政府的债权（以本国货币定值并以此通货融通的除外） ④对公共部门所属的商业公司的债权 ⑤行址、厂房、设备和其他固定资产 ⑥不动产和其他投资（包括那些没有综合到资产负债表内的、对其他公司的投资） ⑦对其他银行发行的资本工具（从资本中扣除的除外） ⑧所有其他的资产	100%

在整个经济周期内，《巴塞尔协议 I》对同一种资产的风险权重是固定不变的，风险权重系数不会随着债务人财务状况（如借款企业的杠杆率、利润、偿付能力）和外部经济环境的变化而调整，如果银行资产规模和结构不变，则其面对的风险以及所需的监管资本数量不会随经济周期波动而变化。但实际上债务人的财务状态特别是偿债能力是受到经济周期波动显著影响的。在经济周期的上升阶段，从银行贷款的企业往往财务状况较好、盈利能力强、贷款违约率低，而较好的信贷资产质量使需要计提的贷款损失准备降低，提升了银行的盈利指标，因而也会降低银行的融资成本，两者的共同作用会刺激银行贷款

进一步扩张，而与此同时资本充足率监管的要求却不会随之提高，无法抑制银行的顺周期性行为。在经济周期的衰退阶段，借款企业盈利水平下降、贷款违约率上升，出于自身防范风险的考虑，商业银行会尽可能维持实际资本充足率不下降甚至提高以应对未来风险发生后吸收实际损失的需要，并且此时商业银行增资的成本也会相对较高，银行只能在贷款对象筛选时采取更加严格的标准，信贷规模的萎缩会加剧经济的衰退。

Bernanke 和 Lown 等（1991）观测到 1990—1991 年美国经济加速衰退，他们认为是由于美国认真贯彻实施 1988 年资本协议，使银行业在经济下行期采取信贷紧缩的行为导致的。此实证结果指出，资本监管对信贷政策的影响显著，正是由于银行资本供应不足才致使信贷紧缩，放大经济衰退的效益。Bernanke、Gertler 和 Gilchrist（1999）指出巴塞尔资本监管要求会在经济高涨时低估风险，在经济衰退时高估风险，这可能导致"顺经济周期"现象。他们对该命题的解释可以概括为三点：（1）银行的杠杆比率依赖于资产市场价值，如果资产市场价值不能准确反映未来现金流，顺经济周期的行为就会产生。（2）银行风险度量是时点性的，而非对整个经济周期的综合度量。因此，相应的信贷政策在经济繁荣期会较松，而在经济衰退期将变得较紧。（3）利润评价体系使银行偏好短期风险，故银行不可能针对整个经济周期来平衡风险。

9.1.2 《巴塞尔协议 II》下资本充足率的顺周期性

2004 年 6 月，巴塞尔委员会（BCBS）公布了一个对信贷机构新的资本充足率要求框架，即《巴塞尔协议 II》，该准则最终在 2006 年 6 月发布。与《巴塞尔协议 I》相比，《巴塞尔协议 II》的主要改进在于提高了资本监管要求对于风险的敏感程度，即银行必须保有的最低资本水平与其所持资产的风险大小直接相关。该变化在一定程度上改正了《巴塞尔协议 I》固定风险权重不能准确反映实际风险水平和银行风险动态变化的弊端，但对风险敏感度的强调也引发了一个新的问题，即在现实中，风险总会随经济周期波动而变化，对风险越敏感，意味着银行资本越要及时地反映风险的变化。这种内生于经济周期的变动，对银行的贷款行为以及对整个宏观经济运行会产生怎样的影响（曾刚、万志宏，2010）？在经济周期的下行期，银行的资产质量下滑，按照《巴塞尔协议》的要求，银行应该提取更高的拨备（呆账准备金），同时配置更多的经济资本以满足监管的需要，这就从两个方面收缩了银行的贷款能力。在经济周期的上行期，银行的资产质量提升，按照资本充足率监管的要求，银行会主动降低对经济资本的配置，这又会双重放大银行贷款扩张的能力。因而，资本充足率计算对风险的敏感增加了贷款行为的顺周期性。

《巴塞尔协议Ⅱ》允许银行根据实际情况，自主选择计算风险权重的方法。在对信用风险的评估方面，《巴塞尔协议Ⅱ》规定银行可以在标准法和内部评级法中选一种对风险权重进行计量。

1. 标准法的顺周期性

标准法本质上是一种外部评级法，这种方法下银行资产的风险权重很大程度上由外部信用评级机构的评级结果来确定，因而标准法下信贷资产的风险权重会随着借款人外部评级结果的变化而调整（见表9-2）。这一改变不仅未能降低《巴塞尔协议Ⅰ》框架下资本监管的顺周期性，而且由于银行对风险权重进行自主计算的原因，甚至加剧了这种顺周期性。

表9-2   《巴塞尔协议Ⅱ》下企业贷款风险权重系数随评级结果改变而调整

外部评级	风险权重系数（%）	
	《巴塞尔协议Ⅱ》	《巴塞尔协议Ⅰ》
AAA级到AA-级	20	100
A+级到A-级	50	100
BBB+级到BB-级	100	100
BB-级以下	150	100

从表9-2可以看出，《巴塞尔协议Ⅱ》的标准法中，较低风险水平的资产风险权重系数也相对较低，其所需的资本要求也较少；而风险资产的风险权重系数在评级调低的情况下会反向增加，进而对银行资本充足率达标构成压力，所以标准法反而加强了银行资本充足率的顺周期性。全球知名的大型评级机构大多采用跨周期（through-the-cycle）评级模型，该模型对评级标的物的经营状况的考察大多达到或超过了一个完整的经济周期，因此不会对短期的波动做出频繁地调整，有利于降低其评级的周期性效应。但当经济出现大幅衰退或产生了金融危机时，外部评级机构的顺周期效应便显现出来了。Panetta等（2009）对美国和欧元区的研究表明，当经济处于收缩阶段时，评级机构更倾向于调低评级标的物的评级，而在经济扩张阶段，评级机构更倾向于调高评级，如图9-1和图9-2所示。

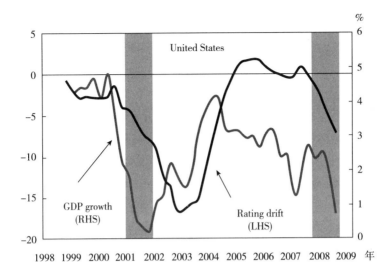

资料来源：Panetta, Fabio, and Paolo Angelini, Coordinators. Financial Sector Pro - cyclicality：Lessons from the Crisis ［Z］. Occasional Paper No. 44, Bank of Italy（April 2009）.

图 9 - 1　美国 GDP 增长率和评级机构给出的评级结果变动关系

图 9 - 1 中 Rating drift 表示被评级机构调高评级标的物数量减去被调低评级标的物数量除以总的评级数目，图 9 - 1 中阴影部分表示美国国家经济研究局（the National Bureau of Economic Research，NBER）认定的经济衰退时期，图 9 - 2 中阴影部分表示欧元区经济处于存在负产出缺口的时期。

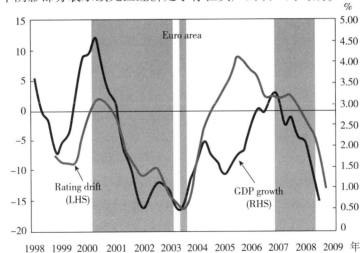

资料来源：Panetta, Fabio, and Paolo Angelini, Coordinators. Financial Sector Pro - cyclicality Lessons from the Crisis ［Z］. Occasional Paper No. 44, Bank of Italy（April 2009）.

图 9 - 2　欧元区 GDP 增长率和评级机构给出的评级结果变动关系

这一经验证据表明，信用评级机构的评级行为和经济周期具有正相关性，评级机构对市场信息和评级标的的了解不一定是全面客观的，比如在欧债危机爆发前，三大信用评级机构并没有提前发现这些国家的主权债券所存在的信用风险，可是欧债危机爆发后，国际评级机构就迅速调低了相关国家的主权债券的信用评级，使危机爆发的国家融资更加困难。Loffler（2008）的研究表明，即使评级机构能克服其主观上的顺周期性，他们给出的评级仍然能表现出存在与经济活动的共同运动。因为从某种程度上来说，公司前景的变化是由一些长期的冲击引起的，这些冲击也会引起商业周期波动。此外，Panetta等（2009）的研究表明，对评级结果的分类越细，评级结果的变动就会越频繁，其顺周期效应也越大。正是因为外部评级具有顺周期性，因此与《巴塞尔协议Ⅰ》相比，《巴塞尔协议Ⅱ》所采用的信用风险标准法没有降低反而增强了银行资本充足率的顺周期性。

2. 内部评级法的顺周期性

《巴塞尔协议Ⅱ》中内部评级法的风险权重函数是由监管当局制定的，银行将相关的风险参数输入风险权重函数来计算相关风险资产的风险权重。《巴塞尔协议Ⅱ》中的风险参数有违约概率（PD）、违约损失率（LGD）、违约风险敞口（EAD）和有效期限（M）四项。在内部评级法中，这些风险参数的顺周期性特征将影响内部评级法的顺周期性效应。内部评级法的框架如图9-3所示。

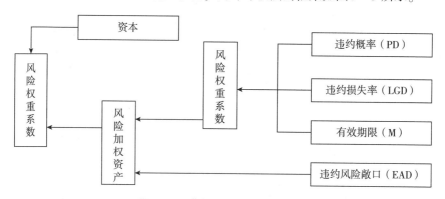

图9-3　内部评级法的基本框架

（1）违约概率（PD）的顺周期性

违约概率（Probability of Default，PD），即特定时间段内借款人违约的可能性。违约概率具有顺周期性的原因有以下几点：

第一，宏观经济表现会对企业的违约概率产生影响。在经济繁荣期，借款企业盈利强因而偿债能力也强，最终会降低银行信贷资产的违约概率；而在经济衰退期，企业盈利能力下降因而偿债能力变差，会增加银行信贷资产的违约概率。

第二，违约概率的估算方法也是产生顺周期性的原因。《巴塞尔协议Ⅱ》允许银行使用统计模型、内部违约数据以及内外部评级相结合的办法对违约概率进行估算。估算违约概率风险的计量模型中，应用较多的有 KMV 模型和信用组合观点模型（CPV 模型）。KMV 模型需要对企业的市场价值、资产价值的波动性以及企业的违约距离进行估算。对前两项的估算需要输入的参数包含了企业的股票价格等强周期性指标，而企业的违约距离本身也具有较强的周期性。除此之外，由于 KMV 模型采用的是时点评级法（point – at – time），相对于采用跨期评级法的模型来说，其结果具有更强的顺周期性。而信用组合观点模型（CPV 模型）在估算企业的违约概率时，将国内生产总值、失业率和利率等宏观指标加入了模型，使其具有更强的顺周期性。如果银行采用内部违约数据来估算违约概率，Panetta 等（2009）的研究表明，由于银行用来估算的数据是过去违约率的历史数据，其数据和企业实际违约情况相比存在一定的滞后性，使估算出的违约概率和经济周期具有比较大的正相关关系，这也导致了顺周期性（见图 9 – 4 和图 9 – 5）。

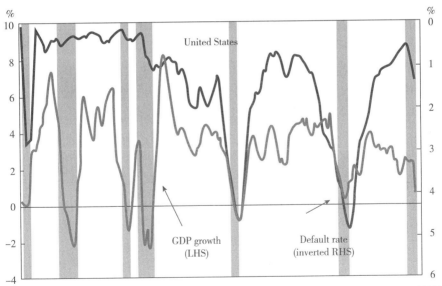

资料来源：Panetta，Fabio，and Paolo Angelini，Coordinators. Financial Sector Pro – cyclicality Lessons from the Crisis ［Z］. Occasional Paper No. 44，Bank of Italy（April 2009）.

图 9 – 4 美国 1970—2008 年违约率与 GDP 增长率的关系

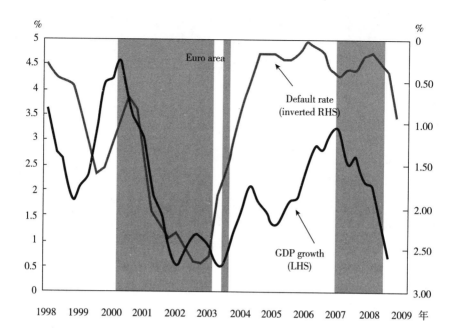

资料来源：Panetta F. , Angelini P. , Albertazzi U. , Columba F. , Cornacchia W. , Di Cesare A. , Pilati A. , Salleo C. and Santini G. （2009）. Financial Sector Pro－Cyclicality：Lessons from the Crisis ［Z］. Bank of Italy Occasional Papers No. 44.

图9－5　欧元区违约率与GDP增长率的关系

图9－4中阴影部分表示美国国家经济研究局（NBER）认定的经济衰退时期，图9－5中阴影部分表示欧元区经济处于存在负产出缺口的时期。而如果采用外部评级和内部评级相结合的方法，那么前文提到的评级机构的顺周期性以及历史数据与经济周期的正相关关系会共同导致违约概率的顺周期性。

第三，银行评价周期的长短对违约概率的顺周期性也会产生影响。当银行采取的是时点评级模型时，那么其估算采用的往往是不到一个完整的经济周期的数据，因此时点评级模型估算的违约概率对经济的波动更为敏感，其评价结果也与经济周期的相关性更强，使其在具有更强的风险敏感性的同时具有了更强的顺周期性。Catarineu Rabell 等（2005）发现如果银行使用全周期模型来进行内部评级，在经济衰退期，监管资本要求的上升幅度在15%左右；而如果采用时点模型，监管资本要求上升的幅度将在40%～50%，差距达到了3倍左右。所以在经济衰退阶段使用时点评级法的银行的监管资本要求上升幅度远大于使用跨期评级法的银行。

（2）违约损失率（LGD）的顺周期性

违约损失率（Loss Given Default，LGD），即违约发生时风险暴露的损失程度。对于违约损失率，《巴塞尔协议Ⅱ》要求银行使用审慎和周期性的估计量，并使用覆盖一个完整经济周期的数据进行估计。那么风险资产的违约损失率是否会随着经济周期的波动而改变呢？回收率（Recovery Rate）是指违约事件中通过止赎权或破产程序等收回的金额，以面值的百分比来表示。Altman（2006）对美国债券市场进行了实证研究，发现在经济衰退阶段违约债券的回收率会降低到25%左右，而在非衰退时期，这一比率一般在30%左右。当然，国家宏观经济的变动并不能完全解释违约损失率的波动，它还会受到市场等因素的影响。在对违约损失率和宏观经济的关系进行了分析之后，Altman（2006）发现贷款抵押品的价值也随着经济周期的波动而变化，在经济扩张时期，抵押品的价值会上涨，因此债券的违约损失率也会减少；在经济衰退阶段，债券的违约损失率会随着抵押品价值的上涨而升高。因此本书认为造成违约损失率顺周期的主要原因是抵押品价值会随着经济周期的波动而变动。比如在金融危机发生时，大量的违约会造成银行对抵押品的抛售，这使抵押品的价格会下跌。如果这种行为广泛地扩散并引起了"羊群效应"，会进一步加剧抵押品市场价格的下跌。同时，违约损失率的计量模型本身也存在顺周期性，比如穆迪所采用的违约损失率预测模型LossCalc就包含了宏观经济因子和行业因子等周期性参数，输入变量本身的周期性导致了整个估计模型的顺周期性。

（3）违约风险敞口（EAD）的顺周期性

违约风险敞口（Exposure at Default，EAD），即对某项贷款承诺而言，发生违约时可能被提取的贷款额。对于表内业务，违约风险敞口是资产负债表上一个确定的值，但是对表外业务来说，则需要用信用转换系数进行测算。Jacob（2008）的研究表明，对于陷入危机的企业来说，它们更倾于使用银行的剩余授信额度，加大对未使用的贷款额度的提取比例。在经济衰退阶段，由于企业的违约概率增大，银行会降低对评级较低的贷款人的授信额度或贷款规模，进一步引起了这一批对银行信贷依赖性较大的企业的流动性紧张，同时也提高了授信额度提取比例。以上几方面的原因共同造成了违约风险敞口的顺周期性。

（4）期限（M）的顺周期性

期限（Maturity，M）即某一风险暴露的剩余经济到期日。因为资本要求与贷款期限线性相关，所以期限的顺周期性自然也会导致监管资本的顺周期性。在经济的衰退阶段，贷款人的偿付能力降低，市场上资产的流动性会变差，长期贷款的证券化会受到影响，银行资产的平均期限延长。另外，当借款企业出现暂时性的还款困难时，银行往往会酌情给那些长远来看依旧向好的企业以贷款展期，这也使银行贷款的期限变长，资本要求增加。因此，银行贷款期限也具有顺周期性。

（5）违约损失率和违约概率之间存在着正相关关系

在宏观经济运行的过程中，违约损失率和违约概率并不是完全独立的两个变量，二者存在着一定的相关性。从前面的分析可以看出，在经济衰退阶段，一方面，贷款人的违约概率会上升；另一方面，由于抵押品价格的下降等原因，违约损失率也会上升，二者之间应该存在着正相关关系。

基于上述原因，采用内部评级法会对银行体系造成更严重的顺周期性效应。

总之，将《巴塞尔协议Ⅱ》或者任何一个以风险为基础的资本充足率要求加上经济繁荣—衰退周期，都会导致资本充足率要求在经济衰退期提高、在经济繁荣期下降，加剧金融机构内部的顺周期性。《巴塞尔协议Ⅱ》包含了一系列抑制资本充足率顺周期的方法，但仍然比在《巴塞尔协议Ⅰ》准则下资本充足率要求对风险的敏感度更高。尽管用来评价违约概率的时间范围是一年，银行还是期望用更长的时间范围来确定信用等级。实际上，依据指定的时间范围（一年）所判断的违约概率与根据整个经济周期内估算的平均违约概率是有显著区别的。

9.2 《巴塞尔协议Ⅲ》的逆周期资本缓冲机制

Repullo 和 Suarez（2009）对比《巴塞尔协议Ⅰ》和《巴塞尔协议Ⅱ》之后发现，《巴塞尔协议Ⅱ》在资本约束方面的力度更大，但也放大了银行顺周期性效应。为解决这一问题，巴塞尔委员会（BCBS）于 2010 年 12 月 16 日发布了《巴塞尔协议Ⅲ》的正式文本，即《巴塞尔协议Ⅲ：建立更稳健的银行及银行体系的全球监管框架》和《巴塞尔协议Ⅲ：流动性风险度量、标准及监控的国际框架》。这两份文件是在 2009 年 12 月发布的征求意见稿基础上修订的，初步确立了《巴塞尔协议Ⅲ》框架，目的在于从微观审慎原则上要求银行增强抵御风险的能力，从宏观审慎原则上减少风险从银行部门向实体经济传导，即降低系统性风险。这两份文件界定了《巴塞尔协议Ⅲ》的监管方向、基本准则和实施时间表。针对《巴塞尔协议Ⅱ》在资本充足率监管方面的顺周期缺陷，《巴塞尔协议Ⅲ》对资本充足率的监管要求进行了改革。2010 年 12 月，巴塞尔委员会（BCBS）正式公布了《各国监管当局实施逆周期资本缓冲指引》，要求各国参照该指引，密切结合本国金融业实际，制定逆周期资本缓冲政策框架，视需要要求银行计提逆周期资本缓冲。2011 年 5 月，中国银监会出台了《中国银行业实施新监管标准的指导意见》，引入了计提逆周期资本缓冲要求。

9.2.1　提升了资本充足率监管标准

在《巴塞尔协议Ⅱ》中，以普通股为主的一级资本在监管资本总额中的占比相对较低，而较为复杂的二级资本和更低级别的三级资本却在监管资本构成中占了大部分，导致危机发生时监管资本吸收损失的能力有限且较弱。在《巴塞尔协议Ⅲ》中，重点突出了普通股的重要性，对一级资本的定义更加严格，对二级资本进行简化，只采用一套二级资本的合格标准，取消了其他子类别。同时将《巴塞尔协议Ⅱ》中用于吸收市场风险的三级资本剔除。根据《巴塞尔协议Ⅲ》的要求，由普通股构成的银行核心一级资本将由以前的 2% 提高至 4.5%，在过渡期，2013 年需达到 3.5%，2014 年达到 4%，2015 年起达到最终要求的 4.5%。核心一级资本和资本留存缓冲均需由普通股构成，因此最终普通股占风险加权资产的比率将达到 7%。一级资本的最低充足率将由 4% 逐步调整至 6%，安排了 2013 年和 2014 年两年为过渡期，最低要求分别为 4.5% 和 5.5%，至 2015 年开始要求达到 6%。总的资本充足率最低要求仍为 8%。这些改变恢复了普通股以及留存收益在监管资本中的主导地位，提升了银行资本的质量，强化了银行资本对损失的覆盖能力，使其对经济危机具有更良好的防御能力。

表9-3　《巴塞尔协议Ⅲ》资本充足率、逆周期资本留存缓冲及实施时间

	2013 年	2014 年	2015 年	2016 年	2017 年	2018 年	2019 年 1 月 1 日以后
普通股资本最低比率（1）	3.5%	4.0%	4.5%				4.5%
一级资本最低充足率（2）	4.5%	5.5%	6.0%				6.0%
资本最低充足率（3）	8.0%						8.0%
逆周期资本留存缓冲最低比率（4）				0.625%	1.25%	1.875%	2.5%
总资本加逆周期资本留存缓冲最低比率（5）=（3）+（4）	8.0%			8.625%	9.25%	9.875%	10.5%

	2013 年	2014 年	2015 年	2016 年	2017 年	2018 年	2019 年 1 月 1 日以后
普通股资本加逆周期资本留存缓冲最低比率 (6) = (1) + (4)	3.5%	4.0%	4.5%	5.125%	5.75%	6.375%	7.0%

注：本表格根据《巴塞尔协议Ⅲ》的文件整理。

9.2.2　建立高于最低资本要求的逆周期资本缓冲要求

为了应对资本充足率原有的顺周期问题，要求银行在自身经营形势较好的时期持有超额资本储备，以便在遭遇严重的经济衰退时可以吸收银行体系带来的非预期损失。《巴塞尔协议Ⅲ》要求银行设立由普通股构成的 0~2.5% 的逆周期缓冲资本，该缓冲由普通股构成，自 2016 年起要求达到 0.625%，2017 年达到 1.25%，2018 年达到 1.875%，最终从 2019 年起达到 2.5%（见表 9-3）。逆周期缓冲资本的计算与披露频率不得低于它们的最低资本要求频率，过渡期安排与资本留存缓冲同时进行。当银行的逆周期资本缓冲比例少于 2.5% 时，银行正常的经营活动并不会受到影响，根据该银行留存超额资本所在的区间，监管机构将对银行的股利分配和员工奖金的发放进行一定比例的限制，并要求银行将减少利润分配所结余的资本用于重建逆周期资本缓冲。通过降低银行在超额资本留存不足时进行收益分配的自主权，该规定增强了银行对经济衰退的防御能力，减少了银行信贷行为和资本充足率的顺周期性。

9.2.3　将商业银行的杠杆率纳入了监管体系

在 2008 年国际金融危机前，美国的低利率政策、流动性过剩和金融管制放松都助推了美国银行业金融机构杠杆率大幅上升。金融危机期间，银行体系短期内快速地去杠杆化，削弱了银行的中介功能，资金传递链条中断，引发其他部门进一步去杠杆，放大了金融危机带来的破坏作用。

《巴塞尔协议Ⅲ》提出的杠杆率并非新的监管做法，在讨论《巴塞尔协议Ⅰ》的监管指标时，杠杆率曾经是讨论的重要指标，但最终被资本充足率所替代。《巴塞尔协议Ⅲ》重新引入杠杆率控制银行资产规模的过度扩张。杠杆率由一级资本占总资产的比重表示，银行的杠杆率下限被设定为 3%。协议安排了较长的过渡期，2013—2017 年为并行期，2015 年起，要求银行披露杠杆率及构成，自 2018 年起正式将杠杆率纳入《巴塞尔协议Ⅲ》的第一支柱。杠杆率计算的依据是公开财务报表，与商业银行内部风险计量和评估程序无关，可以规避由内部风险计量和评估程序本身导致的顺周期性。由于各国会计准则存在差异，对杠杆率框架下衍生产品、证券融资交易等敞口的计量方法存在不同理解，影响了全球实施的一致性。为此，巴塞尔委员会对杠杆率国际规则进行了修订，于 2014 年 1 月发布了《第三版巴塞尔协议杠杆率框架和披露要求》。

9.2.4　建立前瞻性的动态拨备计提制度

《巴塞尔协议Ⅲ》提倡建立前瞻性的贷款损失拨备制度，鼓励商业银行强化拨备的同时，增强贷款损失拨备对经济周期变动的抵御能力。《巴塞尔协议Ⅲ》关于前瞻性贷款损失拨备的规定参考了西班牙中央银行实行的动态损失准备金机制。其中，α = 跨周期的贷款损失率，ct = 贷款余额，β = 长期平均损失率。

当经济处于上行期时，银行计提的专项准备（Special Provisioning）较少，动态准备金（Dynamic Provisioning）的计算结果为正，银行需要增加动态拨备，这有助于抑制信贷扩张和经济过热；当经济处于下行期时，银行计提的专项准备较多，动态准备金的计算结果为负，银行可以减少动态拨备，避免因信贷紧缩导致经济进一步加速衰退。

9.2.5　改进风险计量方法

除了建立逆周期的资本充足率要求外，针对风险计量方法的顺周期性，《巴塞尔协议Ⅲ》改进了风险计量方法。

首先，对于信用风险权重函数计量模型中的主要风险参数（PD、LGD 和 EAD），通过长周期计量方法和逆周期调整乘数等降低了违约概率、违约损失率和违约风险敞口等风险参数的顺周期性。调整的方式可以分为事前调整和事后调整。事前调整主要是采取长周期和跨周期的计量方法平滑风险权重参数。事后调整是将风险权重函数的输出结果乘以由宏观经济形势确定的逆周期乘数。具体的操作原理是：在经济繁荣时，将逆周期乘数设置成大于 1 的数值，要求银行多提资本，应对未来可能出现的危机；在经济衰退时，将逆周期乘数设置成小于 1 的数值，缓解资本要求和资产损失的压力，保证银行信贷的连续性。由于事前调整可能无法克服风险权重函数本身存在的缺陷，事后调整应是实际应用的重点。

其次，对于交易账户的市场风险计量 VAR 模型的顺周期性，《巴塞尔协议Ⅲ》将压力测试作为 VAR 的重要补充工具，缓解银行的顺周期性。作用主要体现在两个方面：一是压力测试关注的是被 VAR 忽略的尾部风险，尤其是在经济上升期，对尾部风险的准确计量，能够促使银行提前做出应急方案，提高银行经营行为的前瞻性。二是针对历史资料的不完整性（尤其是历史资料不能覆盖一个完整的经济周期），压力测试可以通过特殊的敏感性分析或情景假设的方法对未来的市场情况进行理性预测，弥补了风险模型计量的不足。

最后，2017 年版《巴塞尔协议Ⅲ》的信用风险加权资产计量标准法力图降低对外部评级的依赖，要求银行在使用外部评级的同时，要加强对债务人的尽职调查；对于无评级的资产或监管不允许使用外部评级的情形，2017 年版《巴塞尔协议Ⅲ》提供了更为详细的资产划分和风险权重系数，即标准信用风险评估方法（Standardised Credit Risk Assessment Approach，SCRA）。

9.3　中国逆周期资本监管改革

9.3.1　逆周期资本要求

《巴塞尔协议Ⅲ》的标准是国际资本监管的最低要求，巴塞尔委员会鼓励各成员国根据自身情况实施更为严格的资本监管标准。我国从 2013 年 1 月开始实施的《商业银行资本管理办法（试行）》是在借鉴《巴塞尔协议Ⅲ》新框架，并结合我国金融实际情况的基础上制定的，既与国际新监管标准接轨，又符合我国银行业实际，是中国版《巴塞尔协议Ⅲ》。《商业银行资本管理办法（试行）》将商业银行资本充足率监管要求分为四个层次：第一层为最低资本要求，即核心一级资本充足率、一级资本充足率和资本充足率分别为 5%、6% 和 8%；第二层为储备资本要求和逆周期资本要求，分别为 2.5% 和 0 ~ 2.5%；第三层为系统重要性银行附加资本要求，为 1%；第四层为根据单家银行风险状况提出的第二支柱资本要求。其中逆周期资本缓冲机制是商业银行应当在最低资本要求和储备资本要求之上计提的逆周期资本。逆周期资本要求为风险加权资产的 0 ~ 2.5%，由核心一级资本来满足。

9.3.2　杠杆率监管要求

《巴塞尔协议Ⅲ》引入杠杆率指标，作为风险加权的资本充足率的有益补充。中国银监会在《商业银行资本管理办法（试行）》中提出了最低 4% 的杠杆率监管要求，并且要求境内外上市的商业银行以及未上市但上一年年末并表总资产超过 1 万亿元人民币的其他商业银行需要披露杠杆率信息。根据 2014 年巴塞尔委员会的杠杆率新规则，中国银监会对 2011 年《商业银行杠杆率管理办法》进行了修订，这次修订与巴塞尔委员会对杠杆率国际规则所做的修订保持一致，主要对承兑汇票、保函、跟单信用证、贸易融资等表外项目的计量方法进行了调整，进一步明确了衍生产品和证券融资交易等敞口的计量方法。同时，对商业银行的杠杆率披露提出了更为明确、严格的要求。

一些国外的研究表明，杠杆率本身也具有顺周期性。在经济扩张期，银行资产扩张能力强、盈利能力强，银行杠杆率比经济平稳期要高。在经济衰退期，银行不良贷款增加，盈利能力减弱，银行杠杆率比经济平稳期要低。有些国家的监管机构为抵消杠杆率指标的顺周期性，考虑在经济扩张期设定杠杆率上限，在经济衰退期设定杠杆率下限，将杠杆率的监管目标锁定在一定的区间范围内。由于我国银行业实施杠杆率监管要求时间尚短，杠杆率是否具有顺周期性还需要持续观察（章彰，2016）。

9.4 我国商业银行资本充足率顺周期性的实证分析

9.4.1 实证模型的理论分析

Ayuso 等（2004）是最早直接分析资本充足率与经济周期关系的学者之一。其研究结果表明银行的资本缓冲与经济周期之间存在较为显著的负相关关系，即资本缓冲在经济上行周期减少，在经济下行周期增加。本章的实证模型参考 Ayuso 等（2004）的研究思路，主要分析我国主要商业银行的资本充足率缓冲是如何对经济周期的变化做出反应的。为了对这一问题做出回答，我们首先考虑哪些因素会对银行持有资本的水平产生影响，借鉴 Ayuso 等（2004）和李文泓、罗猛（2010）的研究，我们首先从最简单的公式开始。

$$K_t = K_{t-1} + I_t \qquad\qquad (9-1)$$

其中，K_t 代表在第 t 期末银行的资本水平，对于某一个银行来说，其资本水平的调整是连续的，因此第 t 期的资本水平是在第 $t-1$ 期的基础上进行调整的，所以等式右边加入上一期资本水平 K_{t-1}。I_t 代表在第 t 期银行资本的变动，包含了股票的发行和回购等因素对银行资本水平的影响。

　　商业银行持有资本的原因有很多，但基本都可以认为商业银行持有资本的多少取决于它对持有资本的成本和收益二者的权衡比较。商业银行持有资本不仅没有经济效益还有机会成本，因为这些资本原本可以用来发放贷款并产生收益。但是持有更多的资本可以减少银行陷入财务危机或是破产的风险。另外，因为强制性的资本充足率监管要求，更高的资本水平意味着违反资本监管要求的可能性降低，减少了因资本充足率不足而遭受监管当局惩罚的可能，而这两点可以看作商业银行持有资本带来的收益。最后，商业银行改变自身资本水平的行为会产生调整成本。通过上面的分析，我们可以将持有资本的成本和收益组合成以下公式：

$$Cost_t = (\alpha_t - \gamma_t)K_t + \frac{1}{2}\delta_t I_t^2 \qquad (9-2)$$

其中，α_t 为持有资本的成本，γ_t 为银行倒闭的成本或者因资本不足而受到监管处罚的成本，δ_t 为资本调整的成本。

　　由于银行的经营目标是成本最小化，因而最优化模型为：

$$Min\ E_t\Big(\sum_{i=0} \beta^i\ cost_{t+i}\Big)$$
$$s.t.\ K_t = K_{t-1} + I_t \qquad (9-3)$$
$$Cost_t = (\alpha_t - \gamma_t)K_t + \frac{1}{2}\delta_t I_t^2$$

其中，β 是折现率，i 是时间，单位是年。

　　通过求解，可得：

$$当 \qquad I_t = E_t\Big(\frac{1}{\delta}\sum_{i=0} \beta^i(\gamma_{t+i} - \alpha_{t+i})\Big) \qquad (9-4)$$

的时候，银行的成本最小。

　　将式（9-4）代入式（9-1）得到下列公式：

$$E_t(K_t) = K_{t-1} + E_t\Big(\frac{1}{\delta}\sum_{i=0}^{\infty} \beta^i(\gamma_{t+i} - \alpha_{t+i})\Big) \qquad (9-5)$$

　　令 $(K - \bar{K})$ 为资本缓冲，资本缓冲等于实际资本水平与最低监管资本要求之间的差额。将 $(K - \bar{K})$ 作为 K_t 的替代变量代入式（9-5），得到下列公式：

$$(K - \bar{K})_t = (K - \bar{K})_{t-1} + E_t(\frac{1}{\delta}\sum_{i=0} \beta^i\gamma_{t+i}) - E_t(\frac{1}{\delta}E_t\sum_{i=0} \beta^i\alpha_{t+i}) + \varepsilon_i$$

$$(9-6)$$

根据式（9-6）建立如下计量分析模型：

$$\text{Buf}_{i,t} = \beta_0 \text{Buf}_{i,t-1} + \beta_1 \text{ROA}_{i,t} + \beta_2 \text{NPL}_{i,t} + \beta_3 \text{GDP}_t + \beta_4 D_{i,t} + \varepsilon_{i,t} \quad (9-7)$$

其中，$\text{Buf}_{i,t}$ 是银行 i 在 t 期持有的资本缓冲，$\text{Buf}_{i,t-1}$ 是银行 i 在 $t-1$ 期持有的资本缓冲，资本缓冲等于实际资本充足率水平减去最低资本充足率要求。$\text{ROA}_{i,t}$ 是银行 i 在 t 期的资产收益率，因其不受财务杠杆的影响，可以比较客观地反映银行盈利能力。$\text{NPL}_{i,t}$ 是银行 i 在 t 期的不良贷款率，由于信用风险一直是我国商业银行最主要的金融风险，所以用它代表银行承担的风险水平。同时，我们在模型中加入 GDP 这一经济周期指标，考察经济周期是否会对银行资本充足率的变动产生影响。D 为虚拟变量，主要剔除增资扩股、引入战略投资者等因素对资本充足率的影响，如果当年银行有外源融资行为，则 D 的取值为 1，否则取值为 0。β 是相关系数，$\varepsilon_{i,t}$ 是残差项。

9.4.2　样本与数据处理

2004 年 3 月，中国银监会借鉴《巴塞尔协议 I》开始实施《商业银行资本充足率管理办法》，设立 3 年过渡期，2006 年 12 月 31 日之前，对未达标的商业银行没有明显惩罚措施，2007 年 1 月 1 日起，监管当局对资本充足率达不到 8% 的商业银行给予惩罚，惩罚措施包括限制资产增长速度、限制固定资产购置、限制分配红利和其他收入、停止审批增设机构和开办新业务等。因此，我们收集了 2008—2016 年 39 家商业银行的面板数据，这 39 家样本银行分别是工商银行、中国银行、建设银行、交通银行 4 家大型国有控股银行，招商银行、民生银行、兴业银行、华夏银行、中信银行、浦发银行、平安银行、浙商银行、渤海银行 9 家全国性股份制银行，北京银行、南京银行、宁波银行、重庆银行、天津银行、杭州银行、上海银行、江苏银行、江阴银行、成都银行、贵阳银行、大连银行、德阳（长城华西）银行、广州银行、河北银行、湖州银行、日照银行、桂林银行、九江银行、柳州银行、宁夏银行、长沙银行、萧山农商银行、营口银行、潍坊银行 25 家城市商业银行和东亚中国 1 家外资银行，数据指标包括商业银行的资本充足率、资产收益率、不良贷款率以及外源融资情况与 2008—2016 年的 GDP 年度增长率。根据 2004 年中国银监会的规定，2007—2008 年最低资本充足率要求设为 8%，2008 年底银监会根据宏观经济形势变化建立动态资本和动态拨备要求，把最低资本充足率要求从原来的 8% 提高到 10%（对中小银行）和 11%（对大型银行），因而我们将2009—2012 年四家大型银行的最低资本充足率要求设为 11%，其他银行的最低资本充足率要求设为10%；基于2010年《巴塞尔协议Ⅲ》的出台，2012年6月7日中国银监会颁布了《商业银行资本管理办法（试行）》，从2013年1月1日起施行，增加了逆周期资本要求、系统重要性银行附加资本要求等，我们将2013—2016年系统重要性银行的最低资本充足率要求设为11.5%，其他商业银行的最低资本充足率要求设为10.5%。考虑到2013年1月1日中国版《巴塞尔协议Ⅲ》开始实施，我们分两个时段（即2008—2012年、2013—2016年）来考察资本缓冲与GDP增长率以及其他变量之间的关系。采用H－P滤波方法从年度GDP增长率指标中提取增长趋势后的剩余部分。当剩余部分的GDP大于零时，代表经济扩张；而当剩余部分的GDP小于零时，代表经济衰退。

9.4.3 实证过程及分析

1. 变量的描述性统计分析

表9－4　　　　　　　　　主要变量的描述性统计分析

	BUF	ROA	NPL	D	GDP
均值	0.0247	0.0107	0.0144	0.6343	－6.92E－19
中位数	0.0196	0.0110	0.0103	1.0000	－0.0002
最大值	0.2267	0.0218	0.5700	1.0000	0.0159
最小值	－0.1282	0.0005	0.0000	0.0000	－0.0168
标准差	0.0277	0.0036	0.0337	0.4823	0.0088
偏度	2.5788	－0.1386	3.9265	－0.5576	－0.1348
峰度	20.8338	3.8816	220.0341	1.3110	2.7213
Jarque－Bera	5026.080	12.4552	698244.0	59.7434	2.1923
Probability	0.0000	0.0020	0.0000	0.0000	0.3342

从表9－4可知，资本缓冲变量BUF的均值为0.0247，中位数为0.0196，资产收益率ROA的均值为0.0107，中位数为0.0110，不良贷款率NPL的均值为0.0144，中位数为0.0103，GDP均值为－6.92E－19，中位数为－0.0002，说明样本期绝大部分银行的实际资本充足率水平均已达标并且高于最低资本充足率要求1～2个百分点；大部分银行的资产利润率均在1%左右，经营绩效变化虽然均值为正，但大数银行的盈利水平在下降。虽然大部分银行的不良贷款率在1%左右，但多数银行的风险在增加；样本期经济周期主要处于下行期。

我们通过计算方差膨胀因子（VIF）进行共线性诊断，结果见表9-5，从表9-5可知，变量的 VIF 值均小于5，因此可以确定模型的变量之间没有多重共线性。

表9-5　　　　　　　　　　　自变量的 VIF 检验结果

变量	VIF	1/VIF
GDP	1.49	0.6724
ROA	1.40	0.7153
NPL	1.37	0.7320
D	1.02	0.9840
VIF 均值	1.32	

2. 平稳性检验

我们使用 Levin，Lin and Chut 法，Im，Pesaran and Shin W - stat 法，ADF - Fisher 法，PP - Fisher 四种方法对面板数据进行单位根检验，结果如表9-6所示。

表9-6　　　　　　　　　　　变量的平稳性检验结果

	BUF	ROA	NPL	GDP
LLC	-12.2505 ***	-88.1580 ***	-13.6745 ***	-77.1580 ***
P & S	-8.0260 ***	-45.9147 ***	-6.4272 ***	-41.9147 ***
ADF	196.614 ***	158.000 ***	180.228 ***	737.000 ***
PP	242.367 ***	127.115 ***	142.612 ***	337.115 ***

注：*、**、*** 分别表示10%、5%和1%的显著性水平。

由于变量 D 是虚拟变量，不需要进行平稳性检验。从表9-6的结果可知，四个变量无论使用哪种单位根检验方法，各变量都在5%的显著性水平下平稳，说明面板数据中的变量为平稳序列，不存在单位根，可以对面板数据进行回归分析。

3. 模型回归结果分析

动态面板数据模型需要通过三项检验，即 Sargan 检验、AR（1）检验和 AR（2）检验。首先，应用 Sargan 检验来判别并选取合适工具变量。Sargan 检验的原假设为：过度识别限制是有效的，即工具变量有效。在原假设成立的条件下，Sargan 统计量服从自由度为 $r-k$ 的卡方分布（r 是工具变量的秩，k 是估计参数个数）。在5%的显著性水平下，当 $P < 5\%$ 时，拒绝原假设，即工具

变量无效；当 $P > 5\%$ 时就接受"过度约束正确的零假设"，即工具变量的使用整体有效，不存在过度识别问题。表 9 – 7 中除 2008—2012 年系统 GMM 的 Sargan 检验结果没有通过外，其他检验结果均接受原假设。AR（2）检验表明差分方程的误差项不存在二阶自相关，Hansen 检验显示过度识别条件成立。

表 9 – 7   模型的回归结果

	差分 GMM		系统 GMM	
	2008—2012 年	2013—2016 年	2008—2012 年	2013--2016 年
$BUF_{i,t-1}$	0. 2972 ***	0. 3203	0. 3422 ***	0. 4066
$ROA_{i,t}$	2. 8360	5. 6036 **	2. 8173 ***	4. 8229 ***
$NPL_{i,t}$	– 0. 1057	2. 0589	– 0. 0130	2. 0468 ***
$D_{i,t}$	– 0. 0206 **	0. 0150	– 0. 0081 *	0. 0136 **
GDP_t	0. 2110	1. 4443 *	0. 0943	1. 1278 *
AR（1）	0. 019	0. 098	0. 023	0. 090
AR（2）	0. 889	0. 173	0. 593	0. 309
Sargan	0. 107	0. 293	0. 006	0. 805
Hansen	0. 249	0. 334	0. 488	0. 849

注：*、**、***分别表示 10%、5% 和 1% 的显著性水平。

从表 9 – 7 可知，无论是在差分 GMM 方法还是在系统 GMM 方法下，2008—2012 年，资本缓冲与经济周期的正相关关系均不显著，但是 2013—2016 年《商业银行资本管理办法（试行）》实施期间资本缓冲与经济周期均显著正相关，说明我国 2013 年开始实施的《商业银行资本管理办法（试行）》有效发挥了逆周期调节作用，在经济上升时期，为防范衰退期到来时产生的资本不足，银行主动提高资本缓冲；在经济下降时期，为释放贷款投放需要吸收的资本，银行的资本缓冲水平下降。而在《商业银行资本管理办法（试行）》实施前，资本缓冲与经济周期的正效应不显著。

在《商业银行资本管理办法（试行）》实施前，资本缓冲 BUF 和其一阶滞后项 BUF（–1）显著正相关，说明前期的资本缓冲水平有延续效应。但《商业银行资本管理办法（试行）》实施后，BUF 和其一阶滞后项 BUF（–1）的正相关关系变得不再显著，可能是逆周期资本机制开始发挥作用。

在《商业银行资本管理办法（试行）》实施前，不良贷款率 NPL 与资本缓冲 BUF 负相关但不显著，但在《商业银行资本管理办法（试行）》实施后，NPL 与 BUF 变得正相关且在系统 GMM 方法下显著，不良贷款率上升意味着银行资产风险加大，将吞噬银行的资本引起资本缓冲水平下降，但是由于我国《商业银行资本管理办法（试行）》达标的高要求以及资本监管逆周期的影响，商业银行在资产质量恶化时也在同步拓宽资本补充渠道以防范风险。

不管是《商业银行资本管理办法（试行）》实施前还是实施后，资产净利率与资本缓冲都正相关。说明盈利是资本补充的主要来源。

商业银行调整资本缓冲的行为可分解为"分子行为"和"分母行为"。从前面的数据分析可知，样本期间，我国商业银行信贷增速一直以双位数高速增长，因此我们认为这一时期资本缓冲的形成主要依靠"分子行为"，而不是减少风险资产的"分母行为"，因为商业银行减少信贷扩张会对实体经济造成较大的负面冲击，不利于我国宏观经济的稳定，而通过"分子行为"积累资本缓冲更符合监管机构的政策意图。但是，我们认为本章这部分实证分析也存在一定的局限性：一是2008年以来，中国经济增速虽然由双位数进入单位数，但是仍不能认为是一个完整的经济周期，而这可能会制约对完整经济周期下银行资本缓冲与GDP增速之间关系的观察；二是由于我国银行资本监管制度处于不断调整中，数据中的"杂音"不少，而这又可能影响实证结论的科学性。

第十章 逆周期资本缓冲制度框架及其国际比较

10.1 逆周期资本缓冲制度的内容

10.1.1 逆周期资本缓冲制度的建立过程

在《巴塞尔协议Ⅰ》和《巴塞尔协议Ⅱ》下，资本充足率达标不等于能对抗金融危机的冲击。当发生金融危机时，即便资本实力雄厚的银行也存在倒闭的危险。当整个经济处于严重衰退时，银行资产负债表将会受到重创，利润减少，交易违约率上升，脆弱性自然增加，挤兑风险上升。根据2009年国际货币基金组织（IMF）的报告，爱尔兰的银行在危机爆发前的2004—2007年，平均资本充足率达到12.5%，不良贷款率仅为0.54%；但危机爆发后，不良贷款率惊人地上升至2009年的48%和2010年的53.7%，银行损失占到GDP的20%左右。因此，资本充足率达标不等于在金融危机中能幸免于难。所以，在修订的《巴塞尔协议Ⅲ》中，要求银行计提留存资本缓冲、逆周期资本和系统性重要银行附加资本，旨在增强银行抵御贷款损失的能力。

2008年国际金融危机发生后，缓解金融体系的顺周期性、推进逆周期监管成为当时国际金融监管改革的核心议题之一。

2009年4月，二十国集团伦敦峰会要求金融稳定理事会和巴塞尔委员会研究提出缓解顺周期问题的政策工具，促使银行在经济上行周期计提资本缓冲，以满足经济下行周期吸收损失的需要。

2009年11月，巴塞尔委员会成立了宏观变量工作组（Macro Variables Task Force，MVTF），负责逆周期资本缓冲框架的研究和规则制定工作，中国银监会派员参加了该工作组并全程参与了该项工作。

2009年12月，巴塞尔委员会提出了逆周期监管框架的四个要素：一是缓解最低资本要求的顺周期性；二是推动建立更具前瞻性的拨备计提方法；三是要求银行建立留存资本缓冲（Conservation Capital Buffer），以抵御经济下行时期可能发生的损失；四是引入为保护银行业免受信贷过度增长而可能带来损失的逆周期资本缓冲（Countercyclical Capital Buffer）。

2010 年 7 月，宏观变量工作组制定的逆周期资本缓冲政策框架正式在全球征求意见。2010 年 9 月 12 日，巴塞尔委员会决策委员会会议（GHOS）正式宣布了国际银行资本监管制度改革总体方案，包括要求银行在信贷高速增长、系统性风险不断累积的情况下，计提逆周期资本缓冲，逆周期资本缓冲水平为风险加权资产的 0～2.5%。达标过渡期为 2016 年 1 月 1 日至 2019 年 1 月 1 日，每年增提 0.625 个百分点，且应至少提前 12 个月宣布提高逆周期资本标准。

2010 年 12 月 16 日，巴塞尔委员会正式公布了《巴塞尔协议Ⅲ》和《各国监管当局实施逆周期资本缓冲指引》，要求各国监管当局参照该指引，根据本国银行业实际情况，制定本国的逆周期资本缓冲政策框架，视需要要求银行计提逆周期资本缓冲。

《巴塞尔协议Ⅲ》构建了当前国际金融监管改革最有影响力的机制，不过其有效的实施还有赖于各成员国在执行中的协调与合作，因为各国金融创新产品发展不一致及各成员国利益不同等因素，尤其是对各国银行国际竞争力的影响因素，各成员国在具体执行和改革方面需要进一步加强协调。

10.1.2　《巴塞尔协议Ⅲ》中逆周期资本监管工具

《巴塞尔协议Ⅲ》资本监管改革的核心是提高了资本充足率监管要求。将现行的两个最低资本充足率要求（一级资本和总资本占风险资产的比例分别不低于 4% 和 8%）调整为三个层次的资本充足率要求：

一是明确三个最低资本充足率要求，即核心一级资本充足率、一级资本充足率和资本充足率分别不低于 4.5%、6% 和 8%，同时强调一级资本中普通股、股本溢价和股本留存收益的作用，其中由普通股构成的核心一级资本占银行风险资产的下限从 2% 提高至 4.5%。

二是引入逆周期资本监管框架，包括 2.5% 的留存超额资本和 0～2.5% 的逆周期超额资本，若出现系统性的信贷过快增长，商业银行需计提逆周期超额资本。为平缓信贷周期和经济周期带来的资本波动，《巴塞尔协议Ⅲ》首次提出在经济形势较好时建立资本缓冲，以供金融危机时用来吸收资产损失。资本缓冲分为两类，第一类是资本留存缓冲，第二类是与信贷过度增长挂钩的逆周期资本缓冲，其范围在 0～2.5%。资本留存缓冲要求：正常条件下，银行应持有高于最低标准的资本缓冲；当出现金融危机时，资本缓冲可用来吸收损失。《巴塞尔协议Ⅲ》规定，资本留存缓冲自2016年1月1日起建立，应由普通股构成，初始为风险资产的0.625%，其后每年增加0.625个百分点，并于2019年1月1日达到最终占风险资产2.5%的水平。银行在压力时期可以使用留存资本缓冲，但当监管资本比率接近最低要求时，监管当局可通过限制红利分配和薪酬派发等方式约束银行。

三是增加系统重要性银行的附加资本要求，暂定为1%。虽然《巴塞尔协议Ⅲ》保持资本充足率8%不变，但由于规定了资本留存缓冲，实际有效的普通股、一级资本和总资本要求将分别达到7%、8.5%、10.5%。

表10－1　　　《巴塞尔协议Ⅲ》和中国银监会新的资本标准

	《巴塞尔协议Ⅲ》要求			银监会要求		
	核心一级资本	一级资本	总资本	核心一级资本	一级资本	总资本
最低要求（1）	4.50%	6%	8%	5%	6%	8%
储备资本（2）	2.5%			2.5%		
（1）＋（2）	7%	8.5%	10.5%	7.5%	8.5%	10.5%
逆周期超额资本	0～2.5%			0～2.5%		
系统重要性银行附加资本要求	2011年6月，巴塞尔委员会领导小组确定系统重要性银行附加资本要求为1%～2.5%普通股资本金，对于系统性风险大者另加1%			国内重要系统性银行1%，若被定为全球系统重要性银行，不得低于巴塞尔委员会的规定		
杠杆率	3%			4%		
过渡期	2011年进入观察期，2013年到2017年为过渡期，2018年正式纳入第一支柱			2013年1月1日开始执行，系统重要性银行和非系统重要性银行应分别于2013年底和2016年底前达到标准		

2008年国际金融危机暴露出的一个重大问题是：过度杠杆化导致系统性风险升高，资本充足率本身所具有的顺周期效应同时也放大了金融系统的脆弱性，8%的资本充足率要求并不足以弥补银行面临的各类风险。因此，《巴塞尔协议Ⅲ》引入了杠杆率作为对资本充足率要求的补充监管工具。《巴塞尔协议Ⅲ》要求银行持有的一级资本占非权重资产的比率达到3%，在计算杠杆率时，所有的表外资产必须通过一定的系数转化计算，同时衍生金融产品也需要计入。

10.1.3 逆周期资本缓冲计提的宏观经济参考指标

逆周期资本缓冲机制的内在逻辑是在超额信贷扩张和系统性风险积累时期，以最低资本要求和留存资本缓冲为基础计提逆周期缓冲资本；在经济转向下行，银行信贷风险扩大时，释放逆周期缓冲资本，防止银行"去杠杆"对实体经济造成过大的不利冲击。根据参考的宏观经济指标给出的经济信号，银行在经济上行阶段逐步补充逆周期缓冲资本至资本额的上限。在经济出现由上行向下行变换的拐点时，银行可一次性（或者逐步）释放逆周期资本缓冲。逆周期资本缓冲的下限是银行最低资本要求与留存资本缓冲。释放后，资本缓冲为零。

在宏观经济指标的选取上，目前探讨较多的是经济增长指标、资产价格指标、信贷增长及货币指标、杠杆率等。巴塞尔委员会强调，不宜用逆周期资本来调控经济周期或资产价格，这一目标最好采用财政政策、货币政策等宏观经济政策而非宏观审慎政策工具来实现。理想的条件变量是金融周期的同步指标，可以引导在经济繁荣期建立充足的资本缓冲，在经济衰退期以合适的速度和数量加以释放，实现经济繁荣期和经济衰退期与资本的扩张和收缩阶段同步。现实情况却没有这么简单（曼斯·爵蒙等，2010）。

实际 GDP 增长：这是衡量经济周期的最常用指标。但尽管经济周期和金融周期相似，未必在所有时刻都同步，金融危机未必在每次经济衰退中都出现。

资产价格增长：金融资产特别是房地产价格在银行出现系统性问题之前趋于快速增长，在资金紧张阶段迅速下降。与信贷/GDP 比率相似，我们考察房地产总价（居民和商业房地产价格的加权平均）与其长期趋势的偏离值。

实际信贷总增长：对周期的定义经常会参照信贷的可得性。包括银行及其他信贷在内的信贷总量增长指标，可以用来衡量供给情况。经济繁荣期的特点是信贷快速扩张，信贷总体下降是信贷崩溃的前兆，信贷增长对其趋势的偏离是有用的信息变量。

《资本缓冲指引》推荐将信贷/GDP 与其长期趋势之间的正缺口——信贷/GDP 缺口方法作为逆周期资本缓冲计提的基本指标，为避免单一参考指标可能导致的监管决策失误，巴塞尔委员会也强调《资本缓冲指引》提出的判断方法只是作为各国制定逆周期资本缓冲政策的参考，各国不宜机械地运用该指标来确定逆周期资本，而应根据本国国情进行综合判断，设计符合自身情况的逆周期资本缓冲机制。巴塞尔委员会之所以选用信贷余额/GDP 这一指标，是基于大量实证分析研究结果所做的决定。国际清算银行对近 30 个国家/地区（包括中国）从 1970 年至 2009 年近 40 年的数据进行了实证分析，对比了三大类近 10 项指标（GDP 增长、信贷增长、信贷余额/GDP、股票价格、房地产价格等宏观经济金融指标、银行业利润和损失等业绩指标以及信贷利差等融资成本指标）在 40 年来历次严重、中度和轻度的全球和区域性金融危机中的表现，经研究表明，在所有这些指标中，信贷余额/GDP 用于判断经济上行周期和金融危机的效果最佳，因为几乎在所有金融危机发生之前，都经历了一段信贷高速增长时期。同时，选用信贷余额/GDP 对其长期趋势的偏离程度（GAP），能够较好地实现防止信贷过度增长可能给银行造成损失的宏观审慎目标（BCBS，2010）。

《资本缓冲指引》还详细讨论了采用广义信贷/GDP 与其长期趋势之间的正缺口（GAP）作为计提逆周期资本要求的计提方法。

首先，计算信贷余额/GDP。公式为 $R_t = C_t/\text{GDP}_t$。其中，C_t 为 t 期的名义信贷余额，GDP_t 为 t 期的名义 GDP。其中，信贷余额为广义信贷口径，包括所有为私营部门提供的信贷支持（含本国和境外的资金支持），但不包括公共部门债务。具体来说，广义信贷口径包括对私营部门的贷款、公司债、企业债、中期票据、短期融资券、个人理财中的信贷资产、资产证券化等。

其次，计算信贷余额/GDP 与其长期趋势值的偏离度（GAP）。公式为 $\text{GAP}_t = R_t - \text{Trend}_t$。其中，$\text{Trend}_t$ 是根据 H－P 滤波单边趋势法计算的长期趋势值，GAP_t 为 t 期信贷余额/GDP 与其长期趋势值的偏离度。关于是采用 H－P 滤波法还是移动平均法来计算 GAP 的长期趋势值，巴塞尔委员会建议采用 H－P 滤波法。H－P 滤波法是在宏观经济研究中常用的、对变量的时间序列进行非线性平滑后导出长期趋势的一种标准方法。相对于移动平均法而言，H－P 滤波法在求解信贷余额/GDP 的长期趋势时，对近期数据给予了更高的权重，能更有效地处理经济体的结构性变化，因而是一种较优的选择。H－P 滤波法通过选取平滑因子 λ 的大小来确定长期趋势线的平滑度，λ 越大趋势线越平滑，即越接近于直线。巴塞尔委员会经过实证研究表明，选择 λ = 400000 的单边 H－P 滤波法所产生的信贷余额/GDP 与其长期趋势值的偏离度（GAP）的表现最好。

最后，将偏离度（GAP_t）转换为逆周期资本缓冲（CCyB）。巴塞尔委员会认为，当偏离度（GAP_t）低于下限（L）时，逆周期资本缓冲为零；当偏离度（GAP_t）高于上限（H）时，逆周期资本缓冲取上限（2.5%）；当偏离度

（GAP$_t$）在下限（L）和上限（H）之间时，逆周期资本缓冲为 0~2.5%。巴塞尔委员会建议将下限 L 设为 2，上限 H 设为 10。

Repullo 和 Saurina（2011）则进一步应用美国、英国、法国、德国等国家的宏观经济和信贷数据进行实证检验后发现，信贷/GDP 与其长期趋势值的偏离度与经济周期变量（如 GDP 增速）之间具有负相关性（见表 10 – 2）。

表 10 – 2　　　　　逆周期资本及其挂钩指标与 GDP 增速的相关性

	GDP 增速与偏离度（GAP）的相关系数	GDP 增速与逆周期资本的相关系数
法国	– 0.61	– 0.65
德国	0.07	– 0.1
美国	– 0.23	– 0.18
英国	– 0.72	– 0.67
日本	– 0.26	– 0.28
意大利	– 0.32	– 0.4

这意味着在经济上行期偏离度 GAP 下降，逆周期缓冲资本未能计提或者计提程度不足，无法有效抑制银行信贷的过度增长；而在经济下行时期偏离度 GAP 则加大，资本缓冲未能有效释放以缓解银行信贷的收缩。李文泓（2011）也指出，由于实际信贷增长率和信贷/GDP 比率指标在经济下滑时期下降速度过慢、时间过晚，因此该指标预测资本释放时机的功能较弱。此外，由于政策干预等因素，我国信贷周期与经济周期往往存在负相关关系，影响了该指标工具对于金融失衡和经济周期变动的预判。

从逆周期资本的运作机制来看，只有在一国的信贷高速增长、导致系统性风险不断增加时才需计提逆周期资本。因此，对大多数国家来说，逆周期资本都不会频繁运用，而是可能 10 到 15 年才会启动 1 次，这也是逆周期资本不宜用于经济周期调节等宏观调控目标的原因所在。

此后，巴塞尔委员会根据各国监管当局的意见反馈及咨询情况，在 2015 年 11 月发布的《巴塞尔协议Ⅲ逆周期资本缓冲咨询意见反馈》中对标准计提模型的运用细节问题做了进一步说明，主要包括：逆周期资本缓冲决策方法、跨国监管、地区信贷暴露的识别和计算、单一银行缓冲计提、调整时间与频率及披露要求。此外，现有标准计提模型仍然存在诸多细节问题有待解决。

从国际实施现状来看，已有 25 个国家或地区制定了逆周期资本监管规则并落地实施，仅有中国和加拿大两国尚未完成规则制定。值得注意的是，各国建立的逆周期资本监管规则虽大多采纳了巴塞尔委员会推荐的信贷/GDP 指标作为核心参考变量，具有鲜明的国别特点，以宏观经济指标、房地产价格信息及银行特质等不同的附加参考指标作为判断依据（巴曙松等，2017）。

10.1.4 逆周期资本工具的使用规则

政策规则的设计不同会对政策行为的结果产生十分显著的影响。在应对顺周期性问题时，宏观审慎政策工具的使用也面临在规则与相机抉择之间进行选择的问题。我们可以按照"自动稳定器"的原则来建立一种基于规则的方法，这种方法可以约束金融机构的行为，但并不考虑这些机构自身的具体情况，具体例子包括逆周期资本缓冲和动态贷款损失准备金的提取规定等。由于金融系统内的许多系统性风险是内生的，早期预警指标难以设计，而逆周期政策工具又必须在系统性风险变成实际危机前提前采取行动，所以完全基于规则的逆周期政策工具难以设计。

相反，相机抉择的政策可以是来自宏观审慎监管当局"自上而下"的干预措施。当得出危险的失衡正在积累（或消除）的判断时，监管当局就采取措施和施加（或取消）限制。

由于很难准确识别周期状况，所以完全依赖自动机制具有很大的危险性，因为自动稳定机制无法进行准确定位。尤其是金融周期通常受到风险偏好的驱动，而我们现在还无法对风险偏好进行预测。实际上，宏观审慎性监管的一个关键目标可能是"管理"金融体系中的总体风险偏好。这不可避免地会涉及一些相机抉择的判断，而如何做出这类判断又将决定宏观审慎监管的针对性和有效性。

巴塞尔委员会认为，在实施逆周期资本缓冲政策时，纯粹的规则和相机抉择均存在缺陷，信贷/GDP指标虽然可以作为确定逆周期资本缓冲的有用参考，但并不是在任何国家的任何时期都有满意的表现。因此，不宜机械地运用信贷/GDP指标来确定逆周期资本，应采用有限自由裁量权（Constrained Discretion）或指导性自由裁量权（Guided Discretion）方式，即各国监管当局在参考信贷/GDP指标的同时，还需考虑更广范围的信息，决定逆周期资本累积/释放的时机和水平。为了指导各国监管当局在逆周期资本决策中更好地运用判断，巴塞尔委员会提出了以下五项指导原则（BCBS，2010）。

原则1：任何逆周期资本决策都应基于逆周期资本目标，即保护银行业免受信贷过度增长而可能带来的系统性风险损失。

原则2：信贷/GDP指标是各国监管当局在逆周期资本决策时可以使用的

一个有用的共同参考指标。但是，各国监管当局还应考虑更广范围的信息，并对其如何利用这些信息进行逆周期资本决策做出合理的解释。

原则3：在运用信贷/GDP指标和其他信息进行逆周期资本决策时，要注意这些指标和信息可能产生的误导。其中，在运用信贷/GDP指标时，要注意作为分母的GDP的变化是否恰当地反映了系统性风险的累积情况，在GDP呈现周期性放缓或明显下降时不宜单纯依赖该指标进行逆周期资本决策。而且，信贷余额/GDP与其长期趋势值的偏离度（GAP）是一个纯粹按统计方法计算的结果，难以较好地捕捉拐点。因此，监管当局在参考信贷/GDP指标时，要充分运用判断，例如信贷/GDP正缺口的上升究竟是信贷激增还是GDP下降的原因。同时，信用利差的大幅增加在多数情况下反映的是系统性风险的爆发，但也可能源于非基本面因素的影响，因此，单纯依赖信用利差来决定逆周期资本的释放也不合适。

原则4：在经济下行周期及时释放逆周期资本，有利于减弱因监管资本要求的约束而造成的信贷紧缩。在发生系统性危机的情况下，应及时释放逆周期资本，以便银行吸收损失，有足够的资金支持其信贷行为，避免因信贷紧缩而加剧经济衰退。

原则5：逆周期资本是各国当局可以采用的多种宏观审慎工具中的一项重要工具。

10.2　国外逆周期资本监管改革实践

10.2.1　发达国家（地区）逆周期资本监管改革实践

1. 美国

2009年6月17日，美国奥巴马政府首次公布全面的《金融监管改革方案》，比较一致地提出了实施相关逆周期监管措施的建议。美国财政部在2008年国际金融危机后，进一步明确了实施逆周期监管的目标，其中主要包括以下几个方面：（1）在现行资本要求和会计准则下，减少经济繁荣期积累起来的风险，熨平信贷周期；（2）鼓励或要求银行建立充足的缓冲资本；（3）根据银行及其他金融机构的规模大小、杠杆率、与其他机构的关联性、流动性风险及系统性风险暴露等综合因素，提高资本要求；（4）增强银行承受流动性冲击的抵抗能力；（5）加强对系统性重要金融机构的监管要求。

2013 年 6 月联邦储备委员会（Fed）联合货币监理署（OCC）和联邦存款保险公司（FDIC）公布了资本监管的最终版本（Q 规则），加强了对投保吸储性金融机构和银行控股公司风险资本的要求，同时还引入了适用于大型国际活跃银行的逆周期资本缓冲要求（CCyB）。根据规定，逆周期资本缓冲只对适用高级法的大型银行做出要求，应用高级法的大型银行资产规模超过 2500 亿美元或表内海外资产规模在 100 亿美元以上。逆周期资本缓冲是资本留存缓冲的扩展，资本监管要求银行在一级资本最低要求的基础上再持有 2.5% 的资本留存缓冲，在金融动荡时期银行可以使用这部分资本，用来规避监管机构对银行股利和高管奖金发放的限制。

2015 年 12 月，美联储联同美国货币监理署及美国联邦存款保险公司提议，实施"逆周期资本缓冲"（Countercyclical Capital Buffer），即一旦监管机构认为美国信贷风险高于正常水平并危及金融系统时，针对银行逆周期资本缓冲的额外资本要求，最高可能达到银行经风险调整后美国信贷资产的 2.5%。这项措施旨在防范银行潜在损失并协助缓和信贷供应中的波动。美联储将观察美国债务水平与经济规模比例的变动，以及借款人应对立即还款要求的能力等多项指标，来判别是否需要额外资本。该风险模型将随着时间推移而有所调整。例如在决定实施这项要求时，可能考量到相对于经济规模及房价趋势，借款上所出现的变化。目前针对大型银行的资本要求最高可达风险加权总资产的11.5%。银行业者普遍会有 12 个月左右的通知期，以遵守较高的资本要求。

2. 英国

2009 年 3 月，英国金融服务局发布了由其主席特纳勋爵领衔起草的名为《对全球银行危机的监管回应》的评估报告，提出应在资本、会计、流动性监管方面加入逆周期因素。2009 年 7 月 8 日，英国提出了实施逆周期监管措施的建议。其更明确地将逆周期政策工具分为基于规则的监管工具和相机抉择的监管工具，指出宏观审慎的额外资本（Macro - Prudential Addons to Regulatory Capital Requirement）、抵押率（Loan - to - Value Ratios，LTVs）、利率都属于相机抉择的政策工具。英国还提出了提高危机时期的融资能力也是基于规则的逆周期政策工具，并具体分析了资本保险（Capital Insurance）、债权—股权转换（Debt - Equity Conversion）两种方式。

2013 年 4 月 1 日，《2012 年金融服务法案》生效，宣告英国新的金融监管框架正式建立，确立了英格兰银行负责货币政策、宏观审慎管理与微观审慎监管的核心地位，形成由审慎监管局和金融行为局构成的"双峰"监管模式。

2014 年 1 月，英格兰银行进一步发布《补充资本要求政策》，明确了逆周期资本监管要求。英国议会授权金融行为局负责逆周期资本缓冲。逆周期资本缓冲适用于英国所有银行、住房互助协会和投资公司。金融行为局每季度根据英国信贷规模制定逆周期资本缓冲水平（最高可达 2.5%）。

2016 年 7 月 5 日，英国退欧公投之后，英国中央银行将逆周期性资本缓冲比率由 3 月开始的 0.5% 降低至零，将逆周期资本缓冲比例下调将提振英国贷款最多 1500 亿英镑，预计逆周期性资本缓冲比率将直到 2017 年 6 月一直维持在零，以确保缓冲英国脱欧带来的经济风险。2017 年 6 月 27 日，英国中央银行金融政策委员会上调逆周期资本缓冲至 0.5%，将令英国银行业者的资本金要求增加 57 亿英镑。

表 10 - 3　　　　　　　　英国逆周期资本缓冲的核心指标

Indicator（指标）		1987—2006 年的均值	2006 年的均值	1987 年以来的最小值	1987 年以来的最大值	前一年数值	2017 年 11 月 17 日最新的数据	
Non - bank balance sheet stretch								
1	Credit - to - GDP（信贷/GDP）							
	Ratio（比率）	121.3%	163.6%	86.6%	177.7%	149.5%	149.8%	(2017Q2)
	Gap（缺口）	7.4%	9.4%	- 28.7%	21.0%	- 19.4%	- 16.5%	(2017Q2)
2	Private non - financial sector credit growth（私人非金融部门的信贷增速）	9.9%	9.3%	- 2.0%	23.9%	6.0%	5.1%	(2017Q2)
3	Net foreign asset position - to - GDP（海外净资产/GDP）	4.0%	- 6.3%	- 29.0%	21.4%	- 8.5%	- 5.1%	(2017Q2)
4	Gross external debt - to - GDP（总外部债务/GDP）	181.7%	317.4%	113.3%	403.1%	307.3%	307.0%	(2017Q2)
	of which bank debt - to - GDP（银行债务/GDP）	120.0%	194.2%	77.8%	266.4%	174.8%	173.1%	(2017Q2)
5	Current account balance - to - GDP（经常账户余额/GDP）	- 1.9%	- 3.1%	- 7.1%	0.5%	- 5.8%	- 4.6%	(2017Q2)

资料来源：https：//www.bankofengland.co.uk/financial - stability.

3. 欧盟

欧盟理事会于 2009 年 6 月 19 日通过《欧盟金融监管体系改革》，成立了欧盟系统风险委员会（European Systemic Risk Council，ESRC）和欧洲金融监管系统。欧盟系统风险委员会在欧盟层面上负责宏观审慎监管，监控和评估在宏观经济发展以及整个金融体系发展过程中出现的威胁金融稳定的各种风险，识别并对这些风险进行排序，出现重大风险时发出预警并在必要时向政策制定者提供包括法律方面的各种建议和措施。欧盟系统风险委员会是一个独立的没有法人地位的监管机构，其董事会一般由成员国中央银行行长、欧洲中央银行行长、三个欧盟金融监管当局的主席以及欧洲委员会的一名委员组成，此外还包括设有投票权的经济与金融委员会（EFC）主席以及各国监管当局的代表。这表明欧盟认为系统风险监管中需要加强监管当局和中央银行之间的联系以及对中央银行在欧盟宏观审慎监管方面的重要作用。欧洲金融监管系统的主要内容包括三个层次：在欧盟层面上，升级原先欧盟层面的银行、证券和保险监管委员会为欧盟监管当局（European Supervisory Authorities，ESA），新的欧盟监管当局除了继续承担过去监管委员会作为咨询主体的有关职责以外，其权限有所扩大并拥有了法人地位。其职能主要包括：建立一整套趋同规则和一致性监管操作，按照共同性条约的有关规定发展约束性协同技术标准，制定非约束性技术标准供各国监管者自行决定是否采纳，确保欧盟共同的监管文化和一致性监管操作，收集微观审慎监管信息，协助解决成员国之间由于监管分歧而出现的问题，但不能干涉各国的财政权力。在各国层面上，日常对金融机构的监管责任则由各国监管当局承担。在相互配合的层面上，为了加强欧盟监管机构之间的合作、监管方法的一致性以及对金融混业经营的有效监管，欧盟将在欧盟系统风险委员会中成立指导委员会（Steering Committee），建立与三个新的监管当局的信息交流与监管合作机制。

2009 年 7 月 7 日的欧盟经济与金融会议上，各国就如何减少金融监管的顺周期性达成了共识。其主要内容除了强调欧洲系统风险委员会的重要作用以外，还认为缺乏反周期缓冲措施和僵化的会计制度是放大危机作用的重要因素。结合 G20 成员国、金融稳定委员会以及巴塞尔委员会等国际组织关于降低顺周期性的共识，欧盟正在酝酿引入前瞻性会计标准，发展坏账准备动态模型，并在景气时期从贷款利润中提取预期损失准备；建立逆周期资本缓冲，在萧条时期银行可以使用在景气时期积累下的资本缓冲渡过危机；推动对公允价值会计准则（Fair Value Principle）的修改，克服当前会计制度下对资产价格的不确定性、银行的经营模式以及市场实际流动性等问题考虑不足的缺陷；敦促各成员国贯彻欧盟委员会关于金融机构报酬激励机制的建议，通过加强业绩与报酬的联系、综合考虑长期与短期业绩评价等方式防止激励制度的短期行为，从而消除薪酬制度在推动顺周期性方面的影响。

2014 年 1 月 1 日，欧盟开始实施 "资本要求指令四和资本要求监管条例"（Capital Requirements Directive IV/Capital Requirements Regulation, CRD IV/CRR），搭建起统一的银行业宏观审慎管理框架。该框架赋予了宏观审慎管理部门一系列政策工具。一是 CRD IV，包括逆周期缓冲、系统重要性机构缓冲和系统性风险缓冲这三类资本缓冲工具，规定了普通股一级资本占风险加权资产的比重，同时明确将《巴塞尔协议Ⅲ》第二支柱用于宏观审慎管理，并且 CRD IV 的规范将涵盖所有欧盟的银行与投资公司。二是 CRR，首次制定欧盟统一使用的法规（Single Rulebook）——CRR，包括成员国灵活处置工具（NFM）以及与房地产相关的宏观审慎管理工具两类，例如，由于住房抵押贷款是欧洲银行业的核心业务，大多数房贷在期满前都是银行资产负债表内项目，但由于各国银行办理房贷业务的方式迥异，因而授权各国监管机构可以灵活调高房地产贷款的相关风险权重、各国可根据国内经济情况自行提高逆景气循环的资本缓冲水平，对于风险较高的银行，监管机关可要求其提高自有资本比率。三是各成员国国内法律规定的其他工具，主要是两类：首先是针对借贷人设定贷款限制，包括贷款价值比、贷款收入比、债务收入比等，用于限定地产抵押贷款过快增长或压制过度消费贷款；其次是针对银行设定杠杆率（目前初步设定最低水平为 3%）以及流动性工具，如贷存比等。

10.2.2 新兴市场国家（地区）逆周期资本监管改革实践

1. 韩国

2016 年 3 月 31 日，韩国金融服务委员会宣布逆周期资本缓冲从即日起在银行和银行控股公司开始执行。考虑到当时韩国信贷/GDP 缺口的数据，宏观经济情况以及相关的财政政策和货币政策，逆周期资本缓冲率的要求是零，这一要求与其他国家的执行情况一致。韩国金融服务委员会将继续检查韩国银行业当前的信贷增速和系统性风险是否合适，如果有需要将会调整逆周期资本缓冲率。并且韩国金融服务委员会会根据数据分析的情况，将其与相关政策制度机构如财政部、中央银行（韩国银行）分享，并据此按季度评估是否需要调整逆周期资本缓冲率要求。

2. 印度

2015 年 2 月，印度储备银行（即印度中央银行）发布《执行逆周期资本缓冲指引》（*Guidelines for Implementation of Countercyclical Capital Buffer*，以下简称《缓冲指引》）。《缓冲指引》规定信贷/GDP 缺口是印度逆周期资本缓冲框架的主要挂钩指标。然而，信贷/GDP 缺口也不是唯一参考指标，同时还要综合观察不良资产总额（GNPA）的增速。印度储备银行在做逆周期资本缓冲决策时还要参看其他补充指标，如连续三年期 C - D 指标增量（连同信贷/GDP 缺口和 GNPA 增速）、工业展望评估指数（连同 GNPA 增速）和利息备付率（连同信贷/GDP 缺口）。当印度储备银行做出逆周期资本缓冲的最终决策时，会在信贷/GDP 缺口指标的基础上酌情应用部分或全部以上指标。

印度的逆周期资本缓冲有双阈值，根据信贷/GDP 缺口分别有上阈值和下阈值。信贷/GDP 缺口的下阈值是 3%，如果此时它与 GNPA 的关系显著，逆周期资本缓冲就会触发。逆周期资本缓冲触发的决策还取决于以上提到的其他补充指标。信贷/GDP 缺口的上阈值是 15%，当达到上阈值时，逆周期资本缓冲就保持其最大值（风险加权资产的 2.5%），直到印度储备银行取消这个要求。

当信贷/GDP 缺口值在 3% ~ 15% 时，逆周期资本缓冲就从占风险加权资产比率的零逐步增加到 2.5%，但是增加的情况取决于信贷/GDP 缺口的水平。如果信贷/GDP 缺口低于 3%，银行就无须计提逆周期资本缓冲。

所有在印度经营的银行都必须在并表基础上单独计算逆周期资本缓冲。所有在印度经营的内外资银行都应在逆周期资本缓冲的框架下根据它们在印度的风险敞口持有缓冲资本。如果银行不能满足逆周期资本缓冲的要求，将会被限制支付股息、回购股票和给员工分红等。

表 10 - 4　　　　　　　　　单个银行最低资本留存比率

（假设各持有 2.5% 的资本留存缓冲和逆周期资本缓冲）

普通股一级资本区间	最低资本留存比率（占利润的百分比）
>5.5% ~ 6.75%	100%
>6.75% ~ 8.0%	80%
>8.0% ~ 9.25%	60%
>9.25% ~ 10.50%	40%

3. 中国香港

香港金融管理局（以下简称香港金管局）2014 年第四季度首次披露逆周

期缓冲资本监管框架和监管规则。香港金管局将逆周期资本缓冲水平设置为 2.5%，将在三年的期限内分阶段实施。2017 年，风险加权资产的逆周期资本缓冲区要求为 1.25%。2015 年 1 月香港金管局宣布推出反周期资本缓冲。考虑到房地产市场与香港地区银行业系统性风险高度正相关，且运行情况对系统性风险变化有较强的先行指示作用，因此香港金管局在巴塞尔委员会统一的信贷/GDP 比率基础上，选取房价/租金指标判断房价波动情况，并作为衡量系统性风险上升的补充指标。通过信贷/GDP、房价/租金两项指标各自偏离其长期趋势的程度，来判断信贷扩张时系统性风险上升情况。在此基础上，利用普雷斯科特滤波法分别计算信贷/GDP、房价/租金与各自长期趋势的偏离度（GAP），分别确定与一定信贷和房价水平对应的逆周期资本水平，确保比率指标偏离度在 2% ~ 10% 变动时，对应逆周期资本在 0 ~ 2.5% 变动。最后，根据两者对应的逆周期资本确定综合逆周期资本水平。通过银行同业市场风险息差和信贷质量指标表现，判断停止计提逆周期资本和开始释放已经积累资本的时机。综合逆周期资本水平指标能在需要积累逆周期资本时提供参考，但不足以根据形势变化灵活确定释放时机。而风险息差和整体信贷质量两项指标敏感性较强，均能在银行体系受压初期呈现显著变化，提示需要释放已积累资本。通过两项指标变化情况，确定相应的逆周期资本参考上限。当银行体系受压时，应积累的逆周期资本水平须低于该上限，超过部分全部释放。当两个指标中的某一指标值超过设定比例时，参考上限将相应缩小，以释放更多缓冲资本。

表 10 - 5 2016 年 12 月 31 日逆周期缓冲资本比率（CCyB）标准披露

序号	司法管辖区	当日有效的使用 CCyB 比率	计算认可机构的 CCyB 比率所用的 RWA 总额（单位：百万港元）	认可机构的 CCyB 比率	认可机构的 CCyB 数额
1	中国香港	0.625%	177754		
2	中国内地		17270		
3	阿根廷		22		
4	澳大利亚		986		
5	巴林		1159		
6	百慕大		250		
7	文莱		4		

续表

序号	司法管辖区	当日有效的使用 CCyB 比率	计算认可机构的 CCyB 比率所用的 RWA 总额（单位：百万港元）	认可机构的 CCyB 比率	认可机构的 CCyB 数额
8	柬埔寨		2		
9	加拿大		277		
10	开曼群岛		1274		
11	中国台湾		1836		
12	埃及		1		
13	芬兰		4		
14	法国		420		
15	德国		56		
16	根西岛		469		
17	洪都拉斯		8		
18	印度		1971		
19	印度尼西亚		1450		
20	伊拉克		385		
21	爱尔兰		4966		
22	以色列		16		
23	意大利		5		
24	日本		124		
25	泽西岛		204		
26	卢森堡		1150		
27	中国澳门		332		
28	马来西亚		3405		
29	毛里求斯		253		
30	蒙古国		3		
31	荷兰		574		
32	新西兰		77		
33	尼日利亚		110		
34	挪威	1.500%	8		
35	阿曼		775		

续表

序号	司法管辖区	当日有效的使用 CCyB 比率	计算认可机构的 CCyB 比率所用的 RWA 总额（单位：百万港元）	认可机构的 CCyB 比率	认可机构的 CCyB 数额
36	巴拿马		778		
37	秘鲁		3080		
38	菲律宾		200		
39	波兰		29		
40	卡塔尔		3899		
41	萨摩亚		21		
42	沙特阿拉伯		145		
43	塞舌尔		81		
44	新加坡		7217		
45	南非		760		
46	韩国		3895		
47	西班牙		1215		
48	瑞典	1.500%	588		
49	瑞士		120		
50	泰国		454		
51	土耳其		1234		
52	乌干达		53		
53	阿拉伯联合酋长国		5725		
54	英国		2683		
55	美国		4142		
56	越南		2936		
57	英属西印度群岛		4400		
	合计		261255	0.429%	1120

注：RWA 为有关私人机构信用风险承担的风险加权数额。

资料来源：https：//www.sc.com/global/av/hk - ccyb - disclosure - template - dec - 2016 - chi.pdf.

10.3 我国实施逆周期资本缓冲制度的建议

中国银监会 2013 年开始实施的《商业银行资本管理办法（试行）》中提出逆周期资本的计提要求为 0~2.5%，但计提与运用的具体规则尚未公布。因此实际上我国商业银行逆周期资本要求为零。巴塞尔委员会要求各成员国最晚于 2019 年 1 月 1 日正式实施逆周期资本缓冲计提规则，而相比于其他成员国的实施进展，中国逆周期资本缓冲机制的设计与落地进展还较为缓慢，考虑到逆周期资本缓冲计提的缓冲期设计和各银行的调整时间，加快推进中国逆周期资本缓冲机制的设计与政策落地刻不容缓。

逆周期缓冲资本实施的关键，在于准确识别经济的繁荣期与衰退期，正确把握计提和释放缓冲资本的时机。巴塞尔委员会发布的逆周期资本监管框架，建议各国采用信贷/GDP 这一比例的实际值与长期趋势值的偏离度作为计提逆周期资本要求的参考指标。具体到我国实践，银保监会和人民银行将根据我国经济运行和银行业经营的实际情况，科学慎重选择逆周期资本监管的参考指标和实施方案。

《资本缓冲指引》中的信贷/GDP 缺口方法在我国是否具有适用性？常用于提取长期趋势的两种 H－P 滤波方法在中国选择逆周期资本缓冲计提模型中如何取舍？除信贷/GDP 指标外，应如何选择附加参考指标，以降低单一参考指标计提决策失误的概率？这些都是中国在构建逆周期资本缓冲机制的过程中亟待解决的关键问题。中国银保监会参与了巴塞尔委员会宏观变量工作组（Macro Variables Task Force，MVTF）逆周期资本缓冲框架的研究和规则制定工作，根据我国国情，积极研究相关国际规则在我国具体实施的制度和办法，完善我国的逆周期金融监管框架。

一是除巴塞尔委员会推荐的信贷/GDP 缺口方法外，补充适合我国国情的宏观经济挂钩变量。关于挂钩变量的选择我们认为除《资本缓冲指引》中推荐的信贷/GDP 缺口方法外，还可以有在前面信贷质量宏观影响因素分析中的两个宏观经济变量广义货币供应量 M_2 和制造业 PMI 生产指数。由于受信贷额度控制的影响，商业银行将原本的表内信贷规模转移到表外，2013 年底的数据显示表外信用额度甚至超过了表内信贷规模，信贷/GDP 变量作为参考基准难以适应我国金融形势的实际情况，并且前面的研究显示广义货币供应量 M_2 与银行信贷质量密切相关，因此建议将 M_2 余额/GDP 变量作为参考基准。除

M_2 余额/GDP 变量外，还可以考虑我国宏观经济先行指标制造业 PMI 生产指数，根据前面银行信贷质量影响因素的研究结果，制造业 PMI 生产指数与银行信贷质量的关联度很大。

二是持续监测表内外信贷余额/GDP 指标的变化，分析其与系统性风险累积的关系，同时加强对其他经济变量的研究，综合考虑我国银行业风险状况、经济运行情况、宏观政策变化等定性因素，加强对经济下行时期逆周期资本缓冲释放的研究，包括释放指标、释放方法以及释放时机等，以提升银行业研究逆周期资本缓冲释放的有效性，更好地发挥逆周期资本缓冲的动态调节作用。

三是考虑到逆周期资本决策需要综合考虑银行业、金融业、宏观经济运行情况以及金融体系与经济体系的相互作用等，建议银保监会与人民银行、证监会、财政部、国家税务总局等部门等保持密切的信息沟通与交流，以确保恰当把握决策时机与力度，使逆周期资本工具有效发挥其政策效能。

四是货币政策主要调控经济周期，宏观审慎政策主要调控金融周期。因而，在实施信贷的逆周期调控时，必须完善货币政策和宏观审慎政策的配合调控框架。当前宏观审慎政策在去杠杆过程中，规范治理金融机构的表外业务，将具有金融影子体系的业务逐步纳入表内，实施"并表管理"，优化债务负债杠杆与资本负债杠杆，但客观上又导致了信贷收缩、流动性紧张，不利于实体经济稳定，因而这时货币政策应该宽松，缓冲紧信用和严监管对金融市场的冲击。

表 10 - 6　　巴塞尔委员会成员国逆周期资本缓冲执行情况一览表

国家(地区)	逆周期资本 缓冲规定	当前逆周期资本缓冲				
		Policy announcement (政策宣布)	Effective date (生效日期)	Add - on (percent of RWA) [附加(风险加 权资产)比率)]	Policy announcement (政策宣布)	Last updated (最新日期)
阿根廷	Compiled text on Profits distribution（in Spanish only）	BCRA decision on counter cyclical buffer（Communica-tion "A" 5938, 31.03.2016, in Spanish only）	2016 年 4 月 1 日	0.00%	n/a	2016 年 3 月 31 日
澳大利亚	Prudential Standard APS 110 - Capital Adequacy	APRA announces counter-cyclical capital buffer rate for ADIs	2016 年 1 月 1 日	0.00%	n/a	2015 年 12 月 17 日
比利时	Arrêté royal portant approbation du règlement du 24 novembre 2015 de la Banque national de Belgique relatif à la détermination du taux de coussin de con-servation des fonds propres de base de catégorie 1 contracyclique（available in French and Dutch only）	Quarterly decision of the National Bank of Belgium on the countercyclical in Q1 2018	2018 年 1 月 1 日	0.00%	n/a	2017 年 12 月 27 日

续表

国家（地区）	逆周期资本缓冲规定	当前逆周期资本缓冲				
		Policy announcement（政策宣布）	Effective date（生效日期）	Add-on（percent of RWA）[附加（风险加权资产）比率]	Policy announcement（政策宣布）	Last updated（最新日期）
巴西	Implementation of the CCyB in Brazil（Resolution 4,193,03.01.2013, Articles 8 and 9, as amended by Resolution 4.443,2015 年 10 月 29 日）	Central Bank of Brazil announces Countercyclical Capital Buffer in Brazil（Comunicado 30.499,2017 年 3 月 9 日） Rationale for the CCyB rate in Brazil（Financial Stability Report, 04.2017）	2017 年 3 月 9 日	0.00%	n/a	2017 年 4 月 4 日
加拿大	Capital Adequacy Requirements http://www.osfi-bsif.gc.ca/Eng/Docs/CAR_chpt1.pdf	n/a	n/a	n/a	n/a	2017 年 3 月 5 日
中国	Capital Rules for Commercial Banks（Provisional）（Decree of the CBRC, No 1, 2012）	n/a	n/a	n/a	n/a	2015 年 10 月 19 日
法国		HCSF decision regarding the CCyB	2015 年 12 月 30 日	0.00%	n/a	2015 年 12 月 30 日

续表

国家(地区)	逆周期资本缓冲规定	当前逆周期资本缓冲				
		Policy announcement (政策宣布)	Effective date (生效日期)	Add-on (percent of RWA) [附加(风险加权资产比率)]	Policy announcement (政策宣布)	Last updated (最新日期)
德国	German Banking Act (KWG) – Article 10d	BaFin Board Decision regarding the counter cyclical buffer rate (2017年12月29日)	2018年1月1日	0.00%	n/a	2017年12月29日
中国香港	Implementation of the CCyB in Hong Kong	HK CCyB announcement (2017年1月27日)	2018年1月1日	1.875%	HK CCyB announcement (2018年1月10日)	2018年1月10日
印度	Guidelines for implementation of Countercyclical Capital Buffer (CCCB)	n/a	2015年2月5日	n/a	n/a	n/a
印度尼西亚	BoI CCyB regulation (available in Indonesian only)	Bank Indonesia holds countercyclical capital buffer (CCB) at 0% (2017年5月19日)	2017年5月18日	0.00%	n/a	2017年5月19日
意大利	Bank of Italy's Circular No. 285 – Supervisory instructions for banks (available in Italian only)	Bank of Italy (2015年12月30日)	2016年1月1日	0.00%	n/a	2015年12月30日

续表

国家（地区）	逆周期资本 缓冲规定	Policy announcement （政策宣布）	当前逆周期资本缓冲			Last updated （最新日期）
			Effective date （生效日期）	Add - on （percent of RWA） [附加（风险加 权资产占比率）]	Policy announcement （政策宣布）	
日本	Ordinances and notices on capital buffer ratios (available in Japanese only)	Ordinances and notices on capital buffer ratios (available in Japanese only)	2016 年 3 月 31 日	0.00%	n/a	2016 年 3 月 31 日
韩国	Notice of the amendments to the banking regulation (in Korean only)	FSC amounced CCyB rate for South Korea	2016 年 3 月 31 日	0.00%	n/a	2016 年 3 月 31 日
卢森堡	CSSF Regulation N° 15 - 04 on the setting of a countercyclical buffer rate (only in French) CSSF Regulation N° 15 - 05 on the exemption of investment firms that qualify as small and medium - sized enterprises from the requirements of countercyclical capital buffer and capital conservation buffer (only in French)	CSSF Regulation N° 17 - 05 on the setting of the countercyclical buffer rate for the first quarter of 2018 (only in French)	2018 年 8 月 1 日	0.00%	n/a	2017 年 12 月 28 日

续表

国家（地区）	逆周期资本缓冲规定	当前逆周期资本缓冲				
		Policy announcement（政策宣布）	Effective date（生效日期）	Add-on (percent of RWA)[附加（风险资产权重比率）]	Policy announcement（政策宣布）	Last updated（最新日期）
墨西哥	General Provisions Applicable to the Credit Institutions（Chapter VI Bis 2, Title First Bis; in Spanish only）	Cargos de Capital Contractclico Vigentes（in Spanish only, 2016年5月6日）	2016年4月7日	0.00%	n/a	2016年4月7日
荷兰	CRD IV, Articles 135 and 136; ESRB Recommendation on Guidance for Setting CCyB Rates; Financial Supervision Act, Article 3: 62a（in Dutch, 2015年7月13日）; Decree on prudential rule under the Financial Supervision Act, Article 105 and 105b	DNB leaves countercyclical buffer unchanged at 0%（2017年11月23日）	2017年11月23日	0.00%	n/a	2017年11月23日

续表

国家（地区）	逆周期资本缓冲规定	Policy announcement（政策宣布）	当前逆周期资本缓冲			
			Effective date（生效日期）	Add-on（percent of RWA）[附加（风险加权资产比率）]	Policy announcement（政策宣布）	Last updated（最新日期）
俄罗斯	Bank of Russia Ordinance No 3855-U, dated 30 November 2015, 'On Amending of Bank of Russia Instruction No. 139-I, Dated 3 December 2012, On Banks' Required Ratios'(becomes effective from 1 January 2016) (available in Russian only)	On countercyclical buffer to capital adequacy ratio (2017年12月26日)	2017年12月26日	0.00%	n/a	2017年12月26日
沙特阿拉伯	On applicability of the countercyclical capital buffer (2016年1月4日)	On applicability of the countercyclical capital buffer (2016年1月4日)	2016年1月1日	0.00%	n/a	2016年2月28日
新加坡	MAS Notice 637 on Risk Based Capital Adequacy Requirements for Banks Incorporated in Singapore	Decision on Singapore's countercyclical capital buffer rate for 2018 (MAS Financial Stability Review 2016, Overview)	2018年1月1日	0.00%	n/a	2016年11月29日

续表

国家（地区）	逆周期资本 缓冲规定	当前逆周期资本缓冲				Last updated （最新日期）
		Policy announcement （政策宣布）	Effective date （生效日期）	Add‐on （percent of RWA） [附加（风险加 权资产比率）]	Policy announcement （政策宣布）	
南非	Banks Act Circular 8 of 2015 – Counter-cyclical capital buffer for South Africa based on the Basel Ⅲ framework	Financial Stability Review, First edition 2017（2017 年 10 月 20 日）	2017 年 11 月 30 日	0.00%	n/a	2017 年 10 月 20 日
西班牙	Articles 130 and 135 – 140 of the CRD provides legal basis for the implementa-tion of the CCB in Europe. The CCB is one of the macroprudential instruments available to the BdE. Spanish Law 10/2014, Royal Decree 84/2015 and Cir-cular 2/2016 provide for and develop on the implementation of the CCB in ac-cordance with CRR/CRD provi-sions. Specific provisions on the CCB are mainly concentrated in Title Ⅱ Chapter Ⅲ of the Law 10/2014, Title Ⅱ Chap-ter Ⅱ of the Royal Decree 84/201, and Norms 8 – 12 of the Circular 2/2016.	The Banco de Espana main-tains the countercyclical capital buffer at 0%（2017 年 12 月 20 日）	2018 年 1 月 1 日	0.00%	n/a	2017 年 12 月 20 日

续表

国家（地区）	逆周期资本缓冲规定	Policy announcement（政策宣布）	当前逆周期资本缓冲		
			Effective date（生效日期）	Add-on（percent of RWA）[附加（风险加权资产比率）]	Policy announcement（政策宣布）	Last updated（最新日期）
瑞典	Swedish Buffer Capital Act（in Swedish only）		2017年3月19日	2.00%	n/a	2017年3月29日
	Regulations regarding the countercyclical buffer rate	Regulations amending Finansinspektionen's regulations（FFFS 2014：33）regarding the countercyclical capital buffer rate				
	Swedish implementation of overal capital requirements, including combined buffer and reciprocity of CCyB	（2016年3月21日）				
瑞士	Capital Ordinance Article 44（available in German, French, and Italian）	Stance of the Basel Ⅲ countercyclical capital buffer in Switzerland, February 2017	2017年2月24日	0.00%	n/a	2017年2月24日

续表

国家(地区)	逆周期资本缓冲规定	Policy announcement (政策宣布)	当前逆周期资本缓冲			
			Effective date (生效日期)	Add – on (percent of RWA) [附加(风险加权资产比率)]	Policy announcement (政策宣布)	Last updated (最新日期)
土耳其	Regulation on Capital Conservation Buffer and Countercyclical Capital Buffer (available in Turkish)	Banking Regulation and Supervision Board Resolution on Principles and Procedures on Countercyclical Capital Buffer Implementation and Profit Distribution to be Made by Banks (available in Turkish) Board Resolution on the Countercyclical Capital Buffer Rate (available in Turkish)	2016年1月1日	0.00%	n/a	2015年12月24日
英国	Statutory Instruments – Financial Services and Markets: The Capital Requirements (Capital Buffers and Macroprudential Measures) Regulations 2014	Financial Stability Report June 2017 (2017年6月27日)	2018年6月27日	0.50%	FPC decision to increase the CCYB rate from 0.5% to 1% (2017年11月27日)	2017年11月27日

续表

国家（地区）	逆周期资本 缓冲规定	Policy announcement （政策宣布）	当前逆周期资本缓冲			
			Effective date （生效日期）	Add－on （percent of RWA） ［附加（风险加 权资产比率）］	Policy announcement （政策宣布）	Last updated （最新日期）
美国	See section 11 of the regulatory capital rules for each U.S. federal banking agency: Federal Reserve Board: 12 CFR § 217.11 Proposed policy statement: Regulatory Capital Rules: The Federal Reserve Board's Framework for Implementing the Countercyclical Capital Buffer (21.12.2015) Office of the Comptroller of the Currency: 12 CFR § 3.11 Federal Deposit Insurance Corporation: 12 CFR § 324.11 Regulation on the Countercyclical capital buffer (in English) Regulation regarding the countercyclical buffer level (12.12.2013, ed.18.06.2015 – in Norwegian)	Press release: Federal Reserve Board votes to affirm the CCyB amount at the current level of 0 percent for advanced approaches bank holding companies, savings and loan companies, and state member banks	2016年 10月24日	0.00%	n/a	2016年 10月24日

第十一章　结语

11.1　监管机构如何在去杠杆与防风险中实现平衡

2008 年国际金融危机发生后，在发达国家进入去杠杆的大背景下，我国非金融部门和金融领域杠杆率却快速增长，宏观杠杆率居高不下成为当前我国系统性金融风险的总源头。对此，2015 年底中央经济工作会议将去杠杆作为经济工作的重要任务。2018 年 4 月召开的中央财经委员会第一次会议提出以结构性去杠杆为基本思路，特别要求将地方政府和国有企业的杠杆率降下来。对于地方政府降杠杆，除了科学界定中央政府和地方政府的财权和事权、建立地方财政收支激励相容机制、做好地方政府债务置换外，还要规范地方政府融资，切实把发行地方政府债券作为唯一的融资方式，加大对各类隐性地方政府债务的打击力度。而国有企业则将通过积极稳妥实施债转股、增加直接融资特别是股权融资、做好"僵尸企业"的清理工作、扩大国有企业资本金补充渠道、提高国有企业资金使用效率等方式去杠杆。去杠杆虽然是结构性的，但却有系统性的影响，金融波动有传染性，某一个部门的去杠杆可能导致整个市场的风险偏好下降，风险溢价上升，从而带来对整体经济的冲击，所以需要宏观层面的政策应对（彭文生，2018）。

杠杆的本质是债务增长快于收入增长，截至 2016 年末，我国非金融企业债务/GDP 比率高达 165%，这意味着利率水平每上升一个百分点，GDP 增速必须同步提升 1.65 个百分点才能完全对冲利息的增量支出。当经济周期向下、长期债务周期、短债务周期全面紧缩时将产生"叠加共振效应"。当前我国各类金融风险正在逐步释放，特别是银行业不良贷款反弹压力大，对非金融企业去杠杆的难度和复杂性都高于以往。非金融企业的经营和融资通过复杂的商品服务交易网络，以及关联和担保的链条，已经形成了特定生态圈，而消灭债权债务关系则是对特定经营生态圈的重塑，其影响和冲击都带有传染性特征，客观上需要稳定的金融市场环境，以抵抗去杠杆措施的负面冲击。

针对金融部门内的高杠杆，人民银行已经开启"中国式缩表"，将表外理财纳入宏观审慎监管体系中，同时银保监会严禁银行资金借助各种通道加杠杆，加快表外资产回表。金融部门去杠杆的直接后果就是不仅降低了企业从银行贷款的可得性，信贷的顺周期还会进一步加剧信贷供给的萎缩。货币市场的利率上升向债券市场传导，又引起债券市场融资成本大幅上升，导致实体企业融资难问题更严重，尤其是中小企业。加重中小金融机构经营压力。金融内部去杠杆对不同银行的影响是有差异的，其中中小银行由于短期融资占比更高、不良资产比例更高，抗风险能力更弱，未来面临的经营压力更大。另外金融监管部门短期内密集出台监管政策，金融市场也易因适应性预期造成金融资产价格下跌，而金融资产价格大幅下行又会导致金融机构面临亏损，被迫启动新一轮去杠杆。过去几年内国内金融机构通过同业业务层层加杠杆并投资于资产市场。如果应对不当，中国金融市场也可能面临美国次贷危机过程中的"资产价格下跌—金融机构被动去杠杆"的恶性循环危机。

为了防范化解系统性金融风险，去杠杆既必要也迫切，而经济下行、信贷收紧、流动性收紧三者叠加的局面会恶化经济衰退，如何在去杠杆过程中预防触发金融风险、防止经济陷入长期衰退需要决策层智慧平衡。有关决策部门在加紧出台、落实去杠杆的相关政策时，既要协调好去杠杆政策出台时机与实体经济走势的关系，一定范围内的经济增速波动是可以接受的，但要避免信贷的过度收缩，因为去杠杆如果造成明显的经济波动最终会影响政策执行的可持续性；同时还要充分考虑去杠杆政策的外溢风险，在去杠杆过程中，容易引发资本市场价格剧烈波动，货币市场利率飙升，信用风险和市场风险外溢扩散等，而这些都会影响去杠杆进程，增加去杠杆成本。因此，监管机构加强与市场的沟通、稳定金融市场预期，做好不同部门的政策协调，是有序去杠杆的必要前提。所以在紧信用、去杠杆的过程中，监管层需要在宏观政策层面来控制它的影响，一方面是财政扩张，支持总需求，对冲信用紧缩对投资和消费需求的影响；另一方面，结构性地货币放松，降低金融市场无风险利率对冲风险溢价上升的冲击。譬如近期人民银行宣布扩大 MLF 抵押品的范围、采取定向降准等措施，支持"三农"和小微企业融资，就可以视为减少去杠杆对"三农"和小微企业的负面冲击。

11.2 商业银行如何在资本约束与资产扩张间保持平衡

非金融部门的去杠杆，最终将会表现为银行的去杠杆，银行去杠杆主要是增资本和减资本（资产总额或风险资产）两大举措。我国银行业资产规模一直处于扩张之中，还没有经历过真正去杠杆的时期。宏观审慎评估体系（MPA）的核心是资本充足率，在资本充足率指标监管下，资本充足率会有一个自动调节机制，当银行资本较为充足时，会增加信贷投放；当资本充足率低于监管标准时，会减少信贷投放。但是我国商业银行的实际情况是，当监管资本有压力时，银行首先考虑的不是缩减信贷规模、调整资产结构，而是想方设法先找资本，信贷扩张对资本的倒逼使银行不断在资本市场外源融资（上市银行主要通过发行优先股、定增、可转债等方式融资，非上市银行通过 IPO 或是资本工具创新补充资本金），既降低了监管资本对信贷资产扩张的约束效果，也不利于商业银行的长期可持续发展。

随着宏观经济进入下行周期，前期顺周期信贷扩张带来的不良贷款风险暴露增加了对资本侵蚀的压力，银行应对经济周期性波动的能力下降。2017 年在去杠杆的大背景下，商业银行表内资产增速虽然全面下行，但是贷款规模仍较前期有不同程度的扩张，随着资本达标过渡期（2018 年底）临近结束①，外加金融去杠杆大量表外业务回归表内，商业银行资本充足率水平达标压力陡增。银行信贷资产的信用风险在经济下行期的快速释放，表面上看是经济周期阶段性的金融现象，其实是我国商业银行传统业务高资本消耗、粗放经营模式的必然结果，而且本轮银行业信用风险化解的难度大于以往，银行高利润时代已出现拐点，负债日益依赖金融市场批发融资，管理层去杠杆态度坚决，单靠银行自身利润补充资本和通过新增信贷资产稀释存量问题资产都难以实现，以往的经营模式无法持续，银行如何在去杠杆背景下做好资产、资本和盈利三大问题的平衡要求银行主动转型，资本管理与资产管理策略相互配合。

---

① 银监发〔2012〕57 号文《中国银监会关于实施〈商业银行资本管理办法（试行）〉过渡期安排相关事项的通知》设置了过渡期内资本充足率达标要求，系统重要性银行、其他银行在 2018 年底核心一级资本充足率、一级资本充足率、资本充足率应分别达到 8.5%/7.5%、9.5%/8.5%、11.5%/10.5%。

目前我国商业银行的主要业务范围还是在国内，因而银行去杠杆对国内经济的平稳影响较大。目前以市场化方式债转股存在转股定价难等诸多问题，因而未来我国商业银行要更多地借鉴欧美银行去杠杆的经验，转变资产高增长的经营惯式，通过降低股息支付率、降低风险资产比重、调整贷款增速、出售非核心业务等路径，调整资产结构甚至降低资产规模来去杠杆。

通过严监管抑制商业银行的信贷资产扩张，只能治标不能治本，短期内金融杠杆率会停止上升，但时间一长各种逃避监管的创新仍旧会层出不穷。资本约束对银行资产扩张的长效机制是金融市场有效出清。现在银行资产负债表肆无忌惮扩张的背后是政府信用背书，只有充分发挥市场机制的作用和存款保险制度的优势，让发展失控、出现严重问题的金融机构合理有序地退出市场，中国银行业才能建立健康的市场竞争次序。

11.3 商业银行如何在风险管理投入和盈利最大化上保持平衡

虽然近年来国内商业银行在风险管理信息系统上投入很大，各家银行也对风险管理系统建设较为重视，但银行管理层对风险管理的经济价值认识不到位。由于风险管理投入的效益是间接的，所以银行管理层习惯性地将风险管理工作的投入单纯地视为低收益甚至零收益的成本支出，因而容易忽视风险管理的基础工作。此外，业绩考核的引导驱动也使银行内部对风险管理的重视程度自上而下呈现逐级弱化趋势，尤其是部分基层营业机构，将业务经营和风险管理对立起来，片面地认为风险管理阻碍了业务发展的效率，在日常工作中对风险管理不重视、不配合，不能有效落实风险管理的主体责任。

从世界范围内对比来看，英国《银行家》杂志排名显示，连续多年我国商业银行的成本收入比率普遍低于全球平均水平。国际上 JP 摩根、美国银行、花旗银行、汇丰银行、渣打银行、苏格兰皇家银行等银行的成本收入比都在 50% 以上，有的甚至接近 70%，而我国商业银行的成本收入比普遍在 30% 以下，其中地方性中小银行的成本收入比稍高些，但也基本在 40% 以内。其中2017 年《银行家》杂志的前 1000 家大银行排名显示，中国商业银行的平均成本收入比已是世界 1000 家大银行中成本收入比最低水平，但是我们的盈利、风险、创新、社会责任都是最好的吗？

本书前面的研究结论显示成本收入比与不良贷款率显著负相关，较高的成本收入比其实是银行提升风险管理水平的必要投入，若银行对于基础设施、信息科技系统和人力成本保持较高的投入，可以减少员工的道德风险和操作风险，激励职工对企业更大的责任感，因而会降低银行的不良贷款率。另外，银行利润的不确定性很大程度上也受到银行资产质量的影响，适当的成本收入比也将增加银行盈利的稳定性。

由此观之，银行对成本的控制不能简单地理解为压缩和降低，而是要把成本费用占营业收入的比例控制在一个合理的水平或行业平均水平上。并不是成本收入比越低的银行效率就一定越高，银行经营不能一味地追求成本最小化，因为成本最小化无法直接推导出股东收益最大化。银行在追求企业价值最大化过程中，成本控制只是手段，过低的成本收入比，往往意味着对某些成本投入的牺牲，容易形成操作风险和信用风险隐患，因而市场和银行不宜推崇成本收入比越低越好，长期来看，只要营业收入的增速可以超过成本费用的增速，利润的增速超过成本的增速，对于成本在收入中的占比无须过多关注，这样才能实现银行的可持续发展。

参考文献

[1] 巴曙松，张祎，岳圣元. 中国逆周期资本缓冲计提指标选择与机制构建——基于巴塞尔标准计提模型的扩展与检验 [J]. 财经问题研究，2017 (11)：44 - 51.

[2] 陈华，刘宁. 银行业顺周期形成机理与逆周期监管工具研究 [J]. 金融教学与研究，2011 (1)：2 - 9.

[3] 陈慧敏，钟永红. 中国商业银行贷款损失拨备计提的实证研究 [J]. 现代商业，2011 (26)：40 - 43.

[4] 陈磊. 中国转型期的信贷波动与经济波动 [J]. 财经问题研究，2004 (9)：18 - 23.

[5] 陈伟钢. 中国的贷款损失准备金制度具有良好的逆周期功能 [J]. 国际金融，2013 (6)：51 - 55.

[6] 陈颖，王丹丹. 信用风险内部评级法在我国的实施 [J]. 中国金融，2013 (9)：45 - 48.

[7] 成洁. 资本监管约束下银行资本与风险调整 [J]. 统计研究，2014 (2)：68 - 74.

[8] 崔婕，沈沛龙. 商业银行逆周期资本缓冲机制的构建 [J]. 金融论坛，2015 (2)：38 - 45.

[9] 储著贞，梁权熙，蒋海. 宏观调控、所有权结构与商业银行信贷扩张行为 [J]. 国际金融研究，2012 (3)：57 - 68.

[10] 戴林，郑东文. 逆周期宏观审慎监管的理论、框架及其局限性研究 [J]. 金融监管研究，2015 (2)：92 - 105.

[11] 党宇峰，梁琪，陈文哲. 我国上市银行资本充足水平周期性及其影响因素研究 [J]. 国际金融研究，2012 (11)：74 - 85.

[12] 邓翔，蒋坤宏. 中国货币政策和资本监管的协同作用：基于银行业的理论和实证分析 [J]. 经济学家，2014 (10)：67 - 76.

[13] 段引玲. 中央银行信贷资金管理体制改革回顾 [J]. 中国金融，

2008（3）：51 – 53.

[14] 黄宪，熊启跃. 银行资本缓冲、信贷行为与宏观经济波动——来自中国银行业的经验证据 [J]. 国际金融研究，2013（1）：52 – 65.

[15] 黄志凌. 我国商业银行表外业务的属性、风险与监管研究 [J]. 金融监管研究，2016（12）：51 – 62.

[16] 滑静，肖庆宪. 中国商业银行亲周期性的实证研究 [J]. 上海理工大学学报，2007（6）：609 – 612.

[17] 冯科，刘静平，何理. 中国商业银行顺周期行为及逆周期资本监管研究——基于宏观审慎的视角 [J]. 经济与管理研究，2012（10）：91 – 96.

[18] 何晓夏，章林. 中国区域金融结构差异研究 [J]. 金融论坛，2010（1）：25 – 31.

[19] 黄立新，郑建明. 银根松紧与银行贷款质量 [J]. 中国软科学，2012（1）：47 – 56.

[20] 黄锐，蒋海. 巴塞尔协议Ⅲ的资本监管改革和银行应对措施研究——基于 DSGE 模型的数值模拟分析 [J]. 金融经济学研究，2013（6）：116 – 127.

[21] 黄锐，蒋海，黄剑. 动态拨备、金融风险与经济周期——基于 DSGE 模型的分析 [J]. 现代财经（天津财经大学学报），2014（2）：29 – 41.

[22] 黄宪，熊启跃. 银行资本监管作为逆周期调节工具的经济学解释——基于逆周期"资本充足水平"功能的视角 [J]. 金融评论，2014（1）：54 – 73.

[23] 蒋海，罗贵君，朱滔. 中国上市银行资本缓冲的逆周期性研究：1998—2011 [J]. 金融研究，2012（9）：34 – 47.

[24] 李连发，辛晓岱. 银行信贷、经济周期与货币政策调控：1984—2011 [J]. 经济研究，2012（3）：102 – 114.

[25] 李文泓. 关于宏观审慎监管框架下逆周期政策的探讨 [J]. 金融研究，2009（7）：7 – 24.

[26] 李文泓，罗猛. 关于我国商业银行资本充足率顺周期性的实证研究 [J]. 金融研究，2010（2）：147 – 157.

[27] 李文泓，罗猛. 巴塞尔委员会逆周期资本框架在我国银行业的实证分析 [J]. 国际金融研究，2011（6）：81 – 87.

[28] 李维安，王倩. 监管约束下我国商业银行资本增长与融资行为

[J]．金融研究，2012（7）：15－30．

[29] 梁琪，党宇峰．我国银行业资本充足水平的周期性及其经济效应研究——基于银行信贷供给机制的视角 [J]．财贸经济，2013（5）：36－46．

[30] 刘斌．资本充足率对我国贷款和经济影响的实证研究 [J]．金融研究，2005（11）：18－30．

[31] 刘漪．资本监管顺周期性对中国经济周期影响的研究 [J]．金融与经济，2013（4）：86－89．

[32] 刘青．信贷审批制度与不良贷款续扩的实验研究 [J]．金融论坛，2012（7）：45－52．

[33] 刘士余．未来十年中国金融业发展与风险控制 [J]．中国经济周刊，2013（16）：22－23．

[34] 刘晓峰，贾志丽．资本监管对中国商业银行信贷行为的影响分析 [J]．金融经济学研究，2016（2）：40－50．

[35] 刘晓星，卢菲，王金定．我国商业银行资本充足率监管的有效性研究 [J]．广东商学院学报，2011（2）：47－53．

[36] 刘志洋．银行信贷顺周期性产生机制及其逆周期调控 [J]．现代财经，2013（6）：12－22．

[37] 娄飞鹏．经济周期与商业银行信贷业务相互关系分析 [J]．经营管理，2013（8）58－65．

[38] 卢盼盼．利率与商业银行不良贷款率波动研究 [J]．西南金融，2012（6）：50－53．

[39] 罗猛，罗强．前瞻性拨备制度国际最新进展及评析 [J]．新金融，2010（2）：41－44．

[40] 曼斯·爵蒙，克罗多·布睿，兰诺德·甘白科特，等．商业银行反周期资本缓冲的方法选择 [J]．新金融，2010（9）：4－10．

[41] 孟卫东，孙广绪．经济周期和监管变化对资本充足水平、风险和绩效的影响——基于我国上市银行的实证研究 [J]．上海金融，2014（2）：15－21．

[42] 潘敏，张依茹．股权结构会影响商业银行信贷行为的周期性特征吗？——来自中国银行业的经验证据 [J]．金融研究，2013（4）：29－42．

[43] 潘一豪．四国银行业动态拨备的实践与启示 [J]．金融理论探讨，2017（6）：58－66．

［44］彭建刚，钟海，李关政．对巴塞尔新资本协议亲周期效应缓释机制的改进［J］．金融研究，2010（9）：183－197.

［45］彭文生．彭文生谈去杠杆：必须有政策干预［EB/OL］．https：//wallstreetcn. com/articles/3329611.

［46］卜凡松，周晶．基于信贷审查与决策形成的信贷周期及其对策研究［J］．金融论坛，2009（7）：52－58.

［47］钱皓．我国银行内部评级的顺周期效应研究［J］．上海金融，2009（5）：44－47.

［48］邱晓华，郑京平，万东华，等．中国经济增长动力及前景分析［J］．经济研究，2006（5）：4－12.

［49］孙国峰．系统性金融风险核心是控制杠杆率［EB/OL］．（2017－11－30）．http：//www. sohu. com/a/207449598_460385.

［50］孙连友．动态信贷损失准备政策及其应用［J］．国际金融研究，2004（12）：24－27.

［51］吴玮．资本监管与银行贷款：影响机制与原因分析［J］．上海金融，2011（5）：60－64.

［52］孙天琦，杨岚．有关银行贷款损失准备制度的调查报告——以我国五家上市银行为例的分析［J］．金融研究，2005（6）：116－130.

［53］肖卫国，崔亚明，尹智超．数量型与价格型货币政策工具对商业银行效率的影响研究——基于中国商业银行异质性的视角［J］．经济评论，2016（6）：98－107.

［54］徐明东，陈学彬．贷款损失拨备规则与银行顺周期行为——基于西班牙动态拨备规则的分析［J］．上海金融，2010（8）：64－69.

［55］徐明东，肖宏．动态拨备规则的西班牙经验及其在中国实施的可行性分析［J］．财经研究，2010（10）：37－47.

［56］许友传．资本约束下的银行资本调整与风险行为［J］．经济评论，2011（1）：79－86.

［57］杨新兰．资本监管下银行资本与风险调整的实证研究［J］．国际金融研究，2015（7）：67－74.

［58］杨雨，周欣，宋维．基于广义矩估计的商业银行资本亲周期特征研究［J］．中央财经大学学报，2010（8）：39－43.

［59］银监会财会部动态拨备课题组．动态拨备在中国银行业的实施研究

[J]. 中国金融家, 2010 (8): 142 - 151.

[60] 于一, 何维达. 货币政策、信贷质量与银行风险偏好的实证检验 [J]. 国际金融研究, 2011 (12): 59 - 68.

[61] 于震, 张超磊, 朱祚樟. 信贷周期与经济周期关联性研究: 中日比较及其启示 [J]. 世界经济研究, 2014 (12): 35 - 64.

[62] 王进, 朱新蓉. 银行信贷与资产价格之间的关系 [J]. 金融论坛, 2011 (9): 38 - 44.

[63] 王琼. 银行业亲周期性成因及监管效应研究评述 [J]. 现代经济探讨, 2013 (8): 88 - 92.

[64] 王威, 赵安平. 信贷波动、经济周期与商业银行不良贷款: 基于 Beveridge - Nelson 分解的实证研究 [J]. 投资研究, 2013 (7): 5 - 16.

[65] 王兆星. 我国银行资本监管制度变革——银行监管改革探索之二 [J]. 中国金融, 2014 (15): 12 - 15.

[66] 魏巍, 蒋海, 庞素琳. 货币政策、监管政策与银行信贷行为——基于中国银行业的实证分析 (2002—2012) [J]. 国际金融研究, 2016 (5): 48 - 60.

[67] 吴栋, 周建平. 资本要求和商业银行行为: 中国大中型商业银行的实证分析 [J]. 金融研究, 2006 (8): 144 - 153.

[68] 吴玮. 资本约束对商业银行资产配置行为的影响——基于 175 家商业银行数据的经验研究 [J]. 金融研究, 2011 (4): 65 - 81.

[69] 谢冰. 商业银行不良贷款的宏观经济影响因素分析 [J]. 财经理论与实践, 2009 (6): 22 - 25.

[70] 晏艳阳, 张贞贞. 中国上市公司违约率的顺周期效应分析 [J]. 南方金融, 2011 (4): 59 - 64.

[71] 杨新兰. 资本监管下银行资本与风险调整的实证研究 [J]. 国际金融研究, 2015 (7): 67 - 64.

[72] 曾刚, 万志宏. 巴塞尔新协议顺周期性特征研究评述 [J]. 经济学动态, 2010 (2): 131 - 134.

[73] 章彰. 杠杆率的宏观审慎监管效果及其局限 [J]. 银行家, 2016 (2): 34 - 37.

[74] 张会清, 王剑. 动态拨备制度的实践及对中国的启示 [J]. 上海金融, 2010 (12): 26 - 31.

[75] 张小波. 逆周期资本缓冲机制的拓展及其在中国的适用性分析 [J]. 国际金融研究, 2014 (5): 71 - 79.

[76] 张雪兰, 陈百助. 宏观经济要素、银行特征与不良贷款——基于公司与零售贷款组合的比较研究 [J]. 财贸经济, 2012 (8): 46 - 55.

[77] 张晓朴, 奚莉莉. 西班牙的动态准备金制度及对我国的启示 [J]. 金融研究, 2004 (8): 28 - 35.

[78] 张宗新, 徐冰玉. 监管政策能否抑制商业银行亲周期行为——基于中国上市银行面板数据的经验证据 [J]. 财贸经济, 2011 (2): 36 - 43.

[79] 赵爱玲, 韩文静, 于瑶. 我国商业银行顺周期经营问题研究 [J]. 宏观经济研究, 2013 (6): 15 - 20.

[80] 赵静, 王海杰, 卢方元. 银行治理视角下资本监管对银行风险承担的影响研究 [J]. 南京社会科学, 2017 (8): 27 - 35.

[81] 赵锡军, 王胜邦. 资本约束对商业银行信贷扩张的影响: 中国实证分析 (1995—2003) [J]. 财贸经济, 2007 (7): 3 - 11.

[82] 衷诚斌, 张德鹏. 国有商业银行不良贷款的形成原因及解决对策 [J]. 金融教育研究, 2011 (6): 62 - 67.

[83] 钟永红. 商业银行核心资本充足率影响因素实证分析 [J]. 国际金融研究, 2014 (1): 64 - 73.

[84] 钟永红, 蔡陈晨. 信贷竞争与区域经济增长关系研究 [J]. 金融发展研究, 2014 (5): 8 - 13.

[85] 钟永红, 陈璐. 宏观经济、个体特征对银行信贷质量影响的综合分析 [J]. 金融理论与实践, 2013 (11): 30 - 34.

[86] 钟永红, 张卫国. 资本监管约束下银行行为调整的动态特征分析 [J]. 统计研究, 2018 (4): 53 - 63.

[87] 周助新, 胡王婉. 我国信贷市场上的顺周期实证分析 [J]. 武汉金融, 2009 (10): 30 - 32.

[88] 周小川. 关于改变宏观和微观顺周期性的进一步探讨 [J]. 中国金融, 2009 (8): 8 - 11.

[89] 周小川. 守住不发生系统性金融风险底线 [N]. 人民日报, 2017 - 11 - 22 (6).

[90] 邹传伟. 对 Basel Ⅲ 逆周期资本缓冲效果的实证分析 [J]. 金融研究, 2013 (5): 60 - 72.

［91］邹平，王鹏，许培. 我国中小商业银行资本充足率问题比较研究 ［J］. 新金融，2005（8）：10－14.

［92］朱建武. 监管压力下的中小银行资本与风险调整行为分析 ［J］. 当代财经，2006（1）：65－70.

［93］Acharya, V. A Theory of Systemic Risk and Design of Prudential Bank Regulation ［R］. London Business School Working Paper, 2001.

［94］Aggarwal, R., Jacques, K. T.. The Impact of FDICIA and Prompt Corrective Action on Bank Capital and Risk: Estimates Using A Simultaneous Equations Model ［J］. Journal of Banking and Finance, 2001（25）：1139－1160.

［95］Aleskerov, F., Keskinbaev, A., Penikas, H.. A Multiplicative Model of Countercyclical Capital Buffer Evaluation Differentiated by Homogeneous Clusters of Countries ［R］. Higher School of Economics Research Paper No. WPBRP, 2012.

［96］Alessandri, P., Bologna, P., Fiori, R.. A Note on the Implementation of the Countercyclical Capital Buffer in Italy ［R］. Bank of Italy Occasional Paper No. 278, 2015.

［97］Allen N. Berger, Robert De Young. Problem Loans and Cost Efficiency in Commercial Banks ［J］. Journal of Banking and Finance, 1997（21）：849－870.

［98］Altman, Edward. Are Historically Based Default and Recovery Models in the High Yield and Distressed Debt Markets Still Relevant for Investment Funds in Today's Credit Environment ［R］. NYU Salomon Center, Special Report, November 2006.

［99］Altunbas, Y. S., Carbo E, Gardener P. M., et al.. Examining the Relationships between Capital, Risk and Efficiency in European Banking ［J］. European Financial Management, 2007（13）：49－70.

［100］Altunbas, Y. S., Carbo, E., Gardener, P. M., Molyneux, P.. Examining the Relationships between Capital, Risk and Efficiency in European Banking ［J］. European Financial Management, 2007（13）：49－70.

［101］Ana Rosa Fonseca, Francisco González. How Bank Capital Buffers Vary across Countries: the Influence of Cost of Deposits, Market Power and Bank Regulation ［J］. Journal of Banking and Finance, 2010（4）：892－902.

［102］Ana Rosa Fonseca, Francisco González. How Bank Capital Buffers Vary Across Countries: the Influence of Cost of Deposits, Market Power and Bank Regulation [J]. Journal of Banking and Finance, 2010 (34): 1 - 6.

[103] Ashcraft, A. B.. Do Tougher Bank Capital Requirements Matter? New Evidence from the Eighties [R]. Working Paper, 2001.

[104] Ayuso, D. Perez, Saurina, J.. Are Capital Buffers Pro - cyclical? Evidence from Spanish Panel Data [J]. Journal of Financial Intermediation, 2004 (13): 249 - 264.

[105] Bank of International Settlements. Assessing the Macroeconomic Impact of the Transition to Stronger Capital and Liquidity Requirements [R]. 2010.

[106] Bakker, B., Dell Ariccia, G., Laeven, L., et al.. Policies for Macrofinancial Stability: How to Deal with Credit Booms [R]. IMF Staff Discussion Notes, 2014.

[107] Basel Committee on Banking Supervision. Guidance for National Authorities Operating the Countercyclical Capital Buffer [R]. December 2010.

[108] Basel Committee on Banking Supervision. International Convergence of Capital Measurement and Capital Standards. A Revised Framework, Basel: Bank for International Settlements [R]. 2004.

[109] Basel Committee on Banking Supervision. Basel III: A Global Regulatory Framework for More Resilient Banks and Banking Systems [R]. Basel: Bank for International Settlements, 2010.

[110] Beck, Nathaniel and Jonathan N. Katz. What to Do (and Not to Do) with Time - Series - Cross - Section Data in Comparative Politics [J]. American Political Science Review, 1995 (89): 634 - 647.

[111] Berger, A. and G. Udell. The Institutional Memory Hypothesis and the Procyclicality of Bank Lending Behavior [R]. BIS Working Papers, No. 125, 2003.

[112] Berger, A. N., R. J. Herring, G. P. Szegö. The Role of Capital in Financial Institutions [J]. Journal of Banking and Finance, 1995 (19): 393 - 430.

[113] Bernanke B. S., Blinder A. S.. Credit, Money and Aggregate Demand [J]. American Economic Review, 1988 (2): 435 - 439.

[114] Bernanke, B., and C., Lown. The Credit Crunch, Brookings Papers on Economic Activity [J]. Regional Review, 1991 (2): 205 - 247.

[115] Bernanke B. S., M. Gertler and S. G. Gilchrist. The Financial Accelera-

tor in a Quantitative Business Cycle Framework', in JB Taylor and M Woodford (eds) [J]. Hand Book of Macroeconomics, 1999 (1): 1341 – 1393.

[116] Bank for International Settlements. Addressing Financial System procyclicality: A Possible Framework [R]. 2008.

[117] Borio, Claudio., Furfine, Craig., Lowe, Philip. Procyclicality of the Financial System and Financial Stability: Issues and Policy Options [R]. BIS Papers No. 1, 2001, 1 – 57.

[118] Borio, Claudio. Market Distress and Vanishing Liquidity: Anatomy and Policy Options [R]. BIS Working Papers No. 158, 2004.

[119] Bouvatier, V., A. López – Villavicencio, and V. Mignon. Short – Run Dynamics in Bank Credit: Assessing Nonlinearities in Cyclicality [J]. Economic Modelling, 2014 (37): 127 – 136.

[120] Bouvatier, Vincent., Lepetit, Laetitia. Provisioning Rules and Bank Lending: A Theoretical Model [J]. Journal of Financial Stability, 2012 (8): 25 – 31.

[121] Bouvatier and L. Lepetit. Banks' Procyclical Behavior: Does Provisioning Matter? [J]. Journal of International Financial Markets, Institutions and Money, 2008 (5): 513 – 526.

[122] Catarineu – Rabell, Jackson and Tsomocos. Procyclicality and the New Basel Accord [J]. Economic Theory, 2005 (26): 537 – 557.

[123] Cavallo, Michele and Giovanni Majnoni. Do Banks Provision for Bad Loans in Good Times? Empirical Evidence and Policy Implications [R]. the World Bank Working Paper 2619, 2001.

[124] Chami R., Cosimano T. F.. Monetary Policy with a Touch of Basel [J]. Journal of Economic and Business, 2010 (3): 161 – 175.

[125] Chiorazzo V, Milani C, Salvini F. Income Diversification and Bank Performance: Evidence form Italian Banks [J]. Journal of Financial Services Research, 2008 (33): 181 – 203.

[126] Chunxin Jia. The Effect of Ownership on the Prudential Behavior of Banks – the case of China [J]. Journal of Banking and Finance, 2009 (33): 77 – 87.

[127] Claudio Borio, Craig Furfine and Philip Lowe. Procyclicality of the Fi-

nancial System and Financial Stability: Issues and Policy Options [R]. BIS papers, 2001.

[128] Cosimano, T. F. , and D. , Hakura. Bank Behavior in Response to Basel Ⅲ: A Cross – country Analysis [R]. IMF Working Paper, 2011.

[129] Daniel Foos, Lars Norden, Martin Weber. Loan Growth and Riskiness of Banks [J]. Journal of Banking and Finance, 2010 (34): 2929 – 2940.

[130] Delis, Manthos D. & Kouretas, Georgios P.. Interest Rates and Bank Risk – taking [J]. Journal of Banking and Finance, 2011 (4): 840 – 855.

[131] Diana Hancock, James A. Wilcox. Bank Capital, Loan Delinquencies, and Real Estate Lending [J]. Journal of Housing Economics, 1994 (2): 121 – 146.

[132] Dimitrios P. Louzis, Angelos T. Vouldis, Vasilios L. Metaxas. Macroeconomic and Bank – specific Determinants of Non-performing Loans in Greece: A Comparative Study of Mortgage, Business and Consumer Loan Portfolios [J]. Journal of Banking and Finance, 2012 (36): 1012 – 1027.

[133] Eliana Balla and Andrew McKenna. Dynamic Provisioning: A Countercyclical Tool for Loan Loss Reserves [J]. Economic Quarterly, 2009 (4): 383 – 418.

[134] European Banking Authority. EU – Wide Stress Aggregate Report [R]. 2011.

[135] Fiona Mann and Ian Michael. Dynamic Provisioning: Issues and Application [J]. Financial Stability Review, 2002 (12): 128 – 136.

[136] Flannery K. P. , Rangan. Partial Adjustment toward Target Capital Structures [J]. Journal of Financial Economics, 2006 (79): 469 – 506.

[137] Francis, W. B. , and M. Osborne. Capital Requirements and Bank Behavior in the UK: Are There Lessons for International Capital Standards? [J] Journal of Banking Finance, 2012 (36): 803 – 816.

[138] Frank Heid. The Cyclical Effects of the Basel Ⅱ Capital Requrements [J]. Journal of Banking and Finance, 2007 (31): 3885 – 3900.

[139] Frederic S. Mishkin. Monetary Policy Strategy: Lessons from the Crisis [R]. Working Paper, 2011.

[140] Friedman, M. , and A. Schwartz. A Monetary History of the United

States, 1867 – 1960 [M]. Princeton, NJ: Princeton University Press, 1963.

[141] Financial Stability Board. Improving Financial Regulation, 2009 [EB/OL]. http: //www. financialstabilityboard. Org/publications/r_090925b. pdf.

[142] Gabriel Jiménez and Javier Mencía. Modelling the Distribution of Credit Losses with Observable and Latent Factors [J]. Journal of Empirical Finance, 2009 (3): 235 – 253.

[143] Gary H. Stern, Ron J. Feldman. Too Big to Fail: The Hazards of Bank Bailouts [M]. Washington: Brookings Institution Press, 2004: 1 – 230.

[144] Gebhardt, G. and Z. Nowotny – Farkas. Mandatory IFRS Adoption and Accounting Quality of European Banks [J]. Journal of Business Finance and Accounting, 2011 (3): 289 – 333.

[145] Goldman Sachs. China Credit Concerns [R]. New York: The Goldman Sachs Group, Inc. , 2013.

[146] Gordy, M. , and B. Howells, Procyclicality in Basel Ⅱ: Can We Treat the Disease without Killing the Patient? [J]. Journal of Financial Intermediation, 2006 (15): 395 – 417.

[147] G20 (Group of Twenty). Enhancing Sound Regulation and Strengthening Transparency [R]. UK Treasury London, 25 March, 2009.

[148] Guidara A. , Van Son Lai, Issouf Soumaré, Fulbert Tchana Tchan. Banks' Capital Buffer, Risk and Performance in the Canadian Banking System: Impact of Business Cycles and Regulatory Changes [J]. Journal of Banking and Finance, 2013 (37): 3373 – 3387.

[149] Guttentag, J. and R. Herring. Credit Rationing and Financial Disorder [J]. Journal of Finance, 1984 (39): 1359 – 1382.

[150] Hayek, A. Friedrich. Monetary Theory and the Trade Cycle [M]. New York: Harcourt Brace, 1929.

[151] Heather Montgomery. The Effect of the Basel Accord on Bank Portfolios in Japan [J]. Journal of the Japanese and International Economies, 2005 (1): 24 – 36.

[152] Heid, F. , Porath, D. , Stolz, S. Does Capital Regulation Matter for Bank Behavior? Evidence for German Savings Banks [R]. Working Paper, Discussion Paper Series 2: Banking and Financial Studies, Deutsche Bundes Bank, Re-

search Centre, 2004.

[153] H. S. Shin. Procyclicality and the Search for Early Warning Indicators. Paper for the IMF Conference on "Financial crises: Causes, Consequences, and Policy Response" [R]. Washington DC, September 14 (2012).

[154] Hughes J. P., Mester L. Bank Capitalization and Cost: Evidence of Scale Economies in Risk Management and Signaling [J]. Review of Economics and Statistics, 1998 (2): 314 – 325.

[155] Hughes, J. P., Moon, C.. Measuring Bank Efficiency When Managers Trade Return for Reduced Risk [R]. Department of Economics Rutgers University, 1995.

[156] Iannotta, G., Nocera, G., Sironi, A.. The Impact of Government Ownership on Bank Risk Profile and Lending Behavior [J]. Journal of Financial Intermediation, 2013 (22): 152 – 176.

[157] J. A. Bikker and P. Metzemakers. Bank Provisioning Behavior and Procyclicality [J]. Journal of International Financial Markets, Institutions and Money, 2005 (15): 141 – 157.

[158] James P. Gander. Integrating Bank Profit and Risk – avoidance Decisions for Selected European countries: A micro – Macro Analysis [J]. Economic Modelling, 2013 (31): 717 – 722.

[159] Jarmo Pesola. Joint Effect of Financial Fragility and Macroeconomic Shocks on Bank Loan Losses: Evidence from Europe [J]. Journal of Bank and Finance, 2011 (35): 3134 – 3144.

[160] Jeungbo Shim. Bank Capital Buffer and Portfolio Risk: The Influence of Business Cycle and Revenue Diversification [J]. Journal of Banking and Finance, 2013 (37): 761 – 772.

[161] Jesús Saurina. Dynamic provisioning: The experience of Spain [J]. the World Bank Group, 2009 (7): 1 – 6.

[162] Jesús Saurina. Loan Loss Provisions in Spain: A Working Macroprudential Tool [J]. Estabilidad Financiera, 2009 (17): 11 – 26.

[163] Jarmo Pesola. Joint Effect of Financial Fragility and Macroeconomic Shocks on Bank Loan Losses: Evidence from Europe [J]. Journal of Banking and Finance, 2011 (35): 3134 – 3144.

［164］Jean – Pierre Landau. Procyclicality: What It Means and What Could be Done ［R］. Banque De France, 2009.

［165］Jeungbo Shim. Bank Capital Buffer and Portfolio Risk: The Influence of Business Cycle and Revenue Diversification ［J］. Journal of Banking and Finance, 2013 (37): 761 –772.

［166］Jukka Pihlman and Han van der Hoorn. Procyclicality in Central Bank Reserve Management: Evidence from the Crisis ［R］. IMF Working Paper, 2010.

［167］Jiménez, G. and Saurina, J. Credit Cycles, Credit Risk, and Prudential Regulation ［J］. Journal of Central Banking, 2005 (6): 65 –98.

［168］Jokipii, T. , Milne, A. . The Cyclical Behavior of European Bank Capital Buffers ［J］. Journal of Banking and Finance, 2008 (32): 1440 –1451.

［169］Jose M. Berrospide and Rochelle M. Edge. The Effects of Bank Capital on Lending: What Do We Know, and What Does it Mean? ［R］. Federal Reserve Board, 2010.

［170］Kashyap, Anil K, and Jeremy C. Stein. Cyclical Implications of the Basel Ⅱ Capital Standards ［J］. Federal Reserve Bank of Chicago Economic Perspectives, 2004 (28): 18 –31.

［171］Kashyap A. K. , Stein J. C. , Wilcox D. W. . Monetary Policy and Credit Conditions: Evidence from the Composition of External Finance ［J］. American Economic Review, 1993 (1): 78 –98.

［172］Keeton, W. R. , Morris, C. S. . Why Do Banks Loan Losses Differ? ［J］. Federal Reserve Bank of Kansas City Economic Review, 1987 (5): 3 –21.

［173］Kevin Jacques, Peter Nigro. Risk – based Capital, Portfolio Risk, and Bank Capital: A Simultaneous Equations Approach ［J］. Journal of Economics and Business, 1997 (6): 533 –547.

［174］Khemaies Bougatefa, Nidhal Mgadmi. The Impact of Prudential Regulation on Bank Capital and Risk – Taking: The Case of MENA Countries ［J］. The Spanish Review of Financial Economics, 2016 (2): 249 –264.

［175］Kochubey, T. , Kowalczyk, D. The Relationship between Capital, Liquidity and Risk in Commercial Banks. Paper presented at The Ninth Young Economists' Seminar ［R］. Dubrovnik: Croatian National Bank, 2014.

［176］Kwan S. , Eisenbeis R. A. Bank Risk, Capitalization, and Operating Efficiency [J]. Journal of Financial Service Research, 1997 (12): 117 – 131.

[177] Lindquist, K. G.. Banks' Buffer Capital: How Important is Risk [J]. Journal of International Money and Finance, 2004 (3): 493 – 513.

[178] L. Laeven and G. Majnoni. Loan Loss Provisioning and Economic Slow-downs: Too Much, Too Late? [J]. Journal of Financial Intermediation, 2003 (12): 178 – 197.

[179] Lucas J. R., Robert E.. Understanding Business Cycles [J]. Carnegie – Rochester Conference Series on Public Policy, 1977 (1): 7 – 29.

[180] M. Arellano and S. R. Bond. Some Tests of Specification for Panel Data: Montecarlo Evidence and An Application to Employment Equations [J]. Review of Economic Studies, 1991 (58): 277 – 297.

[181] Mark J. Flannery, Kasturi P. Rangan. What Caused the Bank Capital Build – Up of the 1990s? [J]. Review of Finance, 2008 (2): 391 – 429.

[182] Marques O. M, Santos C. M. Capital Structure Policy and Determinants: Theory and Managerial Evidence [R]. FFMA 2004 Basel Meetings Paper.

[183] Michael B. Gordy. , Bradley Howells. Procyclicality in Basel Ⅱ: Can we Treat the Disease Without Killing the Patient? [J]. Journal of Financial Intermediation, 2006 (3): 395 – 417.

[184] Michael Jacobs. An Empirical Study of Exposure at Defaul [J]. Article in SSRN Electronic Journal, 2008 (1): 31 – 59.

[185] Miguel Cabello, Jose Lupu, Elias Minaya. Empirical Analysis of Macro-prudential Policies in Peru: The effects of Dynamics Provisioning and Conditional Reserve Requirements [R]. BIS Working Paper, June 2016.

[186] Minsky, Hyman P. Financial Instability Hypothesis [R]. The Jerome Levy Economics Institute, Working Paper 74, 1992.

[187] Mohammad Bitara, Wadad Saad, Mohammed Benlemlih. Bank Risk and Performance in the MENA region: The Importance of Capital Requirements [J]. Economic Systems, 2016 (40): 398 – 421.

[188] Mongid A. , Tahir I. M. , Haron S. The Relationship between Inefficiency, Risk and Capital: Evidence from Commercial Banks in ASEN [J]. Journal of Economics and Management, 2012 (6): 58 – 74.

[189] M. Pesaran, T. Schuermann, B. Treutler, S. Weiner. Macroeconomic Dy-

namics and Credit Risk: A Global Perspective [J]. Journal of Money Credit Bank, 2006 (5): 1211 - 1261.

[190] Panetta, F., P. Angelini (coordinators); U. Albertazzi, F. Columba, W. Cornacchia, A. Di Cesare, A. Pilati, C. Salleo and G. Santini. Financial sector pro - cyclicality: Lessons from the Crisis [R]. Bancad Italia Occasional Paper No. 44, 2009.

[191] Peek Joe., Eric Rosengren. The Capital Crunch: Neither a Borrower nor a Lender Be [J]. Journal of Money, Credit and Banking, 1995 (3): 625 -638.

[192] Rafael Repullo., Javier Suarez.. The Procyclical Effects of Basel Ⅱ [R]. CEPR Discussion Paper No. DP6862, 2008.

[193] Rafael Repullo & Jesús Saurina & Carlos Trucharte. Mitigating the Procyclicality of Basel Ⅱ [R]. Working Papers wp2009_0903, CEMFI, 2009.

[194] Rajan, R. Why Bank Credit Policies Fluctuate: A Theory and Some Evidence [J]. Quarterly Journal of Economics, 1994 (109): 399 - 441.

[195] Reint Gropp & Florian Heider. The Determinants of Bank Capital Structure [J]. Review of Finance, European Finance Association, 2010 (4): 587 - 622.

[196] Repullo, Rafael and Saurina, Jesus. The Countercyclical Capital Buffer of Basel Ⅲ: A Critical Assessment [R]. CEPR Discussion Papers 8304, 2011.

[197] Repullo, R., and J. Suarez. The Procyclical Effects of Bank Capital Regulation [R]. CEMFI Working Paper, No. 0809, 2008.

[198] Rime. Capital Requirements and Bank Behavior: Empirical Evidence for Switzerland [J]. Journal of Banking and Finance, 2001 (25): 789 - 805.

[199] Rime, B. Capital Requirements and Bank Behavior: Empirical Evidence from Switzerland [J]. Journal of Banking and Finance, 2001 (25): 789 - 805.

[200] Santiago Fernández de Lis, Jorge Martínez Pagés and Jesús Saurina. Credit Growth, Problem Loans and Credit Risk Provisioning in Spain [J]. Banco de España – Servicio de Estudios Documento de Trabajo No. 0018, October 2000: 1 - 32.

[201] Saurina, J. Dynamic Provisioning. The experience of Spain. Crisis Response [R]. Public Policy for the Private Sector, Note Number 7, July 2009, The World Bank.

[202] Saunders, A. , Wilson, B. An Analysis of Bank Charter Value and Its Risk – Constraining Incentives [J]. Journal of Services Research, 2001 (19): 185 – 195.

[203] Saurina, J. LoanLoss Provisions in Spain. A Working Macro – Prudential Tool, Banco de Espa? [J]. A Estabilidad Financiera, 2009 (17): 11 – 26.

[204] Schaeck, Klaus and Čihák, Martin. Banking Competition and Capital Ratios [R]. IMF Working Paper, No. 07/216, 2007.

[205] Schularick, M. , Taylor, M. . Credit Booms Gone Bust: Monetary Policy, Leverage Cycles and Financial Crises, 1870 – 2008 [J]. The American Economic Review, 2012 (2): 1029 – 1061.

[206] Shrieves, R. E. , Dahl, D. . The Relationship between Risk and Capital in Commercial Banks [J]. Journal of Banking and Finance, 1992 (16): 439 – 457.

[207] Subal C. Kumbhakar, D. Wang. Economic Reforms, Efficiency and Productivity in Chinese Banking [J]. Journal of Regulatory Economics, 2007 (32): 105 – 129.

[208] Stolz, S. , Wedow, M. . Banks' Regulatory Capital Buffer and the Business Cycle: Evidence for Germany [J]. Journal of Financial Stability, 2011 (7): 98 – 110.

[209] Selim Elekdag and Yiqun Wu. Rapid Credit Growth: Boon or Boom – Bust? [R]. International Monetary Fund, 2011.

[210] Shrieves and Dahl. The Relationship between Risk and Capital in Commercial Banks [J]. Journal of Banking and Finance, 1992 (16): 439 – 457.

[211] Shrieves, R. E. & Dahl, D. The Relationship between Risk and Capital in Commercial Banks [J]. Journal of Banking and Finance, 1992 (16): 439 – 457.

[212] Slovik, P. , B. . Cournède. Macroeconomic Impact of Basel Ⅲ [R]. 2011.

[213] Stephanie Stolz, Michael Wedow. Banks' Regulatory Capital Buffer and the Business Cycle: Evidence for Germany [J]. Journal of Financial Stability, 2011 (7): 98 – 110.

[214] Syed Abul Basher, Lawrence M. Kessler, Murat K. Munkin. Bank Capital and Portfolio Risk among Islamic Banks [J]. Review of Financial Economics,

2017 (34): 1 – 9.

[215] Terhi Jokipii, Alistair Milne. Bank Capital Buffer and Risk Adjustment Decisions [J]. Journal of Financial Stability, 2011 (7): 165 – 178.

[216] Torsten Wezel. Dynamic Loan Loss Provisions in Uruguay: Properties, Shock Absorption Capacity and Simulations Using Alternative Formulas [R]. IMF Working Paper, WP/10/125, May 2010.

[217] Weber Martin, Kleff Volker. How Do Banks Determine Capital? Empirical Evidence for Germany [R]. ZEW Discussion Papers, No. 03 – 66, 2003.

[218] William C. Handorf and Lili Zhu. US Bank Loan – loss Provisions, Economic Conditions, and Regulatory Guidance [J]. Journal of Applied Finance, 2006 (16): 97 – 114.

[219] William Francis, Matthew Osborne. Bank Regulation, Capital and Credit Supply: Measuring the Impact of Prudential Standards [R]. UK Financial Services Authority, 2009.

[220] W. R. Keeton, C. S. Morris. Why do Banks' Loan Losses Differ? [J]. Economic Review. 1987 (72): 3 – 21.

[221] Zellner A. An Efficient Method of Estimating Seemingly Unrelated Regressions and Tests for Aggregation Bias [J]. American Statistical Association, 1962 (57): 348 – 368.

[222] Zellner A. Estimators for Seemingly Unrelated Regression Equations: Some Exact Finite Sample Results [J]. American Statistical Association, 1963 (58): 977 – 992.

[223] Zicchino, L. A Model of Bank Capital, Lending and the Macro – economy: Basel I versus Basel II [J]. the Manchester School, 2006 (74): 50 – 77.